後漢魏晋史論攷

——好並隆司遺稿集

好並隆司

溪水社

前　文

好並隆司先生は二〇一〇年九月二三日に享年八一歳で逝去された。社会運動家、教育者、大学運営者としてのご活躍もさることながら、中国史研究者として戦後の秦漢史研究に多大の足跡を残された。この方面の主な著作に、『秦漢帝国史研究』（未来社、一九七八年）、『商君書研究』（溪水社、一九九二年）、『中国水利史研究論攷』（岡山大学文学部研究叢書九号、一九九三年）、『前漢政治史研究』（研文出版、二〇〇四年）がある。また先生の岡山大学での退官を記念した論集に『芝蘭集』（芝蘭集編集委員会、一九九九年）があり、先生の研究者・教育者としての人柄を知ることができる。日本の秦漢史研究における先生のご研究の位置づけについては、山田勝芳「近年の秦漢史研究をめぐって―好並隆司・谷川道雄・渡辺信一郎三氏の研究を中心として―」（『集刊東洋學』四二号、一九七九年）があり、山田氏はこの中で先生を「西嶋・増淵両説の批判的継承者」として紹介している。

私は岡山大学文学部東洋史研究室の学生として先生の教えを受けた一人であり、二〇〇一年に先生の後任の後任として岡大に赴任した。したがって先生の学恩は幾重にも受けた身であるが、岡大に赴任してからもどちらかといえば人権教育の運動の方でお会いすることが多く、また私の研究対象は専ら北魏史で、精緻を極める印象のあった秦漢史の研究は避けていたので、先生のご研究の神髄を十分に理解しているとはいえない。しかし、学生時代に先生から広く学問や社会に対する関心を与えられ、先生の温かな励ましによって研究者の道に進むことができた者の一人として、ここに本書の前文を記す。

本書の刊行は先生のご子息の晶さんの発案である。先生は前著『前漢政治史研究』以降、非常に意欲的に後漢魏晋期の政治史の研究に取り組まれており、前著の続編を刊行したいという希望をお持ちであった。その御遺志を晶さんが実現されたのが本書である。

本書には前著『前漢政治史研究』以降に発表された中国古代の政治史に関する論文と同時期に発表された中国の被差別民や水利史に関する論文が収録されている。内容は大きく分けて後漢魏晋史に属するものと社会史に属するものがある。そこで二部に分けて前者を「後漢・魏晋史研究」、後者を「社会史研究」とした。そして各々発表時期の早いものから順に掲載した。以下に各論文の出典を示す。

第一部　後漢・魏晋史研究

「伝国璽再考」　『史学研究』（広島史学研究会）第二四九号　二〇〇五年八月
「「皇帝と天子」称号の考察」　『広島東洋史学報』（広島東洋史学研究会）第一〇号　二〇〇五年一二月
「後漢期、皇帝・皇太后の政治と儒家思想」　『史学研究』（広島史学研究会）第二五六号　二〇〇七年五月
「皇太后称制の統治機構」　『広島東洋史学報』（広島東洋史学研究会）第一二号　二〇〇七年一二月
「後漢期、皇太后・宦官の支配様式」　『別府大学大学院紀要』一〇　二〇〇八年三月
「曹魏王国の成立」　『広島東洋史学報』（広島東洋史学研究会）第一三号　二〇〇八年一二月
「魏・晋代、司馬・曹両氏の浮華・老荘思想をめぐる政争」　『史学論叢』（別府大学史学研究会）三九　二〇〇九年三月
「後漢・魏代における天・人思想の展開」　『別府大学大学院紀要』一一　二〇〇九年三月
「「浮華」論考」　『史学研究』（広島史学研究会）第二六六号　二〇〇九年九月
「魏朝における曹爽専権の時代」　『広島東洋史学報』（広島東洋史学研究会）第一四号　二〇〇九年一二月

第二部　社会史研究
「楽戸以前」　『史学研究』（広島史学研究会）第二四三号　二〇〇四年一月
「楽戸をめぐって」　『別府大学大学院紀要』六　二〇〇四年三月
「漢籍史料よりみた中国の被差別民」　『岡山部落解放研究所紀要』第一三号　二〇〇四年
「山西省の碑刻に見える水利祭祀と灌漑」　『中国水利史研究』（中国水利史研究会）三三　二〇〇五年

右のごとく本書収録の論文はいずれも学会誌、大学紀要、機関誌などに公表されたものである。したがって正確には遺稿集という副題はふさわしくないかもしれない。しかし多くの論文は、前著で論じられた課題のその後の展開を追求したものであり、これを一書にまとめて世に出すことは先生が希望されていたことである。したがってこれらの論文は個々の論文としてはすでに公表されたものではあるけれども、本来は一書に完成させられるはずものであるから遺稿集と名付けた。主題の『後漢魏晋史論攷』は晶さんが先生の意を汲んで付けられたタイトルである。

以下、本書の内容について若干の解説をおこなう。

第一部第一章「伝国璽再考」は、王権の象徴として魏晋以降の禅譲革命に用いられた伝国璽について、後漢光武帝時代に作られたとする栗原朋信説と前漢高祖の時代に作られたとする斉藤実説を比較検討し再考を加えたものである。両氏が『漢書』等の記事に対して懐疑的に向き合うのに対して、先生は記事には十分な合理性があるとする立場に立ち、伝国璽は秦に遡り皇帝が帯びたもので、王莽が禅譲の際にこれを利用し、晋王朝まで受け継がれ、永嘉の乱以後実物を失いながらもなお禅譲革命の証拠として一定の権威を持ち続けたとする。

第二章「「皇帝と天子」称号の考察」は、栗原朋信や西嶋定生による印璽や即位儀礼の研究から出発して一人の帝王が兼有する「皇帝」と「天子」の称号の機能の違いについて考察する。皇帝と天子の称号の違いについては前著所収の「秦漢時代の天子と皇帝」でも考察されているが、ここでは皇帝は外朝官系列を任命し、天子は内朝官系列を任命するという一案を示している。漢代における外朝と内朝の関係は今日の学界でも大きな関心事であり、それをどこまで対立的に捉えるべきかは議論のあるところであろうが、両者を際立って対立的に捉えたところに先生の歴史観が表れているように思われる。

第三章「後漢期、皇帝・皇太后の政治と儒家思想」は、天と人の矛盾と相克の展開を後漢時代に辿ったものである。後漢時代には儒教が国教化する一方で、光武帝が図讖を信じたことにより天（図讖）と人（儒教）の対立が生じたとする。そしてこの両者の調和を図ったのが賈逵であり、賈逵は春秋左伝を媒介として天と人の調和を図る。左伝の本質はもともと強幹弱枝すなわち中央集権化にあるので皇帝の歓心を得て両者の調和を図る役割を果たし左伝学隆盛の原因を作った。本論の後半は従来皇帝政治の矛盾物と捉える傾向のあった後漢時代の外戚政治についての考察であり、後漢時代の各太后による政治のあり方を辿る。太后に儒教的教養がある場合は出自の外戚を抑制し、外朝との関係をうまく構築し、皇后の専制権力として漢王朝を支える役割を果たすが、そうでない場合は内朝偏重となり、外戚の私的な権力の拡大に向かうとする。

第四章「皇太后称制の統治機構」は、前章の後半部分に焦点を当て、後漢期における女主政治の性格を政治の要所を担う官僚機構の面から分析する。太后が権力を握った場合、大将軍・宦官を中心とした支配体制が成立するが、各皇帝や外朝のあり方によって支配体制の組み方は変化せざるをえない。実態は太后が外戚を抑えて外朝との関係が円滑に進む場合や宦官によって権力が掌握される場合があり、順帝皇后の梁太后の兄梁冀が大将軍として実権を掌握して始めて外戚政権は成立したとする。

第五章「後漢期、皇太后・宦官の支配様式」は、前章が皇太后に焦点を当てたのに対して、宦官に焦点を当て後漢史の展開を論ずる。後漢における支配のあり方は、皇帝・皇太后・宦官・外朝の四者の関係によって構成される。儒教理念が実践され四者がバランスを保つとき政治は安定するが、外戚梁冀の専権以降このバランスは崩れ、霊帝期には外朝を排除して皇帝と宦官が全ての政務を取り仕切るようになり、両者の収奪によって黄巾の乱が引き起こされる。宦官を血縁的紐帯の外縁に連なるものととらえ、この血縁関係に基づく政治と儒家的な統治との間のぶれが混乱の原因であるとし、従来の外戚対宦官という構図に見直しを迫る。

第六章「曹魏王国の成立」は、漢から魏への禅譲が、曹操が大将軍・丞相・魏王と階梯を登る過程で徐々に漢臣を自己の属臣へ取り込むことで実現したことを論じる。その結果、後嗣である文帝曹丕の下にはむしろ伝統的な思想に依拠する人々が集まり、曹植の側には魏による漢王朝の簒奪を良しとしない新思潮派が集まることになった。

第七章「魏・晋代、司馬・曹両氏の浮華・老荘思想をめぐる政争」は、中正制をめぐる議論から出発し、曹爽と司馬懿の対立の背景に文学と老荘思想を奉じる浮華派と伝統を重んじる儒家思想派の対立があったことを論じる。前者を支えるのは在地の評判を選考基準とする郡中正であり、後者は貴族を重視する州中正であって、曹爽と司馬懿の力の均衡により両者が並存することになったとする。

第八章「後漢・魏代における天・人思想の展開」は、前章における浮華の淵源を前漢の晩期に元帝に上奏された于吉の太平経にまで遡り、そこから後漢期の図讖や老荘思想を経て魏晋期の浮華に至るまでの脈絡を辿る。そしてこれを天道系の思想とみなし、人道系の儒家思想との間で思想闘争が展開されたとする。

第九章「「浮華」論考」は、後漢曹魏における浮華の風潮の広がりとその政治的性格について考察する。文学（文章）を重んずる浮華の風潮は、後漢時代を通じて章句を重んずる儒学を凌駕していき、本来が儒学を意味した「文学」の範疇まで変えることになる。こうした浮華の隆盛は、曹丕に対する曹植、司馬懿に対する曹爽の政治勢力を結成するに至る。しかし虚無思想を奉ずる浮華は、国家を維持するイデオロギーとはなりえず、体制の中では非主流派を構成することしかできなかったとする。

第十章「魏朝における曹爽専権の時代」は、前章の考察を曹爽派の人物を逐一検討していくことで補強したものである。曹爽派が浮華及び老荘思想を奉じる人材の結集体であり、これに対して反曹爽の人々は儒家思想を保持する漢代以来の守旧派であって、この守旧派に敗れて曹魏は滅ぶとする前章の結論を再確認する。

第二部第一章「「楽戸」以前」は北魏で楽戸なる賤民が現れる以前の楽人（楽工）についての考察。北魏以前の楽工は奴隷的身分であったとする通説に対して、伝説時代の楽工の検討から始め、秦漢期から晋代までの楽人（楽工）の地位の変遷を時代ごとに七節に渡って辿る。神秘性を帯びた楽人の地位は本来むしろ高かったが、儒家思想の浸透により音楽にも正統主義が強まり、民衆の教化にそぐわないとされた音楽が禁止されていくなかで、楽人の地位はしだいに低落して北魏における身分確定に至ったとする。

第二章「楽戸をめぐって」は、前章を執筆するきっかけになった中国の「楽戸」と呼ばれた人々に対する民俗学的な調査研究の紹介と批評。二〇〇一年と二〇〇二年に中国で相継いで出版された楽戸についての研究を高く評価しながらも、奴隷から楽戸、そして現代における解放へと進歩史観的な見通しで論じられている点に疑義を呈し、階級論的視角に立ったままでは本当の差別の解消にはつながらないとする。

第三章「漢籍史料よりみた中国の被差別民」は、楽戸・棚民・寮民・蛋戸・丐戸・伴当・堕民・九姓漁戸・世僕・水戸・畲民について漢籍史料から関連史料を抜き出し、中国のどの地域にこれらの被差別民がいたかについての見通しを立てる。楽戸を除けば、その解放の過程は明らかでなく、今後の課題としている。

第四章「山西省の碑刻に見える水利祭祀と灌漑」は、二〇〇三年に中国で出版された山西省洪洞県・介休県に存在する水利に関する碑文の資料集を材料として、宋元明清時代に両県で水神の祭祀と灌漑がどのようにおこなわれ、歴史的にどう展開していったかを碑文の内容から見通そうとする。

以上のごとく先生はお亡くなりになるまでの五年間に最も精力を注がれていたのが後漢魏晋史に関する研究であった。もっとも先生は、二〇〇四年に七五歳のご高齢になって大きな手術を受けるなどお体を患われながらも、非常に研究を楽しんでおられた。この時期に私は先生が「研究が楽しい」とおっしゃるのを何度も聞いている。先生はなにゆえにかくも後漢魏晋史の研究を喜ばれたのであろうか。

先生は戦後の秦漢帝国史研究の黄金期ともいえる時期にまさにその分野で活躍された。したがって秦漢史研究者としての印象が強いが、先生が最初に世に問われた論文は、「荀悦の社会背景とその政策について」（『岡大史学』第二号、一九五六年）、「曹操の時代―五井氏の所論について―」（『歴史学研究』第二〇七号、一九五七年）、「曹魏屯田に於ける方格地割制」（『歴史学研究』第二二四号、一九五八年）など後漢末曹魏期の研究であった。もっともこれら二十代後半で書かれた論文と本書収録の論文とは全く問題意識を異にしている。むしろ本書に色濃いのは広島大学での大学院生時代の恩師板野長八の影響である。先生の恩師に対する思いは、先生が残された「戦後の中国古代史研究と私の軌跡」と題した講演原稿に良く表れている。いま手許の原稿からその一節を引用したい。

「この頃に、板野先生が着任され古代思想史を講義されていました。院ではみんなのやっている研究を自分で紹介するように言われ、一番年長の私から順番に報告しました。私は歴研に「曹操の時代」と「魏屯田の方格地割制」の二本を発表していたので、内心自信があったのですが、板野先生の批評は厳しいものでした。全員に下された評価は同じでいわば、こてんぱーでした。みんな落ち込んで、夜一杯やって先生解っているのかななどと鬱憤を晴らしました。しかし、先生の言葉には何処か無視出来ないものが感じられて、私は先生がされていた講義、全部を聞かせて欲しいと申し出ました。それでも約一年間は充分には解らなかったのですが、漸く先生の学問はたいしたものだとの理解が出来るようになって来ました。こうして、今堀先生の懇篤な誘いにも応じられなくなってしまいました。私の歴史研究の方法に何とか羅針盤が備わったわけです。とは言え未だに、先生の成果を充分理解できる領域に至らないでいますが……。」

『歴史学研究』に論文を掲載して自信満々であった先生が、赴任したばかりの板野氏からこてんぱんにやられたというお話しは、先生がよく好んで学生にされたお話しであり、私も何度も聞いた憶えがある。先生は終生恩師の板野氏に感謝し、恩師の学問を尊敬していた。ただその後の先生のご研究は、先の山田氏の言葉を借りれば、西嶋説と増淵説の批判的継承のほうに向かわれたので、恩師の学問に対してはただ畏敬の念を持ち続けるのみであったろう。しかし本書で展開される思想を政治と密接に関わらせて論ずる議論、さらにその歴史を天道系と人道系の対立相克から説明する議論は、まさに板野氏の議論である。先生はもともと「前漢帝国の二重構造と時代規定」（『秦漢帝国史研究』所収）において、皇帝体制と天子体制がそれぞれ小農民と豪族を基盤として支配する前漢国家の二重構造体制を論じており、さらに「秦漢時代の天子と皇帝」（『前漢政治史研究』所収）では人道（作為系列）を統べる皇帝号と天道（自然系列）を統べる天子号の観念的な区別を論じられている。したがって本書の議論がこうした自説の延長線上にあることは間違いない。しかし本書収録の論文では特に思想史への傾斜が強められ、板野説との直接的な接合が試みられている。

もっとも先生は板野氏の説を機械的に適用しているわけではない。板野氏は天道系を呪術的な権力思想とみなし、人道系の儒教にある種の合理性や進歩性を認めていた。こうした考え方は本書にも受け継がれている。ただし先生の議論においては、後漢末魏晋期になってくると、むしろ儒家思想が保守的な体制のイデオロギーとなり、天道系の系譜を引く浮華が新思潮となって現れて両者の立場は逆転するのである。しかしながらそれは虚無主義であったがゆえに体制のイデオロギーである儒家思想には打ち勝つことができなかった。ここにおいて儒家思想が大きな壁として立ちはだかることになるのである。先生はこうした歴史展開の中に恩師の議論をさらに発展させて論じる道筋を発見したのではないだろうか。晩年先生が浮華に対して非常に強い関心をもたれたのは、そこに恩師の説を自己のものとする手がかりを見出しておられたからであると思う。もちろん先生ご自身の天と人をめぐる政治思想史研究もここにいたってようやく一つの決着をみることができたのであろう。

先生が晩年まで研究を楽しんでおられたもう一つの理由は、先生の歴史に対する信頼あるいは信念にあると思う。先生が天道系と人道系の思想に天子と皇帝、内朝と外朝を列ねて考察するのは、複雑な政治体制の背後にある調和的な秩序や構造の解明に傾注する今日の歴史学の風潮からすれば、あまりに単純化された弁証法的な二項対立の議論とも受け取られかねない発想である。しかし現実の政治や運動においては様々な意見の違いも最終的には二項対立に集約されることで争点となり、人々に課題を自覚させ、解決へのプロセスを生み出すことがある。もちろんその過程では多くのものが抜け落ちるために一つの課題を克服しても次の課題が現れてくるわけであるが、実践としてはそれを不断に繰り返していくしかない。それを空しいと感じるか前進と受け取るかは人それぞれであろうが、先生は後者であったというのが私の印象である。最後まで政治や運動にかかわり続けた先生は、歴史学者としてもタフなオプティミストであり、それゆえにこそ終生歴史に対する生々しい関心を失われることがなかったと考える。

最後に一つ述べておかねばならい重要なことがある。私は当初晶さんに本書のタイトルを前著『前漢政治史研究』に続く『後漢魏晋政治史研究』と提案することも考えた。しかしあえてそうはしなかった。それについては以下に述べる躊躇いがあったからである。

最大の理由は、残念ながら多くの論文において論証に用いている史料に問題があることである。おそらく中国古代史を理解するものなら、本書を見て『蕭氏続後漢書』『郝氏続後漢書』など見慣れない史料の記事が多用されていることに驚くであろう。それらの多くは宋元以降に正史を元に作られた史料集の記事であったり、類書に引用された正史の記事であったりするもので、本来『後漢書』『三国志』『晋書』などに出典を求めることができるものである。しかも随意に複数の史料が組み合わされたり、書き換えられたりしている場合があるので、それらを前提とした議論は厳密さを欠いている。このような史料の引用の仕方は前著『前漢政治史研究』には見られなかったことである。

また史料の誤記、誤読も少なくない。例えば、一八頁一三行目の『負暄野録』の中の「太祖」を唐の太祖と解されているが、宋の太祖の誤りである。また、二三〇頁二行目に『晋書』楽志上を引き、「……王粲等各造新詩、抽其薄思吟詠、神霊贊揚、饗武皇帝、採漢魏之遺範、景・文之垂、則鼎鼐国唯新、前音不改」とあり、王粲を主語として全体を読んで解釈を進めておられる。しかし中華書局の標点本を見るとここは「是以王粲等各造新詩、抽其藻思、吟詠神靈、贊揚來饗。武皇帝採漢魏之遺範、覽景文之垂則、鼎鼐唯新、前音不改」とあり、文字や句読に問題があり、後半は武帝を主語として読むのが正しい。これも『商君書研究』で難読の『商君書』の精密な校訂をされたことからすれば想像しにくいが、やはりこの頃からは明らかに論文に書き急がれた様子が見てとれる。

あるいは『三国志』の「注」として引いているのは時に裴松之の注ではなく『三国志補注』のことである。同様に『後漢書』の注として『後漢書集解』引く場合もある。これらはこの時代の史料に詳しいものなら察しがつくが初学者にはわかりにくいであろう。

以上については補注をつけて正す選択もありうるが、実際のところそうなると補注をつけねばならない箇所は非常に多くなり、紙面を損なう。また作業量が膨大となって紙片も大幅に増やさなくてはならなくなり、出版そのものが立ちゆかなくなる。そこで晶さんと相談して、本書に関しては書式を整えたり、若干の誤植を正したりするほかは基本的に公表時の原文に手を加えないこととした。したがって初学者が本書を読む場合には上記の点に注意が必要である。本書を前著『前漢政治史研究』の続編とはせず、あえて遺稿集とした所以である。

以上のごとく、本書が用いている史料には根本的な問題があり、論証の厳密さを欠いている。しかし本書で先生が示された歴史観はこの時代の政治史、政治思想史を論ずるうえで十分に検討に値するものである。あくまで論文として自信をもっておられた先生はそのような読み方を承知してくれないであろうが、先生が最後の力を振り絞って我々に託されたメッセージと読めば、我々がそこから汲み取るべきものは多い。あるいは私が先生の晩年のお姿を知っているためにその思いを強くするのかも知れないが、そうであるとすれば、その時期に岡山で過ごすことができた幸運に感謝しなければならない。

二〇一三年八月二一日　東京大学本郷キャンパスにて

佐川英治

目次

第一部　後漢・魏晋史研究

1　伝国璽再考

序

伝国璽については嘗て、栗原朋信氏が詳細に検討されており[1]、結論として伝国璽は後漢に成立するとされた。この意見に対しては、更なる研究の余地は一見ないように思える。秦の始皇帝がこの璽を制作したと伝承する後世の史料もあるが、氏の云うとおり確かに『史記』には伝国璽と呼称する璽印制作を明示する文献史料はないのである。栗原論文に続き、同じテーマによる斉藤実氏の考察「秦漢魏における伝国璽[2]」と題する論文が存在する。その冒頭に、秦王子嬰が漢の高祖に捧呈した「始皇璽」は『漢書』元后伝に見え、同じく高祖本紀では「天子璽」と記している。従って史料上からは、これが伝国璽とは決められない。しかし、栗原氏の云う伝国璽は後漢の光武帝以後に見えるとの説には若干の疑念があると、氏は表明している。そして、元后伝の記述の「王舜と王太后との会見記事は必ずや文学的修飾が加えられていよう」との主張についても、斉藤氏は「果たして文学的表現として断定できるかどうか微妙ではあるまいか」と栗原説に対し、やや否定的な意見を示している。そして亦、太后の手元には確かに伝国璽があったと『漢書』王莽伝（上）を引いて述べる。新朝を立てた王莽は高廟において金匱の神嬗を受けたとある所からみて、莽は前漢政権の継承を意識していたとし、禅譲の実をあげるためには、彼は是非とも伝国璽を入手したい訳であった。それ故、斉藤氏は前漢にこの璽があったものと考え、この王太后を遡って、伝国璽がそれ以前に作られたとすれば、その時期や事情をどう考えたら良いかと問題を提起する。そして、秦王子嬰による璽の献呈については、「疑問となるのは将軍にすぎぬ高祖に伝国璽を渡したとは考え難い」として、漢王受諾を記する『史記』・『漢書』の条文を否定してしまっている。その上でこの璽や皇帝三璽の創られたのは、実は『漢書』高帝紀に見える漢の高祖五年、すなわち「二月甲午、上尊号、漢王即皇帝位于汜水之陽」とある高祖即位以後とするのが自然であると述べ、更に璽が前漢末まで記録に残ることのなかった理由は「封に以いず」（『漢旧儀』）とあるように、伝国璽が蔵せられた宝器であった為だと言う。ではこの璽は始皇帝と無縁であったかというと、璽の創始そのものについては、秦代まで遡及した方が納得的であり、この秦璽を漢朝が模倣したものとの見解を氏は示しているのである。そして、この伝国璽は後漢末の大乱に際して姿を消したが、後漢の璽については光武帝陵から出土した明器に外ならなかったと史料を挙げずに、大胆な臆測を加えられている。

以上、先行する二論文について、その相違を簡単に見ていくと、（1）伝国璽は後漢・光武帝から出現する（栗原説）との見解と、漢・高祖即位時に作成されたもの（斉藤説）とする意見。（2）元后伝の記事については、文学的修飾であるとの見解（栗原説）と、その点はなお断定出来ない（斉藤説）とする意見。（3）前漢で伝国璽の名称が見えないので、この璽はなかったと言う見解（栗原説）と、璽は蔵して用いなかったので、名称が現れなかった（斉藤説）とする意見とである。

さて、推測するに、一世・二世から万世に至らんという有名な始皇帝の伝説があり、それと、李斯が篆書した璽文の記事とが接合して、伝国璽と号することになったのかも知れない。本章ではしかし、藍田山或いは和氏の白玉を材質とした秦璽の称号は最初は伝国璽とは呼称されなかったのであり、その印璽の実体は秦以来、両漢に亘って、当初は君主の三璽、後に追加の六璽が成立するが、それ以外のものとして、この秦璽が継続して存在し続けたと考えると共に、伝国璽の称号と印璽自体とは一応、別個のものと見なして、この璽に呼称の着いたのは秦代でなくて前漢代であると思われる。本章では上述のように、栗原・斉藤両氏によって示された意見に相違のあるこの課題について、改めて検討することにしたい。

一

伝国璽については、まず司馬貞が「史記索隠」に引く、「漢官儀」に「子嬰上始皇璽、因服御之、代々伝授、号云漢伝国璽」とある文章を示している。司馬貞はこの伝国璽の存在を認めていたのであろうと栗原氏は云う。また「続漢書」の輿服志に引く呉人・韋昭の「呉書」には「官署有井、毎旦有五色気、従井出。堅使人浚得伝国璽。其文曰、受命于天、既寿永昌。方囲四寸、上有紐、文槃五龍、縮七寸管、龍上一角欠」とあるので、氏の云うとおり、後漢では明らかに伝国璽が存在していたものと考えられる。また、「続漢書」礼儀志に新帝の即位の時、「……以伝国璽綬、東面授皇太子、即皇帝位」と見えるのも、その証示である。そして、栗原氏はこの伝国璽は後漢の始めに出現したものと見なし、前漢時代に存在したのは、所謂「皇帝の六璽」に外ならなかったと論じている。その理由は、伝国璽の語の見られる諸史料について検討された上で、「史記正義」の注に引く崔浩の説に「李斯磨和璧作之。漢諸帝世伝服之、謂伝国璽」とあり、『後漢書』の光武本紀に李賢が注に引いた「玉璽譜」や『大唐六典』の符宝郎の注に引かれた「玉璽記」などもこれと同様、伝国璽と記しているが、しかし「漢官儀」を始め、これらは後代の文献に見えるものなので、秦漢の故事については、これらの資料を用いては解明する事ができないはずだと栗原氏は云うのである。

ところで、『漢書』元后伝にも伝国璽についての記録がある。栗原氏によれば、これが伝国璽の最古の記録と見なす。前漢末の史料であるから、この元后伝の史料の分析によって、前漢時代には伝国璽はなかったとの自説を論証しようとするのである。まず、王莽から光武帝までの皇帝が所持した璽綬について、諸史料を摘記した上で、これらは璽・綬・璽綬とのみ記すのであって、伝国璽と云う固有の称号は使われていないと指摘する。そして「莽使安陽侯舜諭指、舜素謹勅、太后雅信之、舜既見、太后知其為莽求璽、怒罵之曰、而属父子宗族、蒙漢家力、富貴累世……乗便利時、奪取其国、不復顧恩義……亦当自更作璽、伝之万世、何用此亡国不祥璽為、而欲求之、……欲与此璽倶葬、終不可得、……廼出漢伝国璽投之地」（『漢書』巻九八、元后伝）とある文章は「文学的修飾」に過ぎないとして、栗原氏は元后伝の当該部分は史料としての実体には疑問があるとする。その文章の前段の部分に「高祖……服其璽、世世伝受。号曰、漢伝国璽……璽蔵長楽宮」とあるが、この記事は秦璽を受け継ぎ、次帝に伝授する中で、伝国璽と号したと述べているのである。しかし、栗原氏はこれをも文学的修飾に過ぎないとし、前漢期では伝国璽はなかったと断定されている。更に「元后伝」の記述は簒奪革命に帰結されていて、禅譲革命と見なされていないことを指摘し、その上で、一体、金櫃に納められた金策書を、王莽が高祖の廟で受けた以上、もはや革命は完成しているのであるから、王莽伝には伝国璽については記載がないことは当然であり、金策書だけで禅譲革命は達成されていると見る。そして元后伝の文学的修飾と相まって、結論的に前漢期では伝国璽はなかったものと解された。しかし、斉藤氏がこの意見に疑問を差し挟んでいるのは先述のとおりである。

二

栗原朋信『秦漢史の研究』の「文献にあらわれたる秦漢璽印の研究」第二節・「皇帝の璽」の中に引く「続漢書」輿服志の注に六璽の名称と璽の役割を記載している。そこに「皇帝帯綬、黄地六采、不佩璽。璽以金銀縢組、侍中組負以従」とあるが、氏は「前漢時代の皇帝は六璽を有し、自らは璽を帯びず、侍中がこれを負って従った」と理解するとともに、両漢を通じて六璽のみが存在していたのだとする。そして問題の伝国璽なるものは存在していないと見なされるのである。

そこで、まず六璽について検討しよう。『両漢博聞』巻一の「三璽」の項に「霍光伝、昌邑王受皇帝信璽、行璽大行前」とあり、孟康の注に「漢初有三璽、天子之璽自佩。行璽・信璽在符節台」とある。又『両漢詔令』には「漢初有三璽。蔡邕独断曰、天子六璽、皆白玉」とある。漢初には三璽乃ち天子之璽・天子行璽・天子信璽だけがあって、その時期には六璽がすべて存在したわけではなく、その半分の三璽だけだったと云う。『礼書』巻五七には「漢旧儀」を引いて「曰、皇帝行璽・皇帝之璽・皇帝信璽。天子行璽・天子之璽・天子信璽、凡六璽」とあるのと比べて考えると、大凡、漢初では三璽の制作から始まり、しばらくの時を置いて、やがて六璽として完成して行ったように受けとれる。ところで、前漢・昌邑王の受命の際、「立為皇太子……受皇帝信璽・行璽大行前」（『漢書』巻六六、霍光伝）とあって、この時には「皇帝」の璽を用いたことが解る。先の孟康注では天子と皇帝の差を余り意識せず、従って三璽の冒頭を皇帝と記すのでなく、天子のそれとして記している。しかし、受命に必要な璽は「皇帝」の語を冠したそれであったのであるが、孟康は皇帝と天子を同義としているために、とりわけその相違を意識していない。天子行璽は内政に用い、詔に際して「璽書則用之」であり、天子信璽は「発兵外国、若徴召外国及有事鬼神、則用之」うるのである。ここから推定するならば、漢初は秦末の混乱を治めるための政策に重点を置く状況があり、その安定後に、例えば武帝の匈奴征伐のように外国との関わりが生じて来た時、皇帝三璽から天子の三璽を加えて、六璽へ移行することが徐々に行われたのであって、かかる政治分野の多様化と共に、それに伴う官制も同じく多様化して、必要な多種類の璽が求められた結果、三璽から六璽に増加する事情が生じたのであろう。

次に孟康の「天子之璽自佩」の文の「自佩」と言う語句について論じたい。『西漢会要』に見る「降枳道旁」文の注に「漢初有三璽、天子之璽自佩。行璽・信璽在符節台」とあって、一璽は君主が佩するが、それを除いて外の二璽は符節台に置かれていたとする。『東漢会要』巻九に「熹平六年八月……張譲・段珪等急迫、劫少帝及陳留王、至小平津。六璽不自随。辛未、帝還宮、是日得六璽、失伝国璽」とあり、六璽は手に入れたが、後漢末に伝国璽は失われたと云う。これでみると後漢では六個の璽が存在し、その外に問題の伝国璽が別の一璽として在った事が解る。『郝氏続後漢書』巻八六には「秦亡入漢為伝国璽、始有佩御璽綬之制」とあって、一体、この璽を佩する制度は漢代になって始められたと言う。後の史料であるが、『演繁露』巻九に「天子服璽」の項があり、「漢元后伝、高祖即位即服秦伝国璽……此知天子亦佩璽也」とあり、亦『古今攷』巻五に「以寓意者、第未知天子佩璽始於何時……左伝有之、以玉為璽、貫以組綬。天子佩之、必始于秦、……代々伝授、号云漢伝国璽」と見えて、多くの史料は、天子が璽を佩びるという風習は秦代から始まると解している。その佩璽の始まりが何時であるかは意見がそれぞれ異なるけれども、皇帝或いは天子がこの一璽のみを身に付け、璽を佩綬していたことは確かである。その点で斉藤氏がこれは実用に使用しないので、蔵するものと解しているが、そうではない。そして、これらの史料では、佩する一璽こそが伝国璽であると云って居るのである。

栗原氏は「漢旧儀」・「続漢書」輿服志の注に「皇帝帯綬……不佩璽……侍中組負以従」とあるのを引いて、先述のように「前漢時代の皇帝は六璽を有し、自らは璽を佩びず、侍中がこれを負って従ったとされている」と理解されている。『群書考索』続・巻二六に「天子帯綬六采、而不佩六璽。使侍中以金銀縢組、負璽以従」とあるのも佩璽ではないけれども、『太平御覧』巻第二一九に引く「漢官儀」に「駕出則一人負伝国璽、操斬蛇剣参乗。与中官倶止禁中」とあり、同様「又曰、東漢侍中……一人参乗兼負伝国璽、操斬蛇剣」とあり、更に『山堂肆考』巻五九の「佩璽抱剣」で「漢官儀、侍中殿下稱制、出則参乗、佩璽抱剣。又斉職儀、東漢侍中便蕃左右、与帝昇降、法駕出、選多識者一人参乗。兼負伝国璽、抱白蛇剣」とあるから、例外的に、璽の天子不佩の場合とは、皇帝の出御の際だけであり、その法駕に侍中が参乗して、この璽を帝に代って負＝帯びるに過ぎず、殿中では皇帝がこの璽を帯びているのが通常であった。帯びないのは出御の際だけであって、この措置は例外的であると言えよう。ところで、栗原氏の云うように、後漢代になって上記の璽が伝国璽と号せられていたことは確かであるが、秦代以前ではどう呼ばれていただろうか。『欽定四庫全書総目』巻五〇に『唐六典』が『周書』を引き「湯放桀、大会諸侯。取天子之璽、置天子之座」と云い、天子之璽なる物のあったことを記す。これは固有名詞でなく「天子のもつ璽」の意味である。従って既述の六璽中の固有名詞として、外国関係に使用されている「天子之璽」と同じものではない。後代の『明史』巻一三九に「昔楚平王時、琢卞和之玉。至秦、名為璽。歴代遞嬗以訖」と言うから、秦では単に璽と呼称しており、『前漢紀』巻二〇でみると「初、高帝時得秦玉璽因服、命之名伝国璽」と秦の場合、玉璽と云っている。『資治通鑑後編』巻九七では「至是、得漢伝国璽、実秦璽乃藍田玉、李斯之魚虫篆也」とあって、これを秦璽と呼んでいる。類似する文章で『郝氏続後漢書』巻一四には「自秦得楚卞氏玉、琢為皇帝璽」とあって、ここでは皇帝璽と呼称している。更に『通典』巻六三には「漢高帝入関、得秦始皇白玉璽佩之曰、伝国璽。与斬蛇剣倶為乗輿之宝戟、承秦制用。而弗改加之以双印佩刀」とあり、璽印の材質に基づいて白玉璽と云うと共に、亦、伝国璽と呼称したとある。また『六芸之一録』巻一二八には「秦璽」の項があり、そこに「始皇併六国得之、命李斯篆其文。玉工孫寿刻之」と璽の刻者を挙げるとともに、其の印文が李斯の手に成ると記される。ここでは単に秦璽としている。このように、はじめ藍田山或いは和氏の白玉を印材として皇帝の璽が作られ、それぞれ玉璽・秦璽・白玉璽などと称せられたが、未だ伝国璽と言う固有名詞で呼ばれてはいないことは確かである。

既述のように、秦の始皇に始まる璽が二世胡亥の兄子の秦王子嬰から漢の高祖に献呈され、劉邦はこれによって、やがて皇帝位を保証する印璽を受納したわけである。斉藤氏は当時、将軍でしかない劉邦に印璽を授けるはずはないと言うが、戦敗の秦王・子嬰に選択の余地などはもともとあり得ない。『漢書』巻一上には「沛公至覇上、秦王子嬰素車・白馬、係頸以組、封皇帝璽符節、降枳道旁」とあって、ここでは秦璽をば皇帝璽と称している。二代目の恵帝の伝にはこの璽の記録は見えないが、次の三代、文帝の即位前に「代王乃進至渭橋……大尉勃乃跪上天子璽……臣等謹奉天子璽符再拝……遂即天子位」（『漢書』巻四、文帝紀）とあって、ここでは代王が天子璽を受けたと記す。名称は違っているが、先の皇帝璽と全く同じものである。次いで景帝・武帝の継承の際には、璽について触れていないが、やはり後継の君主にこの璽が伝承されたことは疑いなかろう。更に昭帝崩御の際に、「大将軍霍光請皇后、徴昌邑王。六月丙寅、王受皇帝璽綬、尊皇后曰、皇太后」（『前漢書』巻八、宣帝紀）とあって、はじめ昌邑王を次帝に推薦したが、このときに王は皇帝璽を受けていた。すなわち、まず秦璽から始まり、この昌邑王に至るまで、帝位の継承には皇帝璽の授受があったのである。しかし、ここではまだ伝国璽とは呼ばれていない。宣帝は昌邑王の廃位の後を受けて、「庚申、入未央宮、見皇太后。封為陽武侯、已而群臣奏上璽綬、即皇帝位、謁高廟」（『漢書』巻八、宣帝紀）とあるように群臣から璽綬を受ける。その後、元帝・成帝・哀帝・平帝の継承には、とりわけ璽の記録は見えていないが、上記の璽の継承は続けられたに相違ない。呼称はなくとも、正に伝国璽そのものであった。

そして、璽の記録の再び現れるのが、栗原氏の論ずる『前漢書』巻九八、元后伝の次の記事である。すなわち「初漢高祖入咸陽、至覇上。秦王子嬰降於軹道、奉上始皇璽。及高祖誅項籍、即天子位。因御服其璽、世世伝受。号曰、漢伝国璽。以孺子未立、璽蔵長楽宮」とあり、その後文に、王莽が太后に対し、この璽を請求する有名な一件があるわけである。そして、ここで始めて伝国璽の称号が記されている。栗原氏は「高祖が咸陽に入るから、璽を長楽宮に蔵するまでは伝国璽の由来と王太后の手元にあった所以の説明で、漢書編者の附加部分」とし、「太后と王舜の会見は文学的修飾」と見なし、更に「伝国璽奪取で革命の完成と見なすのは史実と相違する」との三点を挙げて、前漢に伝国璽のなかったことを論じている。氏は前二者については、ことさらに付加しては論じられず、最後の革命論のみがコメントされている。これについて氏は「王莽伝では戊辰の日に莽は高廟に至り、金匱を受け王冠を御して太后に謁し、帰って、未央宮前殿に坐し、即位の大詔を発し、国号を新としたとある。元后伝では革命の後に莽が王舜に伝国璽を取らせ、此がないと革命の「完成」でない」ように書かれている。これでは「禅譲革命とは言えず、簒奪革命へと転化されている」と述べ、元后伝は伝国璽の必要性を強調する作文にすぎないとして、伝国璽そのものも亦、前漢代にはなかったとされる。しかしながら、秦璽から皇帝璽まで継続され、帝位伝承には名前は別としても、この璽が漢代、帝から帝に受け継がれており、その意味では実体的には伝国璽と云っても何ら問題はない。璽に伝国号を付けていたか否かが論議の焦点になっているが、伝国の称号が見られないから、璽の実体もないものとされる栗原説はやはり理解し難いのである。とりわけ王莽の場合、璽を請求された太后は莽を罵って「若自以金匱符命為新皇帝、変更正朔・服制、亦当自更作璽、伝之万世。何用此亡国不祥璽、為而欲求之。我漢家老寡婦、旦暮且死、欲与此璽倶葬、終不可得……」と言い、すでに王莽は金匱符命で以て漢帝に代わり、新の皇帝になったのだから、璽印が欲しいなら自分で新しく作ればいい、私の持つ璽は亡国した漢を象徴する璽であり、何故こんなものが欲しいのか。この璽は墓場に私が持参していくと言い放ったという。すなわち太后は禅譲を拒否しており、この後はどうしようと、漢室を簒奪した王莽の勝手だと言っているのである。一方、王莽は漢朝をすでに簒奪しておきながら、形式上は禅譲という名目を、この璽の入手によって作為しようと試みているのである。ここから推測すると、もう漢は滅んだのだから、この璽は不要のはずと王太后は云う。漢の諸帝の伝承した璽ということで、王莽にたいして始めて伝国璽と呼称したのではないか。簒奪者にたいして漢の伝承者とは見なさない太后の意志を示す璽の呼称であったのではないかと思われる。

三

秦璽或いは伝国璽は印璽として、どのようなものであるかをここで検討しよう。秦璽と伝国璽の連接関係がどうかという問題でもある。『建康実録』巻一「呉太祖、上」に「使人入井、得漢伝国璽。文曰、受命于天、既寿永昌。方円四寸、上紐、交五龍、龍一角欠」とあって、洛陽宮殿の井戸から得た璽には「受命于天、既寿永昌」の八字が刻されていた。『御定渕鑑類函』巻三六八「璽二」には「応卲・漢官儀曰、天子有伝国璽、文曰、受命於天、既寿且康……外有大藍田玉璽。文曰、受天之命、皇帝寿昌。……玉璽譜曰、伝国璽是秦始皇所刻……其文曰、受命於天、既寿永昌……高祖即位、乃佩之。因以相伝、号伝国璽」と記す。栗原氏は「晋陽秋」を引いて「……書曰、昊天之命、皇帝寿昌、秦旧璽也」とあるので、その璽の両文が一致していないと指摘し、一番古いのは「受命於天、既寿永昌」であるという。そして氏は「伝国璽の出現は後漢のはじめであり……前漢では証跡に乏しく……皇帝六璽のみである」とする。しかし、『靖康嬗細素雑記』巻七、「六璽」に「国璽譜」を引いて「案、伝国璽不在六璽之数。応氏漢官儀、皇甫世紀、其論六璽文義、皆符漢官伝国璽。文曰、受命于天、既寿且康。且康・永昌二字、為錯。不知二家何者為得」と記して、六璽以外の一つに伝国璽があると言っているのであって、六璽以外に別の一璽があったと記す。『御定子史精華』巻一四四にも「伝国璽在六璽外」とある。漢初はまず三璽があって、おそらく武帝時期以降から次第に六璽に整えられて行くであろう事は先述して来たとおりであるが、その際、「天子（皇帝）の璽」が別の一璽に該当するであろう。念のため言えば、先に論じたように、この天子（皇帝）の璽は六璽の中に含まれる「天子之璽」と同文であるが、双方は同じ璽ではないのである。『冊府元亀』巻三五に「謹案、自秦漢以来、天子之璽、六。文曰、皇帝之璽・皇帝信璽・皇帝行璽・天子之璽・天子信璽・天子行璽」とある。この冒頭の天子之璽は以下に見える本文内の天子之璽と違って、明らかに秦璽を指しているのである。亦『両漢博聞』の「三璽」の項に「昌邑王受皇帝信璽・行璽大行前」とあり、孟康の注に「漢初有三璽、天子之璽自佩……」とあるから、宣帝期までは六璽が揃わず、尚、三璽だけであったかも知れない。降って『後漢紀』巻二五に「陳留王夜至小平津、六璽不自随。是時宮中乱、百官無従者……珪等白上曰、……天下得六璽、失伝国璽……」とあり、後漢末に伝国璽と六璽の双方が、この時代には実在していたことを示している。栗原氏も言うように、この伝国璽の印文は「受命于天、既寿永昌」の八字で、それが最も古いものと見なされている。この意見は正しいと思う。三国呉の孫堅が洛陽の井戸から伝国璽を得たその文言も同様「受命于天、既寿永昌」（「学林」、巻四）であるが、『晋書』輿服志では「秦始皇藍田玉璽螭獣紐在六璽之外。文曰、受天之命、皇帝寿昌。漢高祖佩之。後世名曰、伝国璽」とあって、高祖以来の伝国璽と言いながら、晋代での璽印の文言はこれと異なっている。『穆帝観国按考』に「伝国璽文在呉書・建康実録、則皆曰、受命于天、既寿永昌。在晋書輿服志・晋陽秋、則皆曰、受天之命、皇帝寿昌、其文不同者……」とあり、後者について、「蓋自是一璽、非伝国璽耳」として、文言の相違しているものは伝国璽ではなく、それとは異なる璽だとしている。時代は降るが『丹鉛総録』巻七の「玉璽考」に「已伝疑有二矣」として「唐主存勖謀即位、魏州僧以伝国璽献、遂即位。則後唐之璽蓋有二也。璽既有二、則必有一贋矣」とあり、一つは偽物と見なされている。同じく『丹鉛総録』巻七引用の「十国紀年」によれば、「晋開運末、遼入中原。少帝重貴、遣其子延煦献伝国璽于遼、遼主訝其非真」と見えて、少帝が遼主に献じた璽は真の伝国璽ではないのでは、と疑問を投げかける。これらから見ると、おおよそ晋朝の頃から伝国璽が秦以来、伝承してきた璽とは別に、それに類似する印璽が制作されるようになったように思われる。『北史』巻二には「戊子、毀鄴城五層仏図於泥像中、得玉璽二。其文皆曰、受命於天、既寿永昌」とあって、文章は同じであるが、二個の璽が発見されたと伝える。このときに伝国璽は二個あったというので、どちらもが伝統の真璽かどうかははっきりしない。亦、『大学衍義補』巻九〇に「北魏・太平真君七年、鄴城得玉璽。其文曰、受命於天、既寿永昌。刻其旁曰、魏所受伝国璽。臣按此文疑。乃魏文帝所受於漢献帝、以禅位者。但其旁所刻文有少異。然説者又謂、璽至晋為劉石所得。尋復帰東。晋伝宋・斉・梁・陳、以至於隋。不知孰為真物也」とあって、漢から魏に渡った伝国璽の印文は旧来のものであるが、一印にあった旁刻は従来の璽にはなかったものである。この点について「臣」なる人物によれば、この旁の刻文についても疑問があるとしている。何故なら、この旁刻には更に二種あったらしく、それらが問題だと云うのである。こうした紛糾する事態はともかくとして、かかる璽が隋代まで伝承されて行くものの、これらは本物かどうか疑問があると述べている。亦、『隋書』巻一一を見ると「又有伝国璽……鳥篆書文曰、受天之命、皇帝寿昌、凡八字、在六璽外。唯封禅以封石函」とあって、伝国璽とは云え、これが伝統の真璽でないことは璽の文言の違っていることで明白である。『大学衍義補』の貞観四年の条には「蕭后始自突厥奉璽、帰於唐。朱温簒唐璽入於梁。梁亡入後唐。廃帝自焚、自是璽不知所在。臣嘗考之、其璽之文曰、受命於天、既寿永昌。自秦以後相伝、以為受命璽。得其璽也遂伝以為真。有受命之符、無是璽也」と見えて、唐代になって、璽は朔外より中華に戻ってきたが、これも真璽かどうか疑問視されている。以上のように璽の変遷を見ると、印文は伝統を引く形式の文言で作璽されているものもあるが、秦以来の伝国璽印そのものについては、魏晋時代以来、その存在が実にあやふやになって来ているという資料が多く見られるのである。

四

先に六璽は符節台に置き、秦璽は帝自身が自佩したことを述べてきた。帯びるには綬が必要である。すでに引用したが、『漢書』巻一、高帝紀に「沛公至覇上。秦王子嬰素車・白馬、係頸以組、封皇帝璽符節、降枳道旁」とあり、この組は師古注では綬のこととしている。首から懸けた綬の先の袋に印璽を収納する。前漢代、昌邑王も宣帝も共に璽綬を受けたし、『後漢書』光武帝紀に「丙午、赤眉君臣面縛、奉高皇帝璽綬…己酉、詔曰、…十余万衆束手降服、先帝璽綬、帰之王府」とあり、『三国志』巻二に「御史大夫張音持節、奉璽綬、禅位冊曰……」、同「蜀志」巻二に「与百僚登壇受皇帝璽綬」、『晋書』巻二に「臣請依昔漢霍光故事、収皇帝璽綬、以斉王帰藩奏可。……」などと見え、外に『宋書』・『南斉書』・『北斉書』でも同様の文があり、『旧唐書』巻一でも「司農少卿裴之隠奉皇帝璽綬于高祖……」と記す。只、唐代になると「奏制天子有六璽、又有伝国璽、歴代因之。唐改為宝」（『宋史』巻一五四）と璽を宝として呼称を変更する。そして、『遼史拾遺』巻一五の「伝国璽」の項に「李林甫、唐六典曰、符節郎掌天子八璽。其一曰、神宝、二曰、受命宝。其神宝……蟠龍紐文与伝国璽同。……二宝歴代相伝以為神器、別有六宝」と見え、六宝と別に二宝があったと言う。このうちの神宝が旧伝国璽であるとされている。『錦繍万花谷』前巻八に「唐伝国八璽、八璽皆玉為之。神璽以鎮中国、蔵而不用、受命璽以封禅礼神……」とあって、神璽は蔵して用いずとあるように、伝国璽同様、この印は実用品ではなかった。そして唐朝の場合は蔵するとあるから、璽に伴う綬はなかったらしい。『欽定日下旧聞考』巻一四に「且会典所不戴者、復有〈受命于天、既寿永昌〉一璽。不知何時附蔵殿内、反置之正中。按其詞、雖類古所伝秦璽、而篆法拙俗、非李斯虫鳥之旧……」と文言は秦璽そのものであるが、字は拙俗で真の秦璽ではないと云って、これは殿内に置かれていたと述べている。この場合でも既に帝が佩する形態ではなかった。『郝氏続後漢書』巻八六上に「秦亡入漢為伝国璽。始有佩御璽綬之制」と抑も佩璽は漢代に始まり、六朝初まで継続するが、唐代に宝と改名されて後は佩宝されておらず、嘗ての所謂、伝国璽は安置されて殿内に置かれるようになり、伝統であった皇帝佩璽はもはや行われていないのである。

五

『欽定四庫全書総目』には「伝国璽、歴代伝聞、紛如聚訟」とあって、この伝国という名称は秦以降、明代までも残存してきたが、その璽印の真偽をめぐって、多くの見解のあったことを記述している。中国古代の範囲での変遷について概略すると、次のようになる。『郝氏続後漢書』巻一四に「馬日磾……秦亡而伝之。漢謂之伝国璽。以璽之所帰為天命之所在、……魏自以為得天統矣」とあり、漢代、この璽のあるところに天命が降るとされたと記し、三国魏でもこの天命の代わりに、天統と云っているが、同義であろう。この時期の璽は『通典』巻六三に「漢・高帝入関。得秦始皇帝白玉璽、佩之。曰伝国璽、与斬蛇剣倶為乗輿之宝歟。承秦制用而弗改、加之以双印佩刀」とあり、印材は和氏或いは藍田山の璧に由来する白玉であり、『群書考索』巻四六でも「漢高帝入関、得始皇白玉璽佩之曰、伝国璽与斬蛇剣倶為乗輿之宝……」とあって同様である。『後漢書』光武帝紀に「丙午、赤眉君臣面縛、奉高皇帝璽綬、帰之王府……」とあって、後漢王朝に至り、璽は赤眉の軍から光武の手中に入った。『後漢書』安帝紀に「今以侯嗣孝和皇帝……読策畢太尉奉上璽綬、即皇帝位年十三。太后猶臨朝……」とあって、安帝即位に際して、この璽を継承している。同、順帝紀にも「戊午、遣使者、入省、奪得璽綬乃幸嘉徳殿……」とあり、こうして後漢王朝は歴代の帝が璽綬を継承している。『大学衍義補』巻九〇の「秦玉璽文」に「北魏太平真君七年、鄴城得玉璽。其文曰、受命於天、既寿永昌。刻其旁曰、魏所受伝国璽。臣按此文疑。乃魏文帝所受於漢献帝、以禅位者、但其旁所刻文有少異」とあり、後漢の献帝から魏の文帝に移った伝国璽は臣某の云うところでは、旁に刻文があって伝国璽と少異があったと云っている。この辺りから秦・漢と繋いできた伝国璽に、微妙に変化の兆が現れてきたようである。これより先、『靖康緗素雑記』巻七の「六璽」に「又、呉書云、孫堅前入洛陽、令人入井探得漢伝国璽……天子出奔、左右分散、掌璽者以投井中。袁術……聞堅得璽乃拘堅夫人而奪之」とあり、孫堅から袁術の手に移行した璽は同「皇甫世紀」に依ると「皆符漢官伝国璽、文曰、受命于天、既寿且康。且康、永昌二字為錯、不知二家何者為得」とあって、伝国璽の印文が二字異なっているものがあったと云う。先述のよりも少し古い時代に文字の異なった璽の存在を記している。これもまた伝国璽変化の現れと言って良いだろう。

三国魏から晋への移行は禅譲によるものであり、従って伝国璽の移行も滞りなく行われた。しかし、『晋書』巻二四の永平五年冬十月の条に「武庫火。焚累代之宝」とあり、「王隠晋書曰、元康三年、武庫火。是工匠欲盗物恐罪、乃捉燭著麻膏内火燃……」とある。注に三年は五年の誤とあるが、『晋書』が正しい。『説郛』巻一一八下に「火異」の項があり、そこに「恵帝之元康中、武庫火焼。異宝若王莽頭、孔子履、漢高斬白蛇剣、及兵器、一時蕩尽……」とあって、白蛇剣など多くの宝物が消滅したことを記す。所謂、漢室宝器たる斬蛇剣の失われた事はここに記すが、肝心の伝国璽については何も述べていない。『太平広記』巻二三一も亦、同様の文章である。斬蛇剣に関しては『玉海』巻一八三「漢霊金内府」の項に『三輔黄図』を引いて、「高祖斬白蛇剣蔵於宝所……」としており、剣は上記の品と共に宝所に置かれていたとある。しかし、璽はすでに触れたように「漢初有三璽、天子之璽自佩」（『両漢博聞』巻一、孟康注）と皇帝が佩するものであるから、この火災の場合は佩璽のために運良く焼失を免れたとも考えられる。では伝国璽はその後どうなったのか。『晋書』巻二五の輿服志に「及懐帝没胡、伝国璽没於劉聡、後又没於石勒。及石季龍死、胡乱」とあり、『皇極経世書』巻六中に「辛未、天下乱。晋詔……漢劉曜・王彌・石勒抜晋洛陽、俘其帝于平陽……癸酉、晋懐帝死、長安亦陥、王師一一敗。帝及伝国六璽皆亦没于寇、長安亦陥」とあり、亦『説郛』巻九七下に「永嘉五年、王彌立入洛陽、執懐帝及伝国六璽、詣劉曜」とある。『別本十六国春秋』巻一には「劉曜……僭即皇帝位。十二月……喬太・王騰等殺准、奉六璽来降」とあって、劉曜が帝位に就く際にあって、伝国璽はなお効用があったものと思われる。『六芸之一録』巻一一八に魏の「常道郷公禅位、璽帰於晋懐帝、遇劉聡之害。璽帰於聡、聡死帰曜。曜為石勒所滅。璽入於勒。勒滅入於冉閔、閔敗、収於閔之将軍蒋幹。晋征西将軍謝尚購得之、以還東晋。時穆帝永和八年也」とあって、その変転を記す。そして『御批歴代通鑑輯覧』巻三三の晋・穆皇帝の条に、「六月謝尚得伝国璽献之……入鄴助守三台、紿幹、得伝国璽。宣言使督護何融迎糧、陰令懐璽、送于枋頭。謝尚迎致建康。百僚畢賀」とあるように、転変を経た後、東晋朝廷にこの璽は戻っている。永和八年の事柄である。更に同書巻四四には南北朝の項があり、そこに「盗窃梁・伝国璽、帰之於斉。侯景之敗也以伝国璽、自随使其侍中趙思賢掌之」とあり、同書巻四九には「隋煬帝……尽哀、収伝国璽、執智及与其党、集隋宮而斬之……」とあって、南北を統一した隋朝にこの璽が収められたようで、『冊府元亀』巻五九四に「隋文帝改号伝国璽。又改為受命璽。開皇九年平陳、始得秦氏真伝国璽、仍以秦璽。後出得於亡陳、以北朝所伝神璽、為第一、秦璽次之。隋亡。竇建徳妻与秦璽、倶献長安。唐高祖得之……」とあり、璽はやがて唐王朝の手に入った。『欽定日下旧聞考』巻一四に「太宗文皇帝……至謂皇帝奉天之宝、即伝国璽……此璽孰非世世伝守而専以一宝為伝国璽……且会典所不載者、復有受命于天、既寿永昌一璽。不知何時附蔵殿内、反置之正中。按其詞雖類古所伝秦璽而篆法拙俗、非李斯虫鳥之旧……若論宝無問非秦璽、即真秦璽、亦何足貴」とあるけれども、伝国璽と言い条、これは真の秦璽ではないと述べている。『負暄野録』巻上には「嘗聞諸老先生議論謂、自昔陋儒謂、秦璽所在為正統。故契丹自謂得伝国璽、欲以帰太祖皇帝。太祖不受曰、吾無真璽不害為国、且亡国之余、何足貴乎」とあって、唐朝では国を建てるのに伝国璽は不要であると、皇帝たる太祖自身が明言している。すなわち璽の効果による伝国の正統性という証示は唐の皇帝に依って始めて不必要と見なされたのである。

六

『後漢書』光武帝紀「丙午、赤眉君臣面縛、奉高皇帝璽綬」の注に「玉璽譜」を引いて、「伝国璽是秦始皇初定天下所刻、其玉出藍田山、丞相李斯所書。其文曰、受命於天、既寿永昌。至王莽簒位、就元后求璽不与、以威逼之、乃出璽投地、璽上、一角欠」と記すとおり、伝国璽の印文は始め上記の八字であった。後漢末、この璽は孫堅の手に入るが、『建康実録』巻一、呉太祖上に「使人入井、得漢伝国璽。文曰、受命于天、既寿永昌。方円四寸、上紐、交五龍、龍一角欠」とあり、孫堅入手の璽は龍一角の欠損から見ても、璽文から見ても前漢末、王太后の所持していた秦璽であったことは確かである。これが袁術から献帝を擁する曹操の手元に移り、漢室に帰着したのである。そしてそれ以後、禅譲形式をとって漢・魏・晋と王朝が変容して行く。この転変は形式上では、平和的政権委譲であるから、所謂、伝国璽はとりあえず晋朝に伝えられたと見てよい。

『負暄野録』巻上に「按晋書、戴此璽、自漢伝至晋」と言い、続いてその後の経緯を「逮永嘉末年、璽為石勒所収、勒既敗滅、璽失所在、後戴施得之、帰於東晋。但其璽文、乃云受天之命、皇帝寿昌、非是旧文矣。又歴六朝至隋氏、隋之平陳、復得旧璽。乃更名前者謂曰、神璽」と記す。すなわち転々としたこの璽が東晋に帰った時、璽の文章の「既寿」が「皇帝」に変化していたと言うから、印材も嘗ての藍田山或いは和氏の白玉ではなかったと言う外ない。従って秦・漢以来の秦璽すなわち伝国璽はこの時期に失われたと考えられよう。しかし、東晋以降、伝国璽の伝統は各王朝の君主の観念にはなお残存していたようで、各王朝で伝国璽が作成された。印字の文は秦璽のそれを模する場合をはじめとして、東晋と同文のものなど多様である。『十国紀年』に北宋の哲宗の時、「蔡京及講義玉璽官十三員奏曰、皇帝寿昌者、晋璽也。受命于天者後魏璽也。有徳者昌、唐璽也。惟徳允昌者、石晋璽也。則既寿永昌者秦璽」と上奏で述べているのは、そのことを云うのである。ここに晋璽は「皇帝寿昌」と刻文しているとあり、一旦、石勒等の手に落ちた後、東晋に戻った伝国璽は始めのものとは印字が異なっていたから、もとの和氏或いは藍田の印材ではなくて、新たな印材で制作された物であるとしなければならない。秦から両漢・魏・西晋を経て継続してきた印字・印材の一致する真の秦璽はここにおいて、消滅したと言ってよいであろう。

結　語

伝国璽について、先駆的研究である栗原説では、この璽は後漢代に初めて出現したと解したが、抑も璽に見る「受命于天、既寿永昌」の印字はおそらく秦の丞相李斯に始まり、璽の印材は和氏あるいは藍田産の白玉であったと伝承されている。しかしながら、伝国璽の呼称は正史には見えない。秦の二世を嗣いだ秦王子嬰は高祖に降り、帯びていた璽綬を劉邦に奉献したとの記録については『史記』高祖本紀に見える。『通典』巻六三に「漢高帝入関、得秦始皇白玉璽。佩之曰、伝国璽。与斬蛇剣倶為乗輿之宝皷。承秦制用而不改、加之以双印佩刀」とある。『通典』ではこの璽を直ちに伝国璽と呼称したと見なしているような表現があるが、この史料以外には伝国璽という呼称にかかわる記事は確かに見当らない。思うに漢代において、既述、『古今攷』巻五に「必始於于秦……代々伝授、号云漢伝国璽」とあるよう、この璽が帝から帝に順次受け継がれる中で、この名称も次第に定まって行ったと考えるのが妥当であろう。こうして漢帝が国を継承する正当性を証明する印しとして、この璽の存在意義が自ずから生じたものである。前漢末、王莽が王太后からこの璽を奪った時、璽印の飾りである龍の一角が欠けるという事態があったと伝える。

後漢末に至り、呉の孫堅が井中から得た璽は龍の一角を欠いていたと記すから、彼の得た璽はまさに秦璽以来の伝国璽そのものであったと思われる。本文で述べたように、それ以後、魏・西晋を経て、この璽は一旦失われ、やがて東晋に帰ってきたが、戻った璽の刻文は二行目が「皇帝永昌」となっていて、秦璽の文言と異なっているから、伝国璽と呼称しているとは言え、当然、印材は従来から継承された璽とは異なるはずで、歴代継承の秦璽乃ち伝国璽とは違うものとなっている。このように伝国璽の称号と璽の印材とは分離して考えなくてはならないのである。こうした点から、伝国璽の名称が見あたらないから、秦・前漢に伝国璽の実体そのものもなかったと解するのは、早計に過ぎる考えである。斉藤氏が栗原説に対し否定的に論及されているのも尤もである。

次に、この斉藤氏の意見について論じるならば、氏は秦の時代に璽は始皇帝によって作られたとみるものの、それを秦王子嬰が漢の劉邦に奉呈したという記事については、貴重なこの璽を単なる将軍位の者に渡すはずがないと云う論点だけで、秦璽は漢に移っていないと理解しているのである。しかし、戦敗した秦王・子嬰が璽を渡して降伏の意を示すのに、渡す相手の位階を慮かるという余裕のあるはずはなかろう。史料の云うように、秦璽がそのまま漢の劉邦の手中に移行したと見るのが自然であると思う。斉藤氏は亦、璽の印文は「受命于天、既寿且康」であると言い、その理由については引用の「漢官儀」にその文があり、他の史料より古いという点を挙げるが、これは栗原説の「受命于天、既寿永昌」が最も古いという説を否定するまでの根拠とは必ずしも言い得ない。先述のように『十国紀年』に秦璽には「皇帝」と刻字されているのであるから、それ以前は「既寿」であったろう。更に斉藤氏はこの璽は霊廟に蔵されたとして、実用に用いない宝器であるとするが、私論のように伝国璽は皇帝の佩びる物であって、それに綬が伴っていた。王皇太后の管理下ではこの璽は確かに長楽宮に置かれていたが、それは王太后が皇帝位に就いていないために佩璽はできず、そうした臨時的措置が執られていただけである。

斉藤氏は亦、後漢時代の璽は光武帝陵の明器だとするが、『後漢書』一の上に「三年……丙午、赤眉君臣面縛、奉高皇帝璽綬」とあり、同書・戊申の条に「十余万衆束手降伏、先帝璽綬帰之王府。斯皆祖宗之霊、士人之力……

二月己未、祠高廟受伝国璽」とある。明確に先帝すなわち高皇帝の璽綬と記しているから、光武が伝国璽を受けていたのである。そして、次の明帝の二年正月の条に「辛未、宗祠光武皇帝於明堂。帝及公卿列侯始服冠冕衣裳玉佩絢履以行事」とあり、『礼記』を引いて「古之君子必佩玉……天子佩白玉……」と言うとおり、天子が白玉の印材、換言すれば伝国璽を帯びていたことになる。更に安帝の即位に関連して、延平元年秋八月の条に「今以侯嗣孝和皇帝後、其審君漢国允執其中一人有慶万民頼之、皇帝其勉之哉。読策畢、太尉奉上璽綬、即皇帝位……」とあって、璽綬の奉呈によって帝位に就いたとある。これも伝国璽の拝受を意味するであろう。後漢代にも皇帝即位の際に、この璽が引き継がれたことは確かである。やがて、孫堅・袁術を経て曹操の手に渡り、後漢・献帝の下に戻った。そして魏の禅譲により司馬氏の晋王朝に璽が移ったが、夷狄から東晋に戻った際の璽の文言は変化していたから、往年の伝国璽はここで変貌してしまったと見られるのである。

　降って唐の太祖の場合はその建国に際して、伝国璽は不要であると述べて、璽の名称だけが権威を有していた六朝時代を終えると、唐代ではそれさえも失われるようになった。しかし、更に後代においても『宋史』巻一五四、輿服志に「周・広順中、始造二宝。其一曰、皇帝承天受命之宝、一曰、皇帝神宝。太祖受禅、伝此二宝……是後諸帝嗣服、皆自為一宝」と宝を嗣服＝佩璽する慣習があり、『玉芝堂談薈』巻二七に『輟耕録』を引いて「元・御史大夫崔彧進伝国璽」とあり、『関中勝蹟図志』巻一六に『通鑑』を引いて、「光啓二年、上自宝鶏幸興元、使王建負伝国璽、従登大散嶺」とあるように、外出時には侍従が伝国璽を背負って皇帝に随伴している。このように伝国璽が君主にとって権威あるものという伝承が、なお受納されるケースがあって、この璽の存在によって、君主の権威を誇示することが文献上、まま見られるのである。

註

（1）栗原朋信『秦漢史の研究』（吉川弘文館、一九六〇年）。
（2）斉藤実「秦漢魏における伝国璽」（『日本大学芸術学部紀要』二三号、一九九三年）。

2　「皇帝と天子」称号の考察

序

この問題に関する見解は西嶋定生「皇帝支配の成立」(『岩波講座　世界歴史』4[1])の中で検討されている。氏の結論について概略すると、次のようになるであろう。『史記』始皇本紀の二六年条にみるように、臣下が秦王政に泰皇を称号とするよう上奏したが、この泰皇とは本文に註して、人皇のことだと解釈されている。氏は「天地人の関係から泰皇は人界を司る神とも考えられようが、泰皇は他の二皇と比べて最貴と言われるのであるから、人が天地に優越するという観念がないこの時代において、これを人界を司る神と解することは出来ない。……むしろこの泰皇は……絶対的な最高神であり、宇宙を支配する泰一神であると解すべきである」として、「皇帝」の称号は「煌々たる上帝」を意味すると理解された。そして漢代になって、皇帝は「王の地位を安定させる権威としての皇帝」となり、「漢初以来、皇帝を天子と呼ぶことがにわかに増えてくる」のであるが、それは「共にただ天下を支配する君主という意味で使用されている」と解釈されている。ただしかし、「文帝・景帝期では皇帝の絶対性が継続されているのが見られる」とも指摘される。そして時代を少し下って儒家思想の広範な普及を見るのにともなって、皇帝を天子観念の中に包摂しようという動きが大勢を占めてくるため、天子の語の使用が普遍的になると総括的に述べられている。この西嶋氏の見解については、どう考えるべきであろうか。氏は一応、泰皇が人界を司どる神と言われているけれども、「人が天地に優越するという観念がないこの時代」であるという理解から反転して、人間を超える最高神と規定されるのである。しかし、例えば孔子の場合を見ても、天を敬し遠ざけつつ天から自立する人間を措定しており、既にこの思想中に人間の主体性を自覚する思想が生じているのである。そうした時代の思想界を勘案するならば、人界を司る神が泰皇で最貴の存在とする注釈の見解も亦、あながち捨つべきものではなかろうと思われる。

まず君主の所有する六璽の機能を見ると、『漢旧儀』巻上に「皇帝行璽、為凡雑以皇帝、賜諸侯王書。以皇帝信璽発兵。其徴大臣以天子行璽。策拝外国事以天子之璽。事天地鬼神以天子信璽」とあって、君主権限が政治の各分野において分割されており、そこでは、それぞれ異なる璽が使用・押印されていることが解る。漢初以来、西嶋氏によれば「天子」字句の使用が多いのは儒教が原因するとされるが、一つは上記、政治の分野そのものが変化したということが考えられるし、亦、前後の両漢書を詳細に見るなら、「帝」字の使用は「天子」字使用に比しても充分に多いことがわかる。しかし、これらの点について氏の検討と論証はとりわけなされていないのである。続いて尾形勇氏が「古代帝国の秩序構造と皇帝支配」（『中国古代の家と国家』第六章）[2]において西嶋氏の趣旨を受けつつ、この問題について詳しく論じられている。尾形氏の見解では、天子は天地を君とし、臣として天に上接すると共に、皇帝として臣たる人民に君臨するものと解しておられる。すなわち古代の君主はかように二重の機能を持つものであるということを明快に分析されているのである。本章では氏の見解に従いながら、漢代での即位時の状況を取り上げて、皇帝・天子の問題を再論することにしたい。

一　前漢初期の皇帝・天子

漢の高祖劉邦の即位については『漢書』巻一上に「帝者賢者有也」とあり、皇帝の定義とも謂うべき表現がここになされている。そして「臣縮等三百人……上尊号……即皇帝位」（同上）とある。すなわち皇帝位は人間の中での賢人であることと言う条件に因って、就位可能であるとされた。それを保証したのが邦の臣下三百人である。次代の恵帝の就位では詳細な事情は記されていないが、ただ皇太子の位が皇帝の適格者として、予め臣下に前提されているために問題がなかったのだと思われる。父が賢者たる皇帝であったため、その皇太子は当然に賢であるはずと考えられて、群臣・人民の支持を受けるのは当然だ言うことが、人々の暗黙の了解になっているのであろう。この恵帝は病身であったため、政治の実態は呂后の「臨朝称制」に依って行われるとともに、その専断により後宮の女官の子を皇太子に充てると言う事態が招来された。原因は恵帝に子が無かった為と言われている。確かに『漢書』巻三に「立帝姉魯元公主女為皇后、無子……」と見えるのである。呂后が死去した後、呂氏の一派が高祖の功臣たちによって排除されると、次は有力な親族の少なかった代王が招請されて三代目の帝位に就いた。『漢書』巻四、文帝紀に「群臣拝謁称臣……大尉勃乃跪上天子璽。代王謝曰、至邸而議之……、子弘等皆非孝恵皇帝子、不当奉宗廟……大王高皇帝子、宜為嗣、願大王即天子位、……代王曰奉高祖宗廟重事也。……臣謹奉天子璽符……遂即天子位」とあるのがそれである。従来、行われてきた順序であるはずの、初めになさるべき皇帝の即位は行われず、天子即位が先行している事が記述されている。その理由は同書に「使太僕嬰・東牟侯興居先清宮、奉天子法駕、迎代邸」とある事情、すなわち呂后の立てた少帝なる者がまだ在位しており、その人物がなお禁中に居住していたからである。ここに見る「清宮」の語は胡三省の注に依ると「云、時群臣雖奉帝即位、而少帝猶居禁中、有所屏除也」とあるように、呂后の立てた少帝がいたため、これに対し何らかの対応が必要であり、その措置として「清宮」が計られたというのである。この少帝と略称される人物は順次に、二人存在したようで、『漢書』巻三、高后紀の四年条に「夏、少帝自知非皇后子、出怨言、皇太后幽之永巷、……其議代之、……五月丙辰、立恒山王弘為皇帝」とあるように、皇太后に怨言を発したため、最初の少帝は排除されてしまっていた。そして、ここに「清宮」対象となった少帝とは以前、恒山王の位にあった人物の謂なのである。さて冒頭、天子位に就いた代王が次に皇帝位に就くためには、先述のように、この少帝の存在を排除することが必要であった。代国からの途上で漢廷の臣が璽綬奉呈をしようとした時には「代王謝」とあり、このとき帝位の印たる璽を代王は受理しなかった。それは、この少帝が存在していることを慮んばかった為であろう。このため文帝が位に就く順序は通常の場合と逆になっているが、ここに見るように、代王はまずはじめに天子璽を受けて天子位に就いているのである。この天子璽とは六璽の中にある天子之璽をいうのではなくて、六璽以外にあった璽、すなわち伝国璽に外ならなかった。そして「皇帝即日、夕入未央宮……元年冬十月……皇帝見于高廟」（『漢書』巻四）とあるよう、少帝排除の後を受けて、皇帝となった文帝は未央宮に入り、その後、一〇月になって高廟に至り、帝位継承者としての報告を高祖に対し行うことになる。

二　前漢中期の皇帝・天子

次いで『漢書』巻五、景帝紀に「後七年六月、文帝崩。丁未、太子即皇帝位」とあり、その注に「史記云、太子即位於宗廟、……」とあるが、ここでは皇太子が皇帝位に就いた後、高廟に詣って報告するその時間の経過を省略して、宗廟前で即位したととれるような書き方で記述されている。「臣嘉等奏曰、……天子宜世世献祖宗之廟、郡国諸侯宜各為孝文皇帝、立太宗之廟」（同前）では、天子なる人物が祖宗の廟を祀るとしているのであって、ここでは皇帝とは記していない。次代の武帝即位の場合も、彼がすでに皇太子であったため、「後三年正月、景帝崩。甲子、太子即皇帝位」（『漢書』巻六）と皇帝位に就くのに何の問題もなかった。更に次の巻七、昭帝紀に「後元二年二月、上疾病、遂立昭帝為太子、年八歳……明日、武帝崩。戊辰太子即皇帝位、謁高廟、……（元鳳）四年……

帝加元服……見于高廟……」とあって昭帝の場合も亦、何の故障もなく順調に即位している。

更に宣帝であるが、この場合には問題が存在した。巻八、宣帝紀に武帝が崩じて、実権者の霍光が皇后を介して、当初に昌邑王を召致する。『漢書』巻六八、霍光・金日磾伝によると「始至謁見、立為皇太子。常私買鶏豚以食。受皇帝信璽・行璽大行前、就次発璽不封」とあって、王は冒頭に皇帝名の付く二璽を受けたとある。それは諸侯王への親書作成と発兵のための印璽の二つである。その後、「為璽書、使使者持節、以三太牢祠昌邑哀王園廟、称嗣子皇帝」（同前）とあり、彼は皇帝として昌邑王の父を祭祀する。「六月丙寅、王受皇帝璽綬、尊皇后曰皇太后」（『漢書』巻八）とある文中のその璽とは、上記の両璽を指すものか、或いは伝国璽を言うのであろうか。璽「綬」とあるので後者の可能性もあろう。ともあれその後「癸巳、光奏王賀淫乱、請廃」とあって、皇帝位についた昌邑の淫乱の為、霍光は皇帝廃位の議を朝議に諮ることにした。かかる事態の到来は帝の昌邑が受璽して以来、わずか二七日間でしかなかった。そのために朝廷中に大きな衝撃が走ったが、実権者たる霍光の意向を無視出来ず、廷議により帝・昌邑の廃位が決定された。「光曰、皇太后詔廃、安得天子。迺即持其手、解脱其璽組。奉上太后、扶王下殿、出金馬門……光奉上皇帝璽綬、謁于高廟。是為孝宣皇帝」（『漢書』巻六八）とあって、帝の佩びた璽を光は彼の肩から脱して、これを太后に捧呈した。そして民間にいた劉氏ゆかりの人物を選定し「奉迎曽孫、就斉宗正府、庚申入未央宮、見皇太后、封為陽武侯。已而群臣奏上璽綬、即皇帝位、謁高廟」（『漢書』巻八）とあるように、先ず庶民にあったこの人物を侯位につける処置の後、璽綬を授けて皇帝位に推戴した。これが宣帝である。その後になり、宣帝は高廟に謁して天子となつた。祖廟を帝位就任の後に祭祀するのは、宣帝が天子として劉氏の継承者となった為にほかならない。以上、廃帝の場合も皇帝就位の場合も、見られるように、璽綬のやりとりがそこに随伴していることが注目される。

三　前漢後期の皇帝・天子

『漢書』巻九、元帝紀に「宣帝太子也、……宣帝即位、八歳立為太子、……黄龍元年十二月、宣帝崩。癸巳、太子即皇帝位、謁高廟、尊皇太后曰、太皇太后、皇后曰、皇太后」とあって、元帝の即位は慣例どおり順調であった。彼が皇太子位にあった為である。次いで成帝も亦、同様で「元帝太子也、……宣帝崩、元帝即位、帝為太子、……竟寧元年五月、元帝崩。六月己未、太子即皇帝位、謁高廟。尊皇太后曰、太皇太后……」（『漢書』巻一〇）と先代の場合と全く同じであった。更に成帝では定陶王が賢にして才能があったため、「徴定陶王、立為皇太子」とあり、「綏和二年三月、成帝崩。四月丙午、太子即皇帝位、謁高廟。尊皇太后曰、太皇太后……」（『漢書』巻一一）と記すように、即位はやはり順調に行われた。次の平帝もまた同様、中山王から皇帝位に就いている。このように王の位置から皇帝位に就くという経過は先帝の皇后に子がない、すなわち直系の皇太子がいなかったという事情から生じている。先代皇帝が年齢の若い内に即位したこともその一因として考えられるであろう。このような経緯を辿った漢朝が崩壊の危機に直面するのであるが、それが具体化するのは王莽その人の登場によるものである。

『漢書』巻九九上、王莽伝に「十二月平帝崩、大赦天下……時元帝世絶而宣帝曽孫有見王五人、……莽悪其長大……迺選玄孫中最幼広戚侯子嬰、年二歳」とあるように、王莽は先ず自分にとって害の少ない幼児を皇帝に充てるべく選定を行う。その時点で彼に対して「文曰、告安漢公莽為皇帝。符命之起自此始矣」という符命の告示があり、そこには王莽が幼児の子嬰に代って皇帝たるべしと記されていた。これに対し、「朕深思厥意云、為皇帝者、乃摂行皇帝之事也。……其令安漢公居摂践祚……臣請安漢公居摂践祚、服天子韍冕……南面朝群臣、聴政事……民臣称臣妾、皆如天子之制。郊祠天地、宗祠明堂、共祀宗廟、享祭群神。賛曰、仮皇帝。民臣謂之摂皇帝。自称曰、予。平決朝事、常以皇帝之詔称制、以奉順皇天之心……改元曰、居摂」（同前）と言う文章が続く。ここに皇帝と記す真意は、そのまま皇帝自体を指すのではなく、その摂行を意味するものだと詔書では解釈すると言うのである。この詔書の内容を指示したのは勿論、皇太后であろうし、王莽自身にしても、これによって自分が今すぐ、帝位に就くのは尚早と判断していたのであろう。仮皇帝或いは摂皇帝の位階については、同伝に「皇后之尊侔於天子」と見える処から推すと、天子の服裳で現れた王莽はこの時点で、皇后の位置と同格となっているのである。

そして居摂元年三月己丑に至って「立宣帝玄孫嬰為皇太子。号曰、孺子」とあり、嬰を皇太子に立てる。次いで五月甲辰に太后は詔を発して王莽を朝見したが、その際、「太后称仮皇帝」と見え、太后はここで摂と云わず、彼を改めて仮皇帝と称したとある。仮は摂天子より一層、皇帝に近いはずである。従って王莽はここにおいて帝位に一歩接近したといえる。居摂二年九月に「東郡太守翟義……立厳郷侯劉信為天子……言莽毒殺平帝、摂天子位、欲絶漢室、……以太保甄邯為大将軍、受鉞高廟、領天下兵」（同前）とあって漢室と関係のある劉信が、王莽に対する反乱の中で天子を自称した。その場合、部下の大将軍が高廟において天下の兵を領したと記すことが注目される。すなわち天子が高廟において謁するのは、即位の報告にほかならないが、同時に兵権を高帝より授かるという重要な要素がそこに包含されていたのである。後漢期でも同様、『後漢書』巻六九下に「仮司馬伍宕説進曰、太公六韜有天子将兵事」とある。歴代皇帝が高廟に謁するのも、亦同様に軍事権を国家の始祖たる高祖から授かる意味を有していたのであろう。さて、この劉信の反乱はやがて終息したが、これを「自謂威徳日盛、獲天人助、遂謀即真之事矣」（『漢書』巻九九上）とあるように、天・人の総意を示すものと見なして、王莽は真の皇帝に就くことを企てるようになった。そして居摂三年を改元して初始元年とし、高廟に至って王莽は金匱神嬗を拝受し、「御王冠即真天子位。定有天下之号曰、新」（同前）とあるように、仮から真の天子位に昇格する。臣下から此処まで到達するために、普通の場合より多くの手数をかけて高廟を拝するまでに到達したのであるが、こうして彼は手始めに天子位に就いたのである。そして、『漢書』の巻九九上、王莽伝に、「居摂三年正月」時点と思われるが、「劉京上書言、七月中……亭長辛当……数夢……告亭長曰、摂皇帝当為真……十一月壬子……巴郡石牛、戊午雍石文、皆到于未央宮前殿……天風起、塵冥、風止、得銅符帛図於石前。文曰、天告帝符、献者封侯……崔発等眡説……此周公居摂称王之文也。春秋、隠公不言即位摂也。……臣莽敢不承用。臣請共事神祇宗廟、奏言、太皇太后・孝平皇后皆称仮皇帝、……以居摂三年為初始元年……哀章……書言王莽為真天子……御王冠即真天子位、定有天下之号、曰、新。」とあって、真天子に就いた経緯が此処にも記されている。ところが同伝巻九九中に「始建国元年……秋七月……皇帝復謙譲、未即位。故三以鉄契、四以石亀……十一以大神石、十二以銅符帛図……至于十二、以昭告新皇帝……故去摂号、猶尚称仮。改元為初始……又侍郎王盱見人衣白布、……謂盱曰、今日天同色、以天下人民属皇帝……至丙寅暮、漢氏高廟有金匱図策。高帝承天命、以図伝新皇帝。明旦……乃召公卿、議未決、而大神石人談曰、趣新皇帝之高廟、受命毋留。於是新皇帝立登車之、漢氏高廟受命、受命之日丁卯也。……於是乃改元定号、海内更始、新室既定」と記されている。王莽伝の上巻と、中巻のこの文章を比較すると、そこには双方に重複する箇所の存在することが解る。

上巻で初始元年に改元した時は猶、太皇太后らが王莽を仮皇帝と称していた時点であった。そして哀章の上奏で真天子に就き、新朝を立てて建国元年としたと言うのである。しかるに中巻では、建国元年秋七月条に摂号を取り去ったが、なお仮皇帝を称していて、そのときに初始と改元したと記している。しかし本来、初始から始建国に年号が推移するはずであるから、中巻のこの部分はまさしく誤記と考えなくてはならない。

四　後漢の皇帝・天子

後漢王朝に移ろう。『後漢書』巻一上、光武帝紀に「立前孺子劉嬰為天子、更始遣丞相李松撃斬之」とあり、始めに劉嬰が天子位に就くが、彼は更始に敗北して斬られてしまう。そこで光武の部下、馬武らが劉秀に尊号を奉ることを議したが、建武元年の時期にはなお、公孫述が別に天子を自称しており、更始も亦、帝位を称していたために、劉秀は尊号を請けなかった。しかしながらその後、「今上無天子、海内淆乱……宜答天神以塞群望。光武於是、命有司、設壇場於鄗南千秋亭五成陌、六月己未、即皇帝位。燔燎告天、禋于六宗、望于群神。其祝文曰、皇天上帝……為人父母、……平定天下……上当天地之心、下為元元所帰」（同前）とあるように、天地と人民の輿望に答えると言う形で、皇帝位につく事を彼は了承し、次いで「讖記曰、劉秀……修徳為天子……曰、皇天大命不可稽留……於是建元為建武、大赦天下……八月壬子、祭社稷、癸丑、祠高祖、太宗、世宗於懐宮……」（同前）とあるように、天子位に就位した。例によって「群望」に答えて皇帝となった後に、「皇天大命」によって天子となったのである。また同巻建武三年の条に「丙午、赤眉君臣面縛、奉高皇帝璽綬」とあり、同年の条に「二月己未、祠高廟、受伝国璽」と見え、即位以後になって本来の順序とは違うが、高帝の伝国璽をその廟から授けられた形を装いつつ、光武は漢家の正統を継いだことをこの祭祀によって鮮明にした。そして同巻下に「十年……秋八月己亥、幸長安、祠高廟、遂有事十一陵」とあるよう、即位の定式に従って就任の儀を完了する。尤も光武の場合は告天・六宗の祭祀が天子即位の始めに行われ、思想の上で、天地自然の占める位置は前漢よりも重視されている事がわかる。これは讖緯説を儒家思想の中に取り込んだ後漢思想界の流れに即応するものである。ここでは漢の高祖の賢なる資質は問題とならず、天と人民の支持が帝位の基調をなしている。人間観の後退であると見ることができる。

『後漢書』巻二、顕宗孝明帝紀第二に「光武第四子也……十九年立為皇太子……中元二年二月戊戌即皇帝位、年三十。尊皇后、曰皇太后」とあり、「永平元年春正月、帝率公卿已下、朝於原陵、如元会儀」とある後に「(二年十月)甲子、西巡狩、幸長安、祠高廟。遂有事於十一陵」と見える。次なる章帝も「顕宗第五子也……永平三年立為皇太子……十八年八月壬子即皇帝位、年十九。尊皇后曰、皇太后」(『後漢書』巻三)と、やはり順調に即位するが、「建初七年……六月甲寅廃皇太子……立皇子肇為皇太子」とあるよう皇太子の位置に変化があり、その後、「八月飲酎高廟、禘祭光武皇帝・孝明皇帝」とあって、前漢の慣例によって、諸侯から金銭を出させ助祭することを命じると共に、同年冬一〇月癸丑に「西巡狩幸長安、丙辰祠高廟、遂有事十一陵。遣使者祠太上皇於万年……」と高廟を祀っている。『後漢書』巻四には「粛宗第四子……建初七年立為皇太子、章和二年二月壬辰、即皇帝位年十歳。尊皇后曰皇太后、太后臨朝」と和帝の即位が記され、同年「夏四月丙子、謁高廟、丁丑謁世祖廟」と慣例による高廟祭祀と併せ世祖廟も祠っている。永元三年には皇帝の元服があり、同一一月に「癸卯、祠高廟、遂有事十一陵」とある。また「孝殤皇帝……和帝少子也。元興元年十二月辛未夜、即皇帝位、時誕育百余日。尊皇后曰皇太后、太后臨朝」(同前)と、ここでも幼児の皇帝が出現したが、しかし延平元年八月の辛亥の日に早世してしまう。次いで安帝が立ったが、彼は粛宗の孫であり、年も未だ一〇歳の幼帝である。この場合にも「今以侯嗣孝和皇帝後……万民頼之、皇帝其勉之哉。読策畢、太尉奉上璽綬、即皇帝位、年十三。太后猶臨朝。九月庚子、謁高廟。辛丑謁光武廟」(『後漢書』巻五)と璽綬を受けて皇帝位に就く従来の様式を踏んでいる。彼は永初三年に元服するが、七年春正月庚戌に「皇太后率大臣・命婦、謁宗廟」とあって、猶、皇太后の臨朝称制が継続していた。延光三年閏月乙未には「祠高廟、遂有事十一陵」とあるから、この時点で太后の臨朝称制は漸く終わったものと考えられる。しかし、翌四年三月丁卯に「幸葉、帝崩……年三十二」とあり、乙酉に「北郷侯即皇帝位」とあるし、冬一〇月辛亥には「少帝薨」とあって、この人物は帝名の無いままに薨去する有様であった。そこで安帝の子が永寧元年になり皇太子位に就くけれども、宦官との対立によって一旦廃位される。しかし再び黄門孫程らの擁立するところとなって、漸く皇帝位に就く事になった。年令一一歳である。そして閻顕兄弟の下にあった璽綬を奪って、帝の手中に収め、そして「壬申謁高廟、癸酉謁光武廟」（『後漢書』巻六）とあるように定式を踏み、永和二年一一月丙午に「祠高廟、丁未遂有事十一陵」と従来の法式に従って皇帝・天子位に就く。さらに続く沖帝という人物は順帝の子で、建康元年、皇太子に就き、同年八月庚午に皇帝位を踏んでいる。ただ年は二歳であったので、例によって太后が臨朝称制して政務を執った。しかし永嘉元年にこの帝も三歳で崩じたため、その後は質帝が嗣ぐことになる。彼は粛宗の玄孫であったが、大将軍梁冀が「丙辰使冀持節以王青蓋車迎帝、入南宮、丁巳封為建平侯、其日即皇帝位、年八歳」と招請して、先ず侯位に付けた後に皇帝位に就いている。そして「甲申、謁高廟、乙酉、謁光武廟」と旧来の定式に従った。しかし、本初元年の閏月甲申「大将軍梁冀潜行鴆弑、帝崩于玉堂前殿」とあるように、大将軍の意に違うところがあったためか、帝は毒殺されるという結果に終わっている。

こうして後漢歴代の帝位継承の経過を経て後、桓帝が即位する。彼は粛宗の曽孫である。蠡吾侯であった父が死去したので、その侯位を嗣いでいた。太后と大将軍梁冀は共謀して、この人物を南宮に迎え入れ、即日、皇帝位に就ける。年一五歳である。依って例に従い、太后が皇帝に代わり朝政に臨んだ。そして七月辛巳において、帝は高廟・光武廟に謁し、即位を完了する。そして、この桓帝の時世は二〇年余続いており、他の皇帝より長い統治を続けている。更にその後継者は、『後漢書』巻八にあるように霊帝であるが、この人は粛宗の玄孫にあたり、叔父の解瀆侯の侯位を嗣いでいたため、「使竇武持節以王青蓋車迎入殿中。庚子即皇帝位、年十二……二月庚午、謁高廟。辛未謁世祖廟大赦天下、賜民爵及帛、各有差」（『後漢書』巻八）とあるように、この場合、順調に即位が終わった。更にこれを継承した献帝は後漢最後の皇帝であるが、彼は霊帝の中子であった。中平六年に先ず少帝が即位したが、すぐに降位されて王に転じる。その一方で、陳留王が献帝として「九月甲戌、即皇帝位、年九歳」（『後漢書』巻九）とあるように、皇帝位に就くという経過をとった。その伝には高廟に謁する行事は記載されていないけれども、これが行われなかったのは、董卓を始めとする群雄による内乱の激しい時期であった為ではなかろうか。そして、建安二五年三月において、延康に改元され「冬十月乙卯、皇帝遜位。魏王丕称天子。奉帝為山陽公、邑一万戸、位在諸侯王上、奏事不称臣、受詔不拝。以天子車服、郊祠天地、宗廟祖臘、皆如漢制」とあって、魏の曹丕に帝位が禅譲され、漢朝は此処に滅亡するに至った。こうして山陽公に降位した帝は「自遜位、至薨十有四年、年五十四、諡孝献皇帝、八月壬申以漢天子礼儀、葬于禅陵」という待遇を魏朝によって受けたとされる。

以上のように後漢の皇帝の多くは幼少で、即位儀礼は前漢の定式を踏むが、実態としては皇帝個人の資質が政治に影響を与えるということは、始めの三代を除いては、稀であったようである。帝はなくてはならないものの実質は皇太后と権臣及び宦官で政治を差配したのが後漢国家の支配の様相であった。

五　皇帝・天子号の用法

『漢書』・『後漢書』を以て、この名号について摘記し検討した結果、すでに見たように前漢では皇帝は賢者であることが即位のための第一条件であったことが明らかになった。『漢書』巻四三の陸賈伝に「賈曰、王似賢也。復問曰、我孰与皇帝賢。賈曰、皇帝起……討暴秦誅彊楚……統天下……未始有也。今王衆不過数万」とあって、南越王との対話で、漢の皇帝と南越王といずれが賢なるかを問題にしている。ここで天下万民を統括する漢帝と数万人を率いる王とを対比しているように、民衆の支持の多寡が比べられている。皇帝は賢人であると共に、かように多数の臣・民に支持される人物でなければならないのである。ここで南越王の尉佗は「総百粤自称帝」（『漢書』巻七三）と皇帝を称していたが、陸賈の意見を聞き「於是、下令国中曰、吾聞両雄不倶立、両賢不並世。漢皇帝賢天子、自今以来去帝制……臣佗昧死再拝、上書皇帝陛下、老夫故粤吏也、……故更号為帝、自帝其国非敢有害於天下也」（『漢書』巻九五）とあるよう、尉佗の側が漢使の論旨を了承して、自らの帝号を去ったと言う。漢帝が自分より「賢」なる者と認めた為であろう。また同書巻四三、叔孫通伝に「漢王已并天下、諸侯共尊為皇帝於定陶……」とあり、帝位に就くのは民を束ねている諸侯の支持もまた一つの前提となる。「帝崩、諸将軍共立太子為帝、年八、九歳」（『漢書』巻六三）と皇太子が即位の前提となっている場合は、諸将軍の支持だけでもそれに代行しうるのである。ところで皇帝名号の使用は『漢書』巻七九の馮奉世伝に「上於是以璽書労奉世、且譲之曰、皇帝問将兵右将軍、甚苦暴露……」とあり、また同書巻八〇、淮陽憲王欽伝に「遣諫大夫王駿、賜欽璽書曰、皇帝問淮陽王……」とあるが、また同巻に「奉璽書勅諭之曰、皇帝問東平王……以翼天子……」ともあり、更に巻八四、翟方進伝には「上遂賜冊曰、皇帝問丞相……」とあって、冊書の場合でも亦、君主は皇帝を自称している。このように璽書及び冊書の中で君主が自称する場合に、皇帝名号の使用が見られるのである。他称の場合も「単于遺漢書曰、……匈奴大単于敬問、皇帝無恙、前時皇帝言和親事、……皇帝譲書……世世平楽、未得皇帝之志」「六年遺匈奴書曰、皇帝敬問、匈奴大単宇無恙……」（『漢書』九四上）などとあって、単于は相手の君主を皇帝名号で記している。『漢書』中で皇帝の号を用いる頻度については、西嶋氏の指摘で、数量的には天子号を称する場合より少ないとされているけれども、「帝曰く」という言い方は極めて多く出てくるのである。天子号の用法については『漢書』巻一、高祖本紀下に「今已為天子、而所封皆故人所愛……」「天子迺超拝式為中郎」（『漢書』巻二四下）とあるよう封爵の場合、「天子以仲舒為江都相」（『漢書』巻五六）「天子拝望之為謁者」（『漢書』巻七八）と官吏任命の場合、「天子所以賞賜数十鉅万」（『漢書』巻五五）「天子数加賞賜前後数千万」（『漢書』巻八一）と賞賜する場合、「然卒践天子位者劉氏也」（『漢書』巻四）と劉氏に属する場合、「天子宜世世献祖宗之廟」（『漢書』巻五）と祖宗を祭祀する場合、「立泰畤于甘泉、天子親郊見」（『漢書』巻六）「天子封禅、……於是、天子始祠竈」（『漢書』巻二五上）「天子既已封泰山」（同前）と天地や竈を祭祀する場合、「単于能戦、天子自将待辺……」（『漢書』巻六）「天子大為発兵六万余人」（『漢書』巻七九）と戦闘に従事する場合、「天子始出巡郡国」（『漢書』巻二四下）と地方を巡狩する場合、「天子不忍致法、……於是天子皆赦」（『漢書』巻三五）「天子以伍被雅辞、多引漢美、欲勿誅」（『漢書』巻四五）「法者天子所与、天下公共也」（『漢書』巻五〇）「式曰、天子誅匈奴」（『漢書』巻五八）「天子加恩赦王諸子、皆為庶人」（『漢書』巻六三）等、法を操り、それを執行する場合、「天子下其議、令民産子七歳、廼出口銭、自此始」（『漢書』巻七二）と財政政策を行う場合、等の事例が天子の扱う行為として使用されている事が解る。ここで両者の関わりについて見ると、先ず『漢書』巻一九に「高帝即位、置一丞相……孝恵・高后置左右丞相」とあり、具体的には同書巻三九に「漢王曰、……以何為丞相」と蕭何を丞相に任命しており、次いで「文帝二年復置一丞相」（『漢書』巻一九上）と見えるので、外朝官筆頭の丞相は皇帝の任命であることは明確である。一方、天子について、『漢書』巻二二、礼楽志に「猶命叔孫通、制礼儀以正君臣之位。高祖説而歎曰、吾乃今日知為天子之貴也」とあり、「以通為奉常」と続くので、天子が叔孫通を奉常に任じたと思われる。この官は同書巻一九上に「奉常秦官、掌宗廟礼儀」とあって内朝官であるところから、内朝官は天子が任命したものと考えられるのである。このように皇帝はおおむね外朝官系列を任命し、天子は内朝官系列を任命するという分野別の機能を果たしていたと考えるのであるが、如何がであろうか。

結　語

漢王朝の皇帝・天子について、その即位のあり方を専ら『漢書』・『後漢書』の両書を基にして、時代順に摘記してみた。前漢代では皇帝位に就くには最も賢なる人物であることが先ず主要な一条件であり、臣下・衆庶が一致して推挙することも、それと共に別に加えるべき別の一条件であった。すなわち天下の臣・民を統御できる君主こそが皇帝であると言い換える事ができよう。嘗て拙論において皇帝は人為系に属する存在と定義したのはそのことを指す。一方、天子は嘗て自然系に属する存在と見なしてきたが、高廟で後継者たることを王朝創始者の高祖に対し報告する行事は劉氏の宗族であることの確認であった。しかし、後漢代においては前漢とちがい、皇帝就位は天の命及び人民の支持が前提であった。そして前漢の高祖とともに後漢朝創始者の光武帝を祭祀の対象として、それらの廟前で後続の皇帝は即位の完了を報告している。その際、同時に伝国璽を受納する例もままあり、新天子たることの申告に対する祖先たる皇帝の応報として、具体的には高祖から兵権を授与される儀式もこれに随伴したのである。即位順序としては、天命と衆議とに基づきつつ、先ず皇帝位に就き、その後、両漢の初代皇帝、高祖・光武への廟祠を経て、天子位に就くのが両漢期における定式であったと言えよう。

西嶋説では皇帝機能が儒家思想の普及によって天子機能に吸収されるものと解されているが、この点はどうであろうか。『後漢書』では皇帝の発言を「帝曰く」として記述しており、この用法は「天子曰く」より数量的にずっと多い。更に氏も指摘のように君主実用の璽印が六種あって、それぞれ機能する分野が定められていたのであるが、これは後漢代通じて変化がなかったと判断される。『後漢紀』巻二五、孝霊皇帝紀に「諸中官無少長、皆誅之、死者二千余人。引兵入宮、珪等迫急、復将天子、陳留王、夜至小平津。六璽不自随……卓以王賢有廃立之意。是日幸崇徳殿、大赦天下、得六璽、失伝国璽」とあって、後漢末においても六璽の在ったことが知れるし、『東都事略』巻九にも「惟受命之符当有一代之制、而尚循秦六璽之用度、越百年之久」とあるので、その事実は明瞭に確認できる。もし皇帝機能が天子のそれに吸収されたとすれば当然、皇帝・天子の機能別の六個の璽印も亦、変化・減少するはずなのであるが、後漢期でも前漢と同じく六璽は変わらずに使われ、存在しているのであって、それが変化したと言う史料的明証はないと思われる。

註

（1）岩波書店、一九七八年
（2）岩波書店、一九七九年

3　後漢期、皇帝・皇太后の政治と儒家思想

序

漢の武帝は五経博士を置くことによって、公的な性格を持つ儒教の「五経」を明確に定めた。以後、学術の発展は目覚ましく、五経の種類も各経典の中で分岐して、増加一途の趨勢にあった。しかしその中で、前漢後期から後漢初期まで、この多岐に亘る諸学・経典の評価・認定は学者達の間で揺れ動いていて、国家の経学として充分に固定化する状況にまでは至っていない。前漢代では宣帝の時、既に五経内容の異同について論議され、後漢・光武帝の初期には五経を定め、一経ごとに家法が立てられた上、各家法に博士が置かれる制度が決定されている（福井重雅『漢代儒教の史的研究』汲古書院、二〇〇五年）。そして、章帝の建初四年、白虎観で経典の内容について同様の議論があり、そこで讖緯思想は緯が中心に据えられた（冨谷至「白虎観会議前夜―後漢讖緯学の受容と展開」『史林』第六三巻第六号、一九八〇年）。とりわけ、光武帝の時に儒教が国教化したので（板野長八説。別に渡辺義浩『両漢の儒教と政治権力』汲古書院、二〇〇五年、二五三頁）、前漢時代と異なり、皇帝自身が儒教の信奉者となったために、思想の政治に対する影響力は他の時代に比して強大化するようになり、士大夫の学術に対する注視は政治との関連の深化もあって、充分な広がりを持つようになってきた。本章ではこうした儒家の経典・思想の確定過程における帝・皇太后と外戚の政治的関係について論述してみたい。

一　漢代の儒家思想の推移と学官

前漢初の景帝期に、河間献王や淮南王安らが善書を蒐集する活動を行った。「好古実事求是、従民得善書、必為好写」（『漢書』五三、景一三王伝）とあって、民間の善書や「先祖の旧書」を求め、それを蒐集したのである。この中で、献王では「皆古文・先秦旧書。周官、尚書礼、礼記、孟子、老子之属……立毛氏詩、左氏春秋、博士」とある事からすると、古文の内、毛氏詩と左氏春秋とを、とりわけ重要視していたようで、この二学が当時、公式に博士官に立てられたように記されている。

『春秋左伝註疏』には「孔子自衛反魯、作春秋……公羊為斉学……謂穀梁為魯学……漢興、春秋始見于世者、魯申公伝穀梁、学于江公而董仲舒為公羊。公孫弘亦本於公羊……武帝遂尊公羊……太子復私聞穀梁学而善之、故宣帝……」とあって、魯の申公より始まる穀梁春秋に対して、董仲舒の方は公羊春秋を尊重し、更に公孫弘によって、この学が承け継がれた。その為に、武帝は特に公羊春秋を尊信したと言う。そうした中で、武帝の建元五年に「初置五経博士、宣・成之世、五経家法稍増経、置博士一人、至東京凡一四人」とあって、五経博士が学官として定置され、宣・成帝代にはなお増経されたと、後の史書『宋書』巻三九は記している（『漢書』巻一七上）。こうして武帝は公羊春秋を学問の中心に置いたが、これは君主権の強化の働きを期待したためであった。

彼の孫にあたる宣帝は皇太子の時代、穀梁春秋をより善い経典として、穀梁学を高く評価した。しかし、宣帝は即位して以後「王・覇」を併せて政治を行う方針であったので、王道たる穀梁学のみで儒学を一元化したのではなく、覇道的な公羊学も同時に併置して、自らの統治方針に合わせ双方を採用した。更に、その後継者である元帝は皇太子の時、儒者を官吏に登用するよう上奏して、父から漢家を滅ぼす者は皇太子だと名指しで非難された。そうした皇太子の考えは皇帝権の軽視に繋がると言う父・宣帝の理解なのである。当の元帝は即位後、名儒として著名な蕭望之らを招請して、公羊と穀梁の同異を検討させている。そして、劉向伝によれば『初立穀梁春秋』とあるように、こうした帝意を受けて、穀梁学がこのとき始めて、公式の博士官に充当されることになる。『漢書』巻三六に「孝宣皇帝猶復広立穀梁春秋、梁丘易、大小夏侯尚書。義雖相反、猶並置之」とあり、「其言甚切、諸儒皆怨恨」とあって、経義の異なる公羊・穀梁を両存・公認する主張に対して、諸儒はその唱道者であった蕭望之に怨みを持ったと言われる。彼らは穀梁学を評価することには反対だったからである。『漢書』巻八宣帝紀によれば「五経同異」を論じた中で、公羊家の一派は厳彭祖・申輓らであり、穀梁家の一派は尹更始、劉向らであった。そして、甘露三年に行われた論議では「周寿昌曰、……上親臨決事、更崇穀梁伝、故言六経、即此事也」とあり、この会議での問題の焦点の一つが、「六経」とあるのを見ると、穀梁春秋を学官に立てるかどうかに在ったことが解る。会議に親臨した前漢の宣帝が六経目の学問として、穀梁春秋を認めたのであるから、群儒の反対はこの帝意により押し切られてしまったと言うことになる。既に、その六年前に当る元康元年八月に、瑯邸の江公が穀梁伝を興したという記録があるが、それ以来、穀梁春秋が公的に議論されるようになったのであるけれども、その議論の頂点が正に、甘露元年のこの論議であったわけである。

王莽の新朝代に入ると「陳欽……以左氏授王莽、自名陳氏春秋……」とあり、陳欽は左氏春秋を莽に勧め、その功績によって厭雑将軍に取り立てられたと言う。左氏春秋の場合はこのようにして、河間献王以来、再度、表舞台に登場してきた。後漢代に入ってからは、陳欽の子の元を始め、桓譚・杜林・鄭興らが、王莽期に認められていた左氏春秋を学官に立てようと試みる。これに対し「博士范升奏、以為左氏浅末、不宜立」とあって、博士范升は左氏の思想が浅薄であると論難して、その学官入りに反対を唱えた。陳元はこれを聞き再度、闕に至って上疏する。すなわち、「曰、陛下撥乱反正、文武併用、深愍経芸謬雑、真偽錯乱。毎臨朝日輒延群臣講論聖道、知丘明至賢、親授孔子。而公羊・穀梁伝聞於後世」と述べて、左丘明は至賢であり、孔子からその学を親授されたのだと反論する。そして又、「故詔立左氏。故博詢可否、示不専已尽之群下也。今論者沈溺所習、頑守旧聞……左氏孤学少与（党）……仲尼聖徳而不容於世、況於竹帛余文。……臣元窃見、博士范升等所議奏左氏春秋不可立、及太史公違戻・凡四十五事。案升等所言、前後相違、皆断截小文……升等又曰、先帝不以左氏為経、故不置博士。……臣愚以為若先帝所得而後主必行者、則磐庚不当遷于、周公不当営洛邑、陛下不当都山東也。往者孝武皇帝好公羊、衛太子好穀梁。……詔太子受公羊不得受穀梁。孝宣皇帝在人間時、聞衛太子好穀梁。於是独学之。及即位為石渠論而穀梁氏興、至今、与公羊並存。此先帝・後帝各有所立不必其相因也」と述べて、范升らの意見の取るべからざることを論じている。これとともに又、『後漢書』三六、范升伝に「時尚書令韓歆上疏、欲為費氏易・左氏春秋立博士」とある。問題の左氏春秋を学官に立てるべく上疏を行ったのは外に、尚書令韓歆がいたのであるが、これに対しても范升は「起対曰、左氏不祖孔子、而出於丘明……」と作者の左丘明が孔子の子孫でないことを理由に挙げて反論した。そして『後漢書』一〇九下には「范升与歆争之、未決。陳元上書訟左氏。遂以魏郡李封為左氏博士」とある通り、両者の論争は結論が出ないまま、取りあえず、李封と言う人物が博士として学官に立てられた。しかし、「後、群儒弊固者、数廷争之。及封卒、光武重違衆議。而因不復補」（同前）、とあり、多くの儒家がこれを猶、継続して論議している最中に李封が死去した。光武帝はかかる新たな状況の生じる中で、何故か、李封の後任を補充していない。ここから見ると、先に議論が伯仲したにも拘わらず、李封が左氏博士に任じられた事態は、おそらく光武帝の専断によるものであり、死去後の不補充はこれに対する群儒の反対を、帝も考慮せざるを得なかった為であろう。

同伝には亦「遂与韓歆及太中大夫許淑等、互相弁難」とあって、許淑も又、韓歆に同調する側に立っていた。また「近有司請置京氏易。博士群下執事莫能据正。京氏既立。費氏怨望。指左氏春秋復以比類。亦希置立。京・費已行。次復高氏・春秋之家又有騶・夾。如令左氏・費氏得置博士。高氏・騶・夾五経奇異。並復求立。各有所執。乖戻分争。従之、則失道。不従則失人。将恐陛下必有厭倦之聴。……今費・左二学無有本師。而多反異先帝。前世有疑於此、故京氏雖立、輒復見廃。疑道不可由。疑事不可行。今陛下草創……奏立左・費非政急務……謹奏左氏之失凡十四事。時難者以太史公多引左氏。升又上太史公違戻。五経謬孔子言及左氏春秋不可録三十一事……」とあってこの頃、京氏易を学官に立てる要求があった。これについても論議が詰められないまま、「京氏既立」と言う結果となっている。この措置が同学の費氏の怨望を招き、これも又、議論になったが、結局、妥協的処理として、双方が学官に立てられた。そして左氏春秋家も学官に入ることを望んでいたが、春秋学の場合にも、他に騶・夾二家の学が存在したので、この二家も同様に学官入りを希望する試みを誘発しかねない。こうして各々、互いに我が学を学官を立てようとする争いになり、「陛下……厭倦之聴」となってしまうと上奏して、それらの採択を控えるべきだとの上奏が行われた。今、費・左の二学も「本師」があるわけでなく、従来から先帝の意と異なる所があり、当時からこの点に疑いが生じていたので、京氏易は学官に立てられたけれども、やがて廃された苦い事実がある。従って、疑わしい節のある儒学経典については「拠るべきではなく、疑わしい事柄は実行すべきでない」と言って、新規に学官を立てることに対する異論が唱えられた。そして左・費二家の学は政務にとって急ぐ必要はないものと結論している。重ねて、左氏の欠点には一四事あり、太史公が左氏をしばしば引用しているものの、范升によれば、太史公の言い分には「違戻」の部分が多々あるのだとの批判を述べる。こうして、光武帝期においては、左伝の公式採択をめぐる論議が盛んに行われる状況が現われてきた。

二　皇帝と左伝

こうした思想の流れの中で、賈逵と言う一人の人物に注目しなくてはならない。彼は劉歆に師事して、左氏春秋、国語、周官、古文尚書など古文の経書を学んだ経歴があり、永平（明帝）中に左氏伝国語解詁五一篇を朝廷に献じている。三代目の粛宗（章帝）が即位した時に「特好古文尚書、左氏伝」とあるから、章帝の好みもあって、左伝の重視は一層強まってきていることが解る。「建初元年、詔逵入講北宮白虎観……帝善逵説、使出左氏伝大義・長於二伝者、逵於是具条奏之」とあり、この文の註に、「恵棟曰、……経典序録云、逵受詔列公羊・穀梁不如左氏四十事奏之。名曰、左氏長義……公羊理短、左氏理長。鄭衆亦作長義十九条、十七事。専論公羊之短、左氏之長、在逵之前、衆雖扶左氏而毀公羊、但不与讖合。逵作長義、奏御于帝、幾廃公羊也」とある。ここに見る鄭衆は『後漢書』三六に、「年十二、従父受左氏春秋……粛宗……受詔作春秋刪十九篇」とあり、父の鄭興は光武帝の時、「帝嘗問興郊祠事曰、吾欲以讖断之、何如。興対曰、臣於書有所未学、而無所非也。帝怒曰、卿之不為讖非之邪」（同前）と「讖」を学んでいないと弁明しているから、衆も又、左伝を評価するが、讖記と接合する理解には与していない。こうして見ると　公羊・穀梁二伝よりも左氏が優れているという儒家は存在したが、「讖」との接合には反対の人が多かったわけである。賈逵本人は「五経家皆無以証図讖、明劉氏為堯後者、而左氏独有明文、五経家皆言顓頊代黄帝、而堯不得為火徳。左氏以為少昊代黄帝、即図讖所謂、帝宣也。如令堯不得為火、則漢不得為赤。其所発明補益、実多。……帝嘉之」（『後漢書』三六、賈逵）と述べ、五経家の証明出来ない劉氏が堯の後裔であることを、左氏・図讖が明らかにしていると指摘する。この点でも五経家などと意見が違っており、多分に皇帝に対する政治的配慮が、彼の思想の根本に底流していることが解る。以下、左伝についての儒家らの立場をまとめて見ると次のようになる。

後漢期の左氏春秋をめぐる儒家の対立

〈擁護派〉


「賈逵」。劉歆より父の徽へ、左氏伝が伝承される。(「閻若璩云、隋志讖緯篇云、賈逵之徒独非之与此不合。蓋憂隋志不詳考」とあって隋志の誤りを指摘している。)

「鄭興、鄭衆」。劉歆より古学を受く。興は公羊から左氏に転ず。左氏学の祖と唱せられる。

「張馴」。左氏支持。

「韓歆」。建武以来、費氏易と左氏春秋を博士官に推挙。

「許淑」。范升批判。左氏支持。

「尹敏」。左氏支持。図讖反対。


〈反対派〉


「范升」。左氏批判。

「李育」。左氏批判。

「桓譚」。左氏批判。図讖批判。

「衛宏」。左氏批判。

「陳元」。左氏批判。父、欽は王莽に左氏を教えている。

右表で見ると、五経派は儒家思想の人間本位を尊重するのであるから、図讖のごとく天意を軸に置く思想を忌避することは当然、考えられる。そして又、左氏は「刑と徳の二つともが備わることが左伝においては覇者の一つの条件」（小倉芳彦、『中国古代政治思想研究　「左伝」研究ノート』青木書店、一九七〇年）とあり、同時に「崇君父、卑臣子」の思想であり、「強幹弱枝」（『後漢書』三六、賈逵）の効用があるというから、図讖によって立った後漢初の皇帝は、この点では左氏の政治的本質と或部分で共鳴する所があったであろう。賈逵の試みは右記、儒家教義としての論理矛盾（天・人）の調整を計るものであり、とりわけ左伝に伝えられる堯の伝説を援用して、両者の橋渡しをしたのである。ただ尹敏は左氏支持であっても、図讖には反対であった。「後受古文、兼善毛詩・穀梁・左氏春秋……帝以敏博通経記、令校図讖……敏対曰、讖書非聖人所作、其中多近鄙別字……帝不納」（『後漢書』七九上）とあり、敏は讖書が聖人の作でないと述べ、帝の容れる所とならなかったと言うが、人間本位の儒家としては、むしろ彼の見解が普通の解釈と言えるであろう。

三　皇帝と讖書

光武帝の建武三年、寇恂は学問を好み、左氏春秋を習得したとあるが（『後漢書』一六）、このように後漢初から、高位にある部下が左氏を習得していたことは、光武政権の一特徴を示していると思われる。馮異も「好読書、通左氏春秋・孫子兵法」（『後漢書』一七）とあり、『後漢書』三一・孔奮伝にも「奮少従劉歆、受春秋左氏伝」とあり、弟の奇も洛陽に遊学し「奮以奇経明、当仕……博通経典、作春秋左氏刪」と、左氏の解を作っていると言う。このように劉歆の教示を受けて、左氏を研鑽する人物は後漢初期に多く出現する。鄭興、衛宏も又、この劉歆に学んで古学を習得したと言うから、彼らも当然、左氏を理解していたであろう。しかし、『東観漢記』巻一六の陳元の伝に拠ると、「光武興立左氏。而桓譚・衛宏並共毀訾。故中道而廃」とあって、光武の意志は左氏と讖記のセットで儒教を信奉する事にあるが、桓譚らは光武の意に逆らって、図讖とともに、この左伝をも同時に非難したのである。桓譚は先に述べたように讖記を攻撃して、光武の激しい不興を買ったことは、その伝に見える。光武の讖記信奉は「世祖即位、以讖文用平狄将軍孫咸行大司馬。衆咸不悦」（『後漢書』二二、景丹）「赤伏符曰、王梁主衛、作玄武。帝以野王衛之所徙。玄武水神之名、司空水土之官也。於是擢拝梁為大司空」（『後漢書』二二、王梁）などとあるように、部下の任官に迄、讖記を用いたと言う程であるから、その心服の程が解る。軍功に依って授官するのが漢家の伝統であるので、この帝の措置は流石に不評であり、「衆不悦」とある通りであった。図讖信奉は次の明帝も同様で、「楽官曰、大予楽、官以応図讖」（『東観漢記』巻二）とあり、「初光武善讖、及顕宗・粛宗因祖述焉」（『後漢書』五九）と三代、続く。さて杜林については、右記の衛宏に師事していたと言われる。「林前於西州、得漆書古文尚書一巻、常実愛之……古文雖不合時務、然願諸生無悔所学。……於是古文遂行」（『後漢書』二七）とあって、彼は古学を好んだが、しかし古文は時務、すなわち現実の政治的効用のないものとされていたから、官許の五経には当然、編せられていない。他方、図讖は前漢後期から儒学の埒外であった符命に基づいて生起したものであり、劉氏再受命の予言の内容と共に、とりわけ君主の信奉する所となっていた。既述のように、光武帝はその信奉者であった。樊儵伝で見ると「就侍中丁恭、受公羊厳氏春秋……永平元年……与公卿雑定郊祠礼儀、以讖記正五経異説」（蘇輿曰、経緯之雑、蓋始于此。光武以讖記成業。于是、張純請建辟雍、自言案七経讖。其後、曹充請制礼楽、博引讖文。曹褒次序礼事、雑以五経讖記。賈逵且引図讖、証左氏起廃学矣。鄭君時、以讖記説経、亦風気使然也）、（『後漢書』三二）とあり、彼は讖記を用いて五経に見える異説を正したと言う。蘇輿の注で見ると、張純・曹充・曹褒らも同様の手法で経典を修正しているのであって、上記、注釈中に「経・緯の雑はこれより始まる」と評している通りである。『玉海』巻四二、漢六芸篇録に「中興後、儒者争学図緯」とあるように、賈逵による両者の折衷案はこれらの儒家にも採択されているのである。また張純伝では「建武初、旧章多闕、毎有疑議、輒以訪、自郊廟婚冠喪紀礼儀、多所正定。帝甚重之」（『後漢書』三五）とあるが、この「正定」のために、これまた讖記を利用している。

曹充の場合でみると「建武中為博士……顕宗即位……帝問制礼楽云何、充対曰、河図括地象曰、有漢世礼楽文雅、出尚書璇璣鈐曰、……」（同前）とあって「河図」を用い、その子の曹褒では「令小黄門持班固所上叔孫通漢儀十二篇。勅褒曰、此制散略多不合経。今宜依礼条、正使可施行於南宮東観、尽心集作。褒既受命、迺次序礼事、依準旧典、雑以五経讖記之文。……以為百五十篇、以二尺四寸簡。其年十二月奏上、帝以衆論難一、故但納之、不復令。有司平奏。会帝崩。和帝即位……永元四年……後、大尉張酺・尚書張敏等、奏褒擅制漢礼、破乱聖術宜加刑誅。帝雖寝其奏而漢礼遂不行」（『後漢書』三五）とあるように、往昔、前漢初の叔孫通の「漢儀」が経義に符合しないので、その旧典に依拠しながらも、五経讖記の文を雑えてこれを修正し、凡そ一五〇篇に整備したと言う。しかし、これに対しては衆論が一致しなかったために、曹褒の「漢儀」にはなお、勅令による裁可が出なかった。そして、次の和帝代になってからも、張酺・張敏が上奏して、曹褒の措置は漢礼を乱すものだと見なして、彼に刑誅を加うべしとの上奏まで出されているのである。その批判者たる一人、張酺は「永平九年……置五経師、酺以尚書教授、数講於御前……為人質直、守経義……以厳見憚」（『後漢書』四五）とあるように、五経師として正統の経義を厳重に守る人であったようであるし、張敏も又「王者承天地、順四時法、聖人従経律」（『後漢書』四四）と、経律を重視していた人物と言われる。ここから見ると、曹褒に対する両者の批判は、曹褒の「讖記」使用に対する異議が反対の中心にあったものと思われる。こうして見ると、和帝期に至るまで「讖記」はなお、五経家すなわち儒家の正統派による批判対象であったのである。

四　左伝と讖書

ここで再度、賈逵の伝記を見ると、彼の父・徽が劉歆に師事して左伝を受け、国語・周官・古文尚書を学んだが「逵悉伝父業、能誦左氏伝及五経本文、以大夏侯尚書教授。雖為古学、兼通五家……尤明左氏伝・国語。為之解詁五十一篇」（『後漢書』三六）とあって、賈逵はこの父業を承けて、古学並びに五経に通じていた。そして、その作になる左氏解詁の五一篇は、顕宗がこれを重視して秘館に蔵したが、それでもなお、左氏春秋は公式の官学とならなかった。そして「粛宗立、降意儒術。特好古文尚書・左氏伝。建初元年詔逵入講北宮白虎観・南宮雲台。帝善逵説、使出左氏伝大義、長於二伝者。逵於是、具条奏之、曰臣謹摘出左氏三十事」（同前）とあり、次代の粛宗が左氏を好んだので、賈逵は又、左氏の解説である「大義」を帝に奉呈する。そして「至光武皇帝……立左氏・穀梁。会二家先師、不暁図讖、故令中道而廃……今左氏崇君父、卑臣子、強幹弱枝……又五経家皆無以証図讖。明劉氏為堯後者而左氏独有明文。……如令堯不得為火、則漢不得為赤、其所発明補益、実多……」（同前）とあるように、往年、光武帝は二家、すなわち左氏と穀梁を学官に立てたが、左氏・穀梁の二家の学者が図讖を知悉しなかったので、光武帝は途中で二者を廃したのだと、往年を振り返って述べているのである。

さて左氏春秋の本質は上述、引用史料中にあるように「強幹弱枝」すなわち中央集権化の思想であった。又「五経家皆無以証図讖、明劉氏為堯後者而左氏独有明文」（同前）とあり、五経家の知らなかった図讖も左氏を見れば、これに共通する点があるのだと述べ、その証拠に、劉氏が堯の後裔である伝承については、左氏のみがこれを明らかにしていると指摘する。五経家では「皆言。顓頊代黄帝而堯不得為火徳。左氏以為少昊代黄帝。即図讖所謂帝宣也」（同前）とあって、「黄帝―顓頊―堯～劉氏」を劉氏の系譜と理解しており、堯は火徳でないと言うが、他方

「黄帝―少昊―堯―劉氏―（火徳）」とする系譜は左氏のみが提示していたのである。換言すれば、これが図讖の称する「帝宣」に合致していると云う。「所謂、帝宣也」の注に「左氏伝曰、黄帝氏以雲紀、少昊氏以鳥紀。是以少昊代黄帝也。河図曰、大星如虹、下流華渚女節意、感生白帝朱宣。宋均注曰、朱宣少昊氏也……」とあるし、陸隴其の『読礼志疑』巻二、祭法篇には「首疏云。春秋命歴序、炎帝号曰、大庭氏伝八世合五百二十歳。黄帝一曰、帝軒轅伝十世、二千五百二十歳。次曰、帝宣、曰少昊。一曰、金天氏。即窮桑氏、伝八世、五百歳。次曰、顓頊……帝嚳……産放勲是為帝堯……」とあって、ここにも軒轅の後継に帝宣の名称が見えている。賈逵では「左氏義深於君父、公羊多任於権変、其相殊絶、固以甚遠……臣以永平中上言、左氏与図讖合者」（『後漢書』三六）とあり、注に「恵棟曰、方術伝序云、光武信讖言、鄭興・賈逵以附同称顕。興伝無附会讖之事而逵伝有之、明附同有別」とある。賈逵はこうして公羊を批判し、左氏を君父を支える思想として評価するのであるが、この左氏と、問題の図讖とに彼は共通性を認め、双方を「合」流する試みを行った。これは天（図讖）・人（儒教）の矛盾を解決することの狙いに他ならない。『後漢書』帝紀に「明帝時、賈逵上疏曰、五経皆無証図讖。明劉氏為堯後者、而左氏独有明文、竊謂前世籍此、以求道通、故後引之、以為証耳」と言うのは、上記の引用文と同じ趣旨であるが、臣召南の注には「按孔疏所見甚卓。但加此文於左伝。実不始於賈逵。且併不始於哀平之世。抛昭帝元鳳三年、符節令眭弘上書言。漢家承堯之後、則彼時、左伝已有此文。至劉向、頌高祖曰、出自唐帝、王莽称漢為堯後、有伝国之運」とあって、漢家「堯の後裔」説は必ずしも賈逵の独創ではなくて、前漢の元鳳三年に、眭弘が漢家は堯の後裔と上書の中で言っている。すなわち前漢の昭帝代、既に左伝にこの文のあることに注意を払う人物がいたことが知れる。前漢末頃の劉向も高祖を頌して唐帝より出自したと言い、王莽伝では「称漢為堯後、有伝国之運」（同前）とあって、漢・堯後の説は前漢・知識人の幾人かが既に知るところであった。しかし、賈逵の考案の新味は、この説を帝の信奉する図讖に適合させ、左伝を媒介として双方を調整した点において、大きな政治的意味を持ったと言えよう。

五　皇帝と皇太后及び外戚

『後漢書』一下に「建武十三年……丙辰詔曰、長沙王興・真定王得・河間王邵・中山王茂皆襲爵為王、不応経義。其以興為臨湘侯、得為真定侯、邵為楽成侯、茂為単父侯。其宗室及絶国封侯者凡百三十七人」とあり、光武帝は経義によって、同姓の王を総て侯位に降した。封建制度に因る王の領土を縮小して、その力量を削いだわけである。同様、一五年に「封皇子輔為右翊公、英為楚公、陽為東海公、康為済南公、蒼為東平公、延為淮陽公、荊為山陽公、衡為臨淮公、焉為左翊公、京為琅邪公」とあって、彼らの持つ王位を削り、公の位に下げる。こうして王位にあった者を総て公・侯に格下げして、その勢力を削減した。そしてこれと並んで、外戚への対応も計られる。『後漢書』一〇上、皇后紀に光武郭皇后の伝記があるが、そこに「顕宗即位……礼待陰・郭、毎事必均」とあって、外戚の両氏の待遇を均等にした。これは外戚を相互に牽制をさせる措置に他ならない。具体的には「帝……切責曰、昔、永平中、常令陰党・陰博・鄧畳三人、更相糾察。故諸豪貴戚莫敢犯法」（『東観会要』巻二三）と、両氏の三人が糾察に当たったとある。『後漢書』一〇上には「顕宗即位、以后為貴人、……能誦易、好読春秋・楚辞。尤善周官、董仲舒書……自撰顕宗起居注……太后……常与帝旦夕言道政事、及教授諸小王、論議経書」とあるように、明帝や馬皇太后は学問に精励しており、政治に参画した。そして先述のように「建初元年、帝欲封爵諸舅」との帝意があったが、馬皇太后は「太后不聴」として許さなかった。しかし翌年は大旱で、その理由が外戚を封爵しなかったからだと臣下が上奏し、「有司因此上奏、宜依旧典」として、重ねて往年のようにすべきだと奏した。「太后詔曰、凡言事者、皆欲媚朕以要福耳。……又田蚡・竇嬰・寵貴横恣、傾覆之禍、為世所伝、故先帝防慎舅氏、不令在枢機之位、諸子之封裁令半楚、淮陽諸国、常謂我子不当与先帝子等。今有司奈何欲以馬氏比陰氏乎。……吾豈可上負先帝之旨、下虧先人之徳、重襲西京敗亡之禍哉、固不許」（『後漢書』一〇上、皇后紀）とあるように、太后は外戚を枢機の位置に配さないのは先帝の意志であり、西京すなわち前漢の敗亡を繰り返す訳にはいかないと述べているのである。同伝に亦「毎於侍執之際、輒言及政事、多所毘補、而未嘗以家私干」とあり、『東観漢記』巻六にも「后志在克己輔上、不以私家干朝廷」とある。こうして帝の政治に関与し補佐したが、私家の求めはしなかったと言う。亦、和熹鄧皇后の場合は「六歳能史書、十二通詩・論語。諸兄毎読経伝、輒下意難問。志在典籍、不問居家之事。母常非之。曰、汝不習女工以供衣服、乃更務学、寧当挙博士邪。后重違母言、昼修婦業、暮誦経典、家人号曰、諸生。父訓異之、事無大小、輒与詳議」（同前）とあって、経典を習得し、父と出来事の総てを議論したと言う逸話がある。このように皇后が経典を学ぶ事によって、出自の外戚を抑制して、皇帝専制の支えとしてのあり方を実行したのは、前漢の轍を踏まないようにとの理念であったし、この考えはまた上記、公羊春秋の教えと共鳴するものでもある。こうして光武帝から和帝までは、帝の意志と皇后の支えによって、中央権力の安定が維持された。和帝は元興元年に死去し、その後、鄧太后が臨朝称制して政治を自ら差配する。次の殤帝は僅か在位一年で死去し、改めて安帝が即位したけれども、彼を帝位に就けた太后が引き続き「猶臨朝政」（同前）とあるように、それ以後も変わらず、鄧太后が執政した。永初三年には「太后自入宮掖、従曹大家受経書、兼天文、算数。昼省王政、夜則誦読、而患其謬誤、懼乖典章、乃博選諸儒劉珍等、及博士、議郎、四府掾史五十余人、詣東観、讎校伝記。……又詔中官近臣於東観、受読経伝、以教授宮人」（同前）とあり、永初六年には「太后詔徴和帝弟済北、河間王子男女年五歳以上、四十人、又鄧氏近親子孫三十余人、並為開邸第、教学経書、身自監試、尚幼者使師保、朝夕入宮、撫循詔導、恩愛甚渥」（同前）とあって、太后は経書によって自ら子弟の教育に努めた。又、永寧二年、「詔曰、……延平之際、海内無主、元元戹運、危累卵……上欲不欺天愧先帝、下不違人負宿心、誠在済度百姓、以安劉氏……」（同前）とあるように、彼女は死に臨み、皇太后として自らが臨朝執政した事跡を述べ、帝室の「劉氏を安んじた」ことを回顧している。自分は鄧氏の出身ではあっても、彼女はまさに、劉氏の太后として政務を執ったのであって、自身は本質的には「外戚権力」の一員ではなく、劉氏の権力維持者である自覚を有し、それを実践していたことに注目しなければならない。

六　竇氏専権

元に戻るが、外戚が政治権力に関与する始まりは四代・和帝の時代であり、竇太后が「臨朝政」したために、竇憲を筆頭とする一族が高位に就き「専権」したと、列伝に記述のある点が問題の在処になる。妹が皇后に立った時、長兄の憲は郎から侍中・虎賁中郎将に就き、弟・篤は黄門侍郎となって「兄弟親幸、並侍宮省、賞賜累積、寵貴日盛、自王主及陰馬諸家莫不畏憚」（『後漢書』二三）とあるように、内朝に勢力を持ち、旧外戚の陰・馬両氏の畏懼する所となったと言う。竇憲は権力に乗じて沁水公主の園田を奪い取ったため、帝の厳しい叱責を受ける。この事件は一応、皇后の陳謝で処分は行われず済んだ。和帝が即位しても太后が臨朝して「憲以侍中、内幹機密……於是兄弟皆在親要之地、憲以前大尉鄧彪有義譲、先帝所敬而仁厚委随、故尊崇之。以為太傅、令百官総己……又屯騎校尉桓郁累世帝師而性和退自守、故上書薦之。令授経禁中、所以内外協附、莫生疑異」（同前）とあるように、鄧彪と桓郁を推して、両者をそれぞれ政治と学術の要所に配置した。彪の伝に拠ると、彼は録尚書事を兼ねているから、その役割は確かに百官を束ねるものであった。しかし「永元初、竇氏専権驕縦、朝廷多有諫争、而彪在位修身而已、不能有所匡正」（『後漢書』四四）とあって、彼は憲を抑制する働きとしては機能する事がなかった。桓郁の方は尚書を教授する事で侍中に就いていたが、「和帝即位富於春秋、侍中竇憲自以外戚之重、欲令少主頗渉経学。上疏皇太后曰、礼記云、天下之命懸於天子、天子之善成乎所習、習与智長、則切而不勤……又宗正劉方宗室之表善為詩経、先帝所褒。宜令郁方並入教授、以崇本朝、光示大化、……」（『後漢書』三七）とあるように、彼も又、経学の重要性を強調しているものの、政権方面にはとりわけ干渉する意志はなかった。さらに竇憲は父の復讐のための違法行為を犯し、殺人の罪に触れたために自ら中央の権力から遠ざかった。従って、この時期は皇太后の執権時代と言って良い。その後、和帝の成長に伴い、憲を始め竇氏一族は、帝及びその側近の宦官によって排除されると言う事態が生ずる。しかし帝は太后に対しては、「手詔曰、竇氏雖不遵法度、而太后常自減損。朕奉事十年、深惟大義、礼、臣子無貶尊上之文。恩不忍離、義不忍虧……其勿復議」と尊号を貶する臣下の動議を退ける。彼女が劉家を擁護し続けたことによって、彼女の恩義は忘れ難いとした為という。ここから見て、憲の伝記中には、「竇氏専権」と表現されているものの、憲自身による「外戚政権」は実質上、確立し得なかったと言えるのである。その上、外朝に反竇氏党と言うべき官僚集団が強力に存在していた。そこには、袁安・任隗・朱暉・丁鴻・郅寿・張酺・陳寵・鄭弘・魯恭らがいたと言われる。（東晋次『後漢時代の政治と社会』第二章第二節参照）彼らの思想について注目すると、上記のうち袁安は「祖父良、習孟子易……安少伝良学……竇太后臨朝……安子京・敬最知名、京……習孟子易作難記三十万言」（『後漢書』四五）とあって、父祖より家学として孟子易を伝えていた。任隗では「好黄老……和帝即位……竇憲秉権、専作威福、内外朝臣莫不震慴」（『後漢書』四五）と黄老道を奉じた。朱暉で見ると「卒業太学、諸儒称其高……和帝即位、竇憲北征匈奴、暉復上疏諫……」（『後漢書』四三）とあって、修めた儒学の内容についての記述は見えないが、彼の子息の頡は「修儒術」とあって、彼らも亦、学問を尊重していたようである。丁鴻では『後漢書』三七に「従桓栄、受欧陽尚書……上書言、鴻経学至行。顕宗甚賢之……粛宗詔鴻及諸儒……桓郁・賈逵等論定五経同異於北宮白虎観……鴻以才高、論難最明、諸儒敬之、……和帝即位……永元四年……為司徒、此時竇太后臨政、憲兄弟各擅威権……日食……上威損、下権盛也。……臣愚以為左官外附之臣、依託権門……収竇憲大将軍印綬」とあって、帝権を疎外する権門を批判する。郅寿も同様、権門批判を行うが、父の惲は「韓詩・厳氏春秋、明天文歴数……」（受公羊於眭孟、専門教授見儒林伝）（『後漢書』二九）とあるので、寿も詩・春秋を習得したのではないか。注によると、この春秋は公羊学であると言う。張輔伝を見ると「従祖父充、受尚書、能伝其業。開学於南宮、置五経師、輔以尚書教授……粛宗……臣愚以経術、給事左右……及竇氏敗……元和二年……使輔講尚書一篇、然後修君臣之礼……」（『後漢書』四五）とあるように、尚書を家学として五経を講義していた。亦、陳寵では「寵雖伝法律、而兼通経書」（『後漢書』四六）とあって、法律と経書の双方に通じていたと記す。鄭弘では特筆すべき学問については見られないが、魯恭については「世吏二千石……弟丕倶居太学、習魯詩……倶為諸儒所称。……粛宗集諸儒於白虎観。恭特以経明、得召与其議……其後拝為魯詩博士。由是、家法学者日盛」（『後漢書』二五）とあって、その子息の丕も好学であり「憲兼通五経、以魯詩・尚書教授、為当世名儒。……関東号之曰、五経復興……和帝因朝会、召見諸儒丕与侍中賈逵、尚書令黄香導相難数事。帝善丕説」（同前）とあるように五経の復興を唱えている

このように、上述の人物たちは章帝・和帝代に在った儒家的素養を持つ高官であり、内朝に拠る竇氏に批判的な集団を外朝に於いて形成していたのであった。ここに見られる人たちの学問内容は易・尚書・春秋・詩であって、春秋に焦点を当てると、五経に含まれている春秋であり、郅惲の場合では、その内の公羊学であったとされている。

これに対し、竇氏系の人たちはどのような思想を抱いていたのか。父・竇融の場合には、「又上疏曰、臣融年五十三、有子年十五、質性頑鈍。臣融朝夕教導、以経芸不得令、観天文見讖記……」（『後漢書』二三）とあって、「讖記」を子息に教えたと言う。融は外部から光武帝の臣に加わったため、ひたすら劉秀に恭順の態度を執っており、光武が讖緯を信じていることに基いて、彼はそのまま帝の信仰に順応したように思われる。融の子の竇憲はその幕下に「以耿夔・任尚等為爪牙、鄧畳・郭璜為心腹、班固・傅毅之徒、皆置幕府、以典文章、刺史・守令多出其門」

（同前）とあるよう、手足となる人材を持っていた。耿夔については彼の兄、秉が「博通書記、能説司馬兵法、尤好将帥之略」（『後漢書』一九）とあって、軍事に長じていたと言うし、国の弟広の子息、恭も「多大略、有将帥才」（同前）とあって、矢張り軍事に堪能であった。任尚についてはは伝記そのものがないけれども、「爪牙」とあるから、耿氏と同様、軍事的に才能のあった人物であろう。「心腹」の臣たる鄧・郭両人についても亦、伝記が欠けていて、人物の資質の内容はなお不明である。班固については『後漢書』四〇下に「天子会諸儒講論五経、作白虎通徳論、令固撰集其事」と見える。そして「永元初、大将軍竇憲出征匈奴、以固為中護軍与参議」（同前）とあって、竇憲に従い外征に従事した。それより以前には、「帰郷里、固以彪所続前史未詳、乃潜精研思、欲就其業、既而有人上書顕宗、告固私改作国史者、有詔下郡収固、繫京兆獄、尽取其家書。是先、扶風人蘇朗偽言図讖事、下獄死。固弟超恐固為郡所覈考不能自明。乃馳詣闕上書、得召見具言、固所著述意。而郡亦上其書、顕宗甚奇之。召詣校書部、除蘭台令史与前睢陽令陳宗、長陵令尹敏、司隷従事孟異、共成世祖本紀。遷為郎典校秘書。固又撰功臣平林、新市公孫述事、作列伝載記二十八篇、奏之。帝乃復使終成前所著書。固以為漢紹堯運以建帝業、至於六世史臣（六代謂武帝史臣司馬遷）乃追述功徳、私作本紀、編於百王之末……以為漢書……」（『後漢書』四〇上）とあり、郷里で国史研究をしていたが、国史を改作したと言う嫌疑で訴えられる。しかし弟・超の弁明で救われ、その後、『漢書』を作成する作業に就いた。恵棟の注によると、班超の弁明内容は、固が父業を継いでいるという点が中心で、次のように「東観記、超詣闕、上書具陳、固不敢妄作、但続父所記述漢事」と記される。しかし、ここで注目すべきは蘇朗と言う人物の事件である。この事件の内容は詳述されていないが、「偽言」と表現される点から見ると、図讖の偽作であったのではないか。班固の国史は蘇朗の図讖のような偽作でないとの超の弁明であろう。蘇朗の図讖事件に超が慌てたあげくの上疏であると思われるからである。既に班彪伝に「乃著王命論以為漢徳承堯有霊命之符。王者興祚非詐力所致」（『後漢書』四〇上）とあって、彪は既に漢が堯を承けたことを言っているのであるが、これは既述のように左伝に基づくのである。そしてそれは亦、革命期に光武の得た「符命」に照応している性質のものである。では知識人班固が竇憲に従軍した理由は何か。固の伝に拠れば、「北単于遣使……欲求和……群僚議者……成北狄猜詐之計不可。固議曰、……廷争連日異同、紛回多執其難、少言其易……臣愚以為宜依故事、復遣使者。上可継五鳳・甘露致遠人之会、下不失建武・永平羈縻之義……絶之未知其利、通之不聞其害」とあって往年、匈奴への対応を論じたことがあった。その為か、母喪のため官を去っていた固は「永元初、大将軍竇憲出征匈奴以固為中護軍与参議。北単于聞漢軍出遣使款居延塞、欲修呼韓邪故事、朝見天子、請大使。憲上遣固行中郎将事、将数百騎、与虜使倶出居延塞、迎之会南匈奴、掩破北庭、固至私渠海……」（同前）と、竇憲に登用されて、その軍と共に北庭に至るのである。憲が班固の朝廷での議論を知って居たため、外征に際して、彼の知識を用いようとした為であろう。このように見ると、憲の部下は班固を除いては軍事的能力のある人が多数であって、先述の外朝の儒家官僚とは異質と言える内朝集団を形成していたと思われる。内・外両朝の官僚は、前者が太后の血縁を根拠として専権し、軍事力を手にして横暴な行為をしたことは事実であるが、太后の方は和帝の養い親として、その即位に際しても、皇太后として「臨朝」し劉氏の政治を擁護する。やがて「遂密謀不軌、永元四年、発覚被誅」と、竇一族は失脚したが、太后の死去に際しても「帝手詔曰、竇氏雖不遵法度而太后常自減損。朕奉事十年、深惟大義、礼臣子、無貶尊上之文。恩不忍離、義不虧……其勿復議、於是合葬敬陵、在位十八年」（『後漢書』一〇上）とあるよう、彼女は竇一族に連座することはなかった。先述のように、太后は劉氏として「和帝を支える働き」をし、自身の一族を優先する企てはなかったのである。こうしてみれば、明帝の馬皇后、章帝の竇皇后、和帝の鄧皇后はそれぞれ劉氏の皇帝を支え、出自たる外戚の権力拡大の意志の全くなかったことが明らかになった。光武帝が外戚を重要な位置に付けないと言う方針を出して以来、これが後漢初の皇帝に遵守されると同時に、皇后も亦その意を承け、太后に就位しても、これを堅く遵守したのであって、その役割は劉氏にとって実に大きな効用を持っていたと思われる。更に、主として外朝に儒家的官僚が充塡されており、五経を中心とする経義が皇帝支配の思想を内面から支えていたのである。上述してきた通り、前漢末から包元太平経のような天に由来する神秘主義的な経義が、人間を中心軸とする儒教内に次第に浸透してきて、王莽が符命を受容すると共に、一般社会にも定着し始め、光武も亦、それを信奉する事となった。儒家は本来的には天に基づく思想を原則として認めていない。後漢の桓譚は図讖を否定して、光武の不興を買ったし、尹敏も讖書は聖人の作でないと言って、「帝不納」（『後漢書』七九上）だけでなくて、「帝深非之」（同前）としたのである。後漢代、儒家の正道をとる人はこうして少数となって、天道中心の思想に依って、自己の見解の修正を余儀なくされた。先述の賈逵による工夫は、こうした流れの中で、天・人の矛盾を回避する試みであって、これを皇帝は「善」なるものとして評価したのである。以後、図讖は「漢儒以緯書、孔子所作」（『困学紀聞』巻四）と解釈し、讖緯として展開する。

七　「外戚政権」の成立

『後漢書』五の安帝紀・末尾の「論」に「孝安雖称尊享御、而権帰鄧氏」とあるが、この論評では、鄧氏に権力が移ったと確かに記している。しかし、この「氏」の指す具体的人物は誰か。その時期としては、延平元年から太后の崩じた建光元年までの一六年に亘る期間に当たる。始めに、鄧隲の妹が「為貴人、隲兄弟皆除郎中。及貴人立是為和熹皇后。隲三遷、虎賁中郎将。京・悝・弘・閶、皆黄門侍郎。……延平元年拝隲車騎将軍儀同三司、始自隲也……殤帝崩、太后与隲等定策、安帝。悝遷城門校尉、弘虎賁中郎将、自和帝崩後、隲兄弟常居禁中」（『後漢書』一六）とあるように貴人になったので、その為、彼女の兄弟たちは皆、高官に就く事になった。そして「迎拝隲為大将軍……推進天下賢士何熙・祋諷・羊浸・李郃・陶敦等、列於朝廷。辟楊震・朱寵・陳禅置之幕府。故天下復安」（同前）とあるように、兄の隲が大将軍となって幕府を開き、多くの人材を集める。部下の彼らは一体どのような思想を持つ人々であったのか。

幕府に配置された楊震は「父宝習欧陽尚書、哀平之世隠居教授……震少好学、受欧陽尚書於太常桓郁、明経博覧、無不窮究。諸儒為之語曰、関西孔子楊伯起」（『後漢書』五四）とあり、「元初四年……遷太常。先是、博士選挙多不以実。震挙薦明経名士陳留楊倫等、顕伝学業、諸儒称之」（同前）ともあって、欧陽尚書を習得し、諸儒に大きな評価を受けていた人物であった。彼、楊震は太后統治の期間中、「元初四年徴入為太僕、遷太常、……永寧元年代劉愷為司徒」（『後漢書』五四）とあるように、高官を歴任して太后を補佐する。亦、彼の推薦した楊倫を見ると、『後漢書』七九上、儒林列伝に「師事司徒丁鴻、習古文尚書為郡文学掾……後徴博士為清河王傅」とあって、先の楊震と同様、古文尚書の学を以て博士となっている。そして順帝代に出した上書には『春秋』を引いている。また朱寵と言う人物に伝記はないが、陳禅の場合で見ると、『後漢書』五一に「遷左馮翊、入拝諫議大夫。永寧元年、西南夷擣国王献楽及幻人能吐火、自支解易牛馬頭。元会作之於庭。安帝与群臣共観、大奇之。禅独離席、挙手大言曰、……斉作侏儒之楽、仲尼誅之。又曰、放鄭声、遠佞人。帝王之庭不宜設夷狄之技……」とあり、夷狄の楽・技を帝王の庭に行うべきでないと、孔子を引いて諫言している。そして「禅於学、行礼、為説道義以感化之。単于懐服」（同前）とあるように、礼を以て夷狄を服従せしめたと言う。このように見てくると、鄧隲の部下たちは多く古学を習得した儒家の士大夫が参与していたのである。

では上述の「権が鄧氏に帰した」という内容は何を指すのであろうか。和熹鄧皇后伝に拠ると、「帝毎欲官爵鄧氏。后輒哀請謙譲。故兄隲終帝世、不過虎賁中郎」（『後漢書』一〇上）とあるので、鄧隲が高位に就き、外戚政権としての権力を振ったとは言えないようである。しかしながら、彼は先述のように、後に大将軍位に就いたのであるが、それをどう見るのか。先述したように、竇憲もまた同様、大将軍位にあったけれども、「旧大将軍位在三公下、置官属依太尉憲威権震朝廷。公卿希旨奏、憲位次太傅下、三公上」（『後漢書』二三）とあって、その位は当時、三公以下の身分であったため、憲は受諾を躊躇ったと記述されている。その為だけではないが、竇憲を中心とする外戚権力の確定はなし得ないまま失脚してしまった。振り返って鄧太后の場合で見るなら、元興元年に和帝が崩ずると即時、「太后臨朝」を行って政治権力を把握していた。更にその後、殤帝が延平元年に早死した時も、なお継続・延長して「臨朝政」とあり、その権力を維持している。鄧太后自身の素養については、「元初六年、詔徴和帝弟済北河間王子、男女年五歳以上、四十余人。又鄧氏近親子孫三十余人、並為開邸第、教学経書。躬自監試、……迺詔従兄河南尹豹、越騎校尉康等曰、吾所以引納群子置之学官者、実以方今承百王之弊。時俗浅薄、巧偽滋生、五経衰欠、不有化導、将遂陵遅。故欲褒崇聖道、以匡失俗伝不云乎。……今末世、貴戚食禄之家温衣美飯……而面牆術学不識臧否、斯故禍敗所従来也。永平中、四姓小侯、皆令入学、所以矯俗万薄反之忠孝」とあるよう、一族の教育に努めた。太后は皇后位に就く以前から「六歳能史書、十二通詩・論語、諸兄毎読経伝、輒下意難問。志在典籍、不問居家之事。母常非之曰、汝不習女工、以供衣服、乃更務学、寧当挙博士邪。后重違母言、昼修婦業、暮誦経典。家人号曰、諸生。父訓異之、事無大小、輒与詳議」（同前）とあるように、経学を好み、それに習熟したと言われる。その学問の内容としては、上記のように「五経」に属する範疇の中にあったらしい。こうして見ると、太后による「臨朝政」の中身は「五経」を中軸に置く政治であって、正に皇帝・外朝の政治と同質である。「太后称制」とは、実際には皇帝政治に代わるもの、極言すれば、天子支配そのものを指す事に他ならなかったのである。こうして和帝代の政治は「外戚専制」と通常、言われているけれども、太后の血縁者たる兄弟はじめ外戚の臣下側に強大な権力集中は十全でなく、いわば「皇太后の専権政治」であった。安帝紀に「即皇帝位、年十三。太后猶臨朝」（『後漢書』五）とあるが、その長い執政の為に「康以太后久臨朝政、心懐畏懼、托病不朝。太后使内人、問之」（『後漢書』一〇上）と安帝の成長を見て、太后を危惧する族人もいた。「永初元年……中常侍鄭衆・蔡倫等皆秉勢、予政」(『後漢書』三三)とあるように、必然的に、太后の側近として宦官らが政治に関与するようになる。亦「中興之初、宦官悉用閹人……至永平中、始置員数、中常侍四人、小黄門十人。和帝即祚幼弱、而竇憲兄弟専総権威。内外臣僚莫由親接所与居者、惟閹宦而已。故鄭衆得専謀禁中、終除大憝、遂享分土之封、超登宮卿之位。於是、中官始盛焉」(『後漢書』七八)と見えており、既に明帝初に宦官の員数の配置があるが、和帝の幼弱を受け鄧太后が臨朝・執政したことから、側近としては宦官だけが女主を補佐し得たのであって、そのため和帝期が終わった延平元年には「委用漸大、而其員稍増、中常侍至有十人、小黄門二十人。鄧后以女主臨政而万機殷遠、朝臣国議無由、参断帷幄、称制下令、不出房闈之間、不得不委。用刑人寄之国命、手握王爵、口含天憲、非復掖庭永巷之職、閨牖房闥之任也」(『後漢書』七八、宦者列伝、序)と言うように、宦官がなお多く増員され、同、孫程伝に「時鄧太后臨朝。帝不親政事」と、安帝が政治に関与していなかったので、太后と共に宦官らがその衝に当ったと言うことになる。太后は朝政を執りつつ「太后自入宮掖、従曹大家受経書併天文算数。昼省王政、夜則誦読……而患其謬誤、懼乖典章、乃博選諸儒劉珍等……」(『後漢書』一〇上)とあるように、外朝官僚と協力して学問研鑽に努めた。その伝末の「論」に「鄧后称制終身、号令自出……然而建光之後、王柄有帰……」(同前)とあって終身、政治の号令をしたので、安帝は建光元年になって「帝始親政事」(『後漢書』一〇下)とあるよう、晩年漸くにして親政を行ったに過ぎないのである。建光四年に安帝が崩じ、後継者の選定で、さらに混乱する局面を迎えた。安帝の閻皇后が太后となり、兄弟の顕・景・耀・晏や大長秋江京・中常侍樊豊らと共謀し、皇太子保を廃して済陰王とし、北郷侯懿を皇帝に推した。しかし、大将軍耿宝を中心とする勢力と対立したため、彼らを排除する。此の事件では宦官も双方に分かれ、両派をなして争った。その後、「及少帝薨、京白太后、徴済北・河間王子。未至、而中黄門孫程合謀殺江京等、立済北王、是為順帝」(同前)という結末となって、済陰王であった順帝が即位する。この時期は皇太后が死去したため、帝の親政は当初から行われた。その皇后は順烈梁皇后で梁商の女である。「好史書、九歳能誦論語、治韓詩、大義略挙」（同前）と彼女も亦、儒教を学ぶ優れた素養を持っていたと言われている。（内藤虎次郎『中国中古の文化』弘文堂、一九四七年、五八頁）

陽嘉四年になって、梁商が大将軍に就き、永和六年、彼が死去して梁冀が大将軍に就位する。梁商の方は「自以戚属、居大位、毎存謙柔、虚已進賢……称為良輔、帝委重焉」（『後漢書』三四）と言うように穏健な人物であったが、永和元年に、この梁商が死去し、順帝は梁冀を大将軍に任じる。そして「及帝崩、沖帝始在襁褓、太后臨朝冀雖辞不肯当、而侈暴曰、此跋扈将軍也。冀聞深悪之。遂令左右、進鴆加煮餅。帝即日崩。復立桓帝、而枉害李固、及前大尉杜喬、海内嗟懼」（同前）とあるように、元嘉元年に「帝以冀有援立之功、欲崇殊典、迺大会公卿共議其礼。於是有司奏、冀入朝不趨、剣履上殿、謁賛不名、礼儀比蕭何」（同前）という特権を得た。その為「百官遷召、皆先到冀門、牋檄謝恩。然後敢詣尚書」（同前）とあるとおり、官僚達は彼に従順であった。「冀一門前後七封侯、三皇后、六貴人、二大将軍、夫人女食邑称君者七人、尚公主三人。其余卿・将・尹・校五十七人、在位二十余年、窮極満盛、威行内外、百寮側目、莫敢違命、天子恭己而不得有所親予。帝既不平之」（同前）とあるとおり、梁氏一門は百花燎爛の態をなした。同時に梁冀の権力は増大したのである。これこそ外戚政権の確立と言えるであろう。

しかし、その終焉は帝と宦官の結託によって果たされる。すなわち「帝大怒、遂与中常侍単超……具瑗・唐衡・左悺・徐璜等五人成謀」（同前）とあり、鄧香の妻・宣・女の猛と梁氏の紛争事件を契機に、帝が大怒し宦官と連携して、梁冀の排除に踏み切る。『後漢書』七八の宦者列伝に「初梁冀両妹為順・桓二帝皇后。冀代父商為大将軍、再世権威、威震天下。冀自誅大尉李固・杜喬等、驕横益甚。皇后乗勢忌恣、多所鴆毒。上下鉗口、莫有言者。帝逼畏久、恒懐不平。恐言泄不敢謀之。延熹二年、皇后崩。帝因如廁、独呼衡問左右与外舍不相得者皆誰乎也。衡対曰、単超・左悺前詣。河南尹不疑礼敬小簡。不疑収其兄弟、送洛陽獄。二人詣門、謝迺得解。徐璜・具瑗常私忿疾、外舎放横、口不敢道。於是、帝呼超・悺入室。謂曰、梁将軍兄弟専固国朝、迫脅外内公卿以下従其風旨。今欲誅之。於常侍意何如。超等対曰、誠国姦賊当誅。日久、臣等弱劣未知聖意何如耳。帝曰、審然者常侍密図之。対曰、図之不難。但恐陛下復中狐疑。帝曰、姦臣脅国、当伏其罪何疑乎。於是更召璜・瑗等五人、遂定其議。帝嚙超臂出血為盟。於是詔収冀及宗親……党与、悉誅之」とあって、その謀議の経緯が詳述されている。これにより「自是権帰宦官、朝廷日乱矣」（同前）という状況が現出した。それは宦官達が「皆競起第宅、楼観壮麗、究極技巧……多取良人美女、以為姫妾……兄弟姻戚皆宰州臨郡……与盗賊無異」（同前）と勝手に贅沢三昧を行ったためである。彼らには外朝官僚のごとき学問的素養が欠如していて、自己規制力がなかったからである。

八　皇太后専制

太后の執権の始まりは「昭王立、芊八子為太后。昭王少、太后自治、任穰侯為政。三十六年范雎説昭王、昭王用之。雎言太后専制、穰侯擅権。於是、昭王悟。乃廃太后」（『秦本紀穰侯列伝』）とあり、「秦以来、少帝即位。后代而摂政、称皇太后。詔不言制」（秦会要）ともあって、帝の若年の時に皇太后が摂政すると言われている。蔡邕の「独断」に「漢興、恵帝崩、少帝宏立、太后摂政。哀帝崩、平帝幼。孝元王皇后、以太皇太后摂政。和帝崩。殤帝崩。安帝幼。和熹鄧皇后摂政。孝順崩、冲帝・質帝・桓帝皆幼。順烈梁后摂政。桓帝崩。今上即位。桓思竇后摂政。后摂政則后臨前殿、朝群臣。后東面、少帝西面。群臣奏事、上書皆為両通、一、詣太后、一、詣少帝」とあるが、註釈家・柯維騏に依ると、女主専制は「漢・唐以来、女主臨朝専制、自芊太后始也」と言い、秦の芊太后に始まるとされる。次に始皇の即位時には「尚幼」であって、「委政太后、太后淫於呂不韋及嫪毒……始皇既冠、毒懼誅作乱」（漢書二七、中之上）と、太后が政治を代行した。次いで、漢の高祖が死去したのち、『史記』呂后本紀第九に「孝恵以此、……不聴政。故有病也……孝恵崩……呂氏権由此起……太子即位為帝……元年、号令一出太后。太后称制」（顔師古曰、天子之言、一曰、制書、二曰、詔書。制書者謂制度之命也。非皇后所得称。今呂太后臨朝、行天子事。断決万機、故称制詔）とあって、呂后が臨朝称制した。亦、「今高帝崩、太后女主欲王呂氏……太子立為帝……帝壮、或聞其母死、非真皇后子……太后聞而患之……帝廃位……立常山王義為帝……不称元年者以太后制天下事也」（同前）とあって、恵帝が政治を放棄した後、呂太后は臨朝称制しているが、これは師古の注によると、天子の事を行ったのを指すのである。

後漢代で見ると、鄧太后は先ず皇后になる前の永元一四年夏に、「帝曰、皇后之尊、与朕同体、承宗廟、母天下、豈易哉」（『後漢書』巻一〇上）とあるが、ここに皇后は皇帝と同体と理解されており、更に「元興元年、帝崩……殤帝生始百日。后乃迎立之。尊后為皇太后。太后臨朝。和帝葬後、宮人並帰園。太后賜周・馮貴人策曰、朕与貴人託配後庭……及殤帝崩、太后定策立安帝、猶臨朝政……永初三年……太后自入宮掖、従曹大家受経書、兼天文・算数。昼省王政、夜則誦読……又詔中官近臣於東観、受読経伝、以教授宮人……六年、太后詔……教学経書躬自監試……乃詔従兄河南尹豹……康以太后久臨朝政、心懐畏懼……永寧二年二月……詔曰、朕以無徳、託母天下……三月崩。在位二十年。論曰、鄧后称制終身、号令自出……然而建光之後、王柄有帰」とあって、彼女が皇太后となり、臨朝称制したと、その伝に記すから、政治の実権は猶、皇太后にあった。次いで『後漢書』安帝紀に「即皇帝位、年十三、太后猶臨朝」とあって、安帝が即位するにも拘わらず、政治を執行するのは依然、太后であった。「論」に「鄧后称制、終身号令自出……然而建光之後、王柄有帰……」とあり、『後漢書』安帝紀の「論」では「曰、孝安雖称尊享御、而権帰鄧氏……」とあって、双方では多少の相違がある。すなわち前者では二〇年間、称制・号令を自分で行ったとあり、後者では安帝が即位したが、実権は鄧氏に帰していると言う。私見で言うならば、これは正に前者の言う鄧太后の執権であって、後者のように、外戚としての鄧氏権力ではないと考える。何となれば、先代・和帝の時、「帝毎欲官爵鄧氏。后輒哀請謙譲、故兄隲終帝世不過虎賁中郎将」（『後漢書』一〇上）と、皇后は鄧氏の優待を拒否しており、太后になっても、『後漢書』一六に「自和帝崩後、隲兄弟常居禁中、隲謙遜不欲久在内、連求還弟……隲以定策功、増邑三千戸。隲等辞譲不獲。遂逃避使者、間関詣闕……」とあるように、自らの兄弟に対する優遇を求める事はなかったのである。兄・隲が大将軍に位置しても、彼は専権をせず「隲等崇節倹、罷力役、推進天下賢士。何熙・殺諷等列於朝廷。辟楊震・朱寵・陳禅、置之幕府、故天下復安」（『後漢書』一六）とあって、外朝に何熙ら賢士を集める政治を行ったと言う。これは正に太后の意志であって、「外朝・皇帝」に拠る政治の実施であったと思われる。太后は前記のように経書を誦し、賢士大夫と同様の教養を持った上で、事実上、かかる「外朝」政治を実施しているのである。上記、引用史料で見ると、周・馮貴人に「策」する文に「朕」と称し、中官・近臣に「詔」してもいる。蔡邕の「独断」で見ると「漢天子正号曰皇帝、自称曰、朕。臣民称之曰、陛下。其言曰、制詔。……所居曰、禁中……其命令、一曰、策書。二曰、制書。三曰、詔書。四曰、戒書。……制書、帝者制度之命也。其文曰、制詔。……詔書者詔誥也」とあって、天子の自称が「朕」であり、その命令が「策」である。又、その言が「制詔」であった。更に「秦漢以来、少帝即位。后代而摂政、称皇太后詔、不言制」（同前）とも言う。こうして見ると、鄧太后は天子としての政治を掌握し、それを実行しているのである。更に具体的に見ると「太后臨朝」とは、どういう形態で行われているのか。『通鑑』胡注に「独断」を引いて「曰、少帝即位。太后即代摂政、臨前殿、朝群臣、太后東面、少帝西面、群臣上奏事、皆為両通、一詣太后、一詣少帝」とあることに依って、大凡の状況を察知できる。では、安帝との関係はいかなる状態にあるのか。「延平元年、慶始就国、鄧太后特詔、留帝清河邸」（『後漢書』五）と、始め劉祜を特別に手元に止めた。そして幼折した少帝に代わって、これを即位させた。これが安帝である。「即皇帝位、年十三、太后猶臨朝」という。『後漢書』一〇下の閻皇后伝に「建光元年、鄧太后崩、帝始親政事」とあるように、二〇年という長期間、安帝の執政は欠如していた。

しかしその間、両人には表だった確執はなく、太后専権が安定・継続されたわけである。その前提条件とは、太后が「劉氏の天下を維持する」点にあったと思われるのである。そして太后が崩じて、漸く安帝親政が行われる。『後漢書』五、安帝紀に「皇太后詔曰、先帝……早棄天下、朕奉皇帝、夙夜瞻仰、日月冀望成就……其以祐為孝和皇帝、後其審君漢国、允執其中、一人有慶、万民頼之、皇帝其勉之哉」とあって、この時期における皇帝と太后両者の並存を示している。

この問題に関して、更に追求してみよう。『後漢書』五に、延平元年「八月殤帝崩」とあり、その後、「皇太后詔曰、先帝聖徳……朕奉皇帝、夙夜瞻仰日月……唯長安侯祐……質性忠孝……能通詩論、篤学楽古、仁恵愛下、年已十三……其以祐為孝和皇帝嗣……又作策命曰……読策畢大尉奉上璽綬、即皇帝位、年十三、太后猶臨朝」と続く。ここで「詔」と言い「朕」と言うのは皇帝即位がまだ無い時期であって、この「天子」用語は一応、皇太后による皇帝の代行という観点から理解しても良さそうである。その後、永初元年三月癸酉の日食に際しての「詔公卿内外衆官……」、「九月庚午詔」同じく「壬午詔」、更に「二年秋七月戊辰、詔曰……朕以不徳、遵奉大業……以詔書輔衍……朕将親覧、待以不次……」とある「詔・朕」の語は皇帝・皇太后何れであるのか。永初三年正月庚子に「皇帝加元服」とあり、続いて「壬辰、公卿詣闕謝、詔曰、朕以幼沖、奉承鴻業、不能宣流風化、……在朕躬非群司之責……」（同前）とあるのは、「幼沖」の文意から見て、この「朕」は安帝であろう。次いで、安帝紀・永初四年の条に「詔謁者劉珍及五経博士、校定東観五経、諸子伝記、百家芸術、整斉脱誤、是正文字」（同前）とあり、これに対応する皇后紀を引用・対比すると、太后の行為として「昼省王政、夜則誦読、而患其謬誤、懼乖典章、乃博選諸儒劉珍等及博士……詣東観讐校伝記」（『後漢書』一〇上）とある。ここに劉珍らを選んで、典籍の整理をさせたのは太后であった。従って、前者の「詔」は皇太后のそれであると見る事ができる。

従って帝・元服の祝賀に対する返礼としての「詔」だけが、安帝のものであったことが解る。以後、永初五年に詔が五度、朕が一度、同六年に詔一度、元初二年に詔二度、元初四年に詔一度、朕一度、同五年に詔一度、同六年に詔二度、を数える事ができ、総て皇太后のものであった。先に引用の「論」に「鄧后称制終身、号令自出」とあるのを見たが、そこからも、永初五年以降の「詔・朕」は太后の自称であったと思われる。

「建光之後、王柄有帰」(『後漢書』一〇上、「論」)と安帝の執権は短く、建光四年に安帝が崩じたため、安思閻皇后が皇太后として臨朝し、兄・閻顕を車騎将軍儀同三司に任命した。この場合には、先の太后と考えが異なって、閻太后は自己の外戚を優遇する策を取っている。太后は「欲久専国政、貪立幼年……迎済北恵王子北郷侯懿、立為皇帝」(『後漢書』一〇下)とあるように、鄧太后に倣い国政を専権しようとするのは同じであるが、「於是、景為衛尉・耀城門校尉・晏執金吾、兄弟権要、威福自由」(同前)と兄弟に依って、権力を把握し強化しようとした。しかし、その試みは成功せず、済陰王(順帝)を推す中黄門孫程らによってあえなく打倒された。従って、この閻太后の場合は「外戚政権」を目指しているものの、挫折したケースと言って良い。

そして順帝の陽嘉元年には梁氏が皇后となり、同四年にその父・梁商が大将軍位に就いた。『後漢書』三四に依れば「受命商自以戚属、居大位、毎存謙柔、虚己進賢、辟漢陽巨覧、上党陳亀為掾属。李固・周挙為従事中郎。於是、京師翕然、称為良輔。帝委重焉」とあって、先述のように、梁商には外戚による専政の意思はなかった。「未嘗以権盛干法而性慎弱無威断。頗溺於内豎以小黄門曹節等、用事於中。……然宦者忌商寵、任反欲陷之」とあり、永和四年、中常侍張逵らが商を始め、中常侍曹騰らを皇帝廃位の謀ありとして訴えた。しかし「帝曰、大将軍父子、我所親、騰・賁我所愛。必無是。但汝曹共妬之耳。……帝聞震怒……収逵等悉伏誅……」(同前)とあるように、順帝の裁断で梁氏の勝利に終わっている。しかし、商の子の梁冀の性格は「口吟舌言、嗜酒能挽満弾棊、格五六博、蹴鞠」という俗人であり、一方、「冀居職暴恣、多非法」という粗暴な気質の持ち主でもあった。けれども順帝は彼を大将軍位に就任させる。そして「及帝崩、沖帝始在襁褓、太后臨朝……沖帝又崩、冀立質帝。帝少而聡慧、知冀驕横、嘗朝、群臣目冀曰、此跋扈将軍也。冀聞深悪之、遂令左右、進鴆加煮餅。帝即日崩。復立桓帝……」（『後漢書』二四）とあるように、順帝が死去し、少帝も暗殺され、その後、桓帝が擁立されて、「冀入朝不趨、剣履上殿、謁賛不名、礼儀比蕭何……専擅威柄、凶恣日積、機事大小莫不諮決之」とあるよう、梁冀はその間の功績によって特別待遇を得ている。『後漢書』桓帝紀に依れば「会質帝崩、太后遂与兄大将軍冀、定策禁中」とあるように、兄妹で執権したとされる。時に桓帝の皇后は懿献梁皇后であり、順烈皇后の妹であった。こうした背景のもと、梁氏一派が宮中を専断することになるのは必然であった。建和三年六月に「詔……挙賢良方正……」とあり、同十一月甲申に「詔曰、朕摂政失中、災眚連仍、三光不明……州郡検察、務崇恩施、以康我民」（『後漢書』七）とあって、文中に「詔・朕」の語の使用があるように、太后が天子として執政したことが知れる。しかし、この皇太后・梁氏は和平元年に崩じたため、以後、元嘉元年よりは桓帝が親政したものと思われる。そして、延熹二年に皇后梁氏の死去があって、たちまち「大将軍梁冀謀為乱」となり、「詔司隷校尉張彪将兵囲冀第、収大将軍印綬、冀与妻皆自殺」（同前）とあって、梁冀は自殺してしまった。この経緯からすると、梁太后は梁冀と共に執権したが、先行する皇太后のように、劉氏を支える思想性は彼女には欠如していたことが知れる。儒家思想の片鱗をも、梁太后の伝記には伺うことができないのである。

以上、皇太后の列伝を通観してきたが、皇太后のあり方には二種類あって、一は劉氏の擁護者として、二は外戚代表として執権するものであった。後者は自己の権力維持のため、兄弟以下一門の人士を高官に就けることが必要となった。こうした段階になった時期に梁氏が政権を握るが、このような過程を経て、遅まきながら「外戚政権」はこの梁氏専制時期において初めて成立したものである。

結び

「後漢政治史と言えば、反射的に外戚宦官の跋扈という言葉が出てくる……」（狩野直禎『後漢政治史の研究』同朋舎、一九九三年、三五九頁）と、後漢の外戚の横暴を一般的に記述し、別に「光武帝・明帝の外戚に対する態度と比べて異常ともいえる章帝の外戚厚遇は、儒学浸透の時代に生まれ、深く儒学を愛好した章帝の「親親主義」から生まれたのではないだろうか」（東晋次『後漢時代の政治と社会』名古屋大学出版会、一九九五年、六三頁）と指摘して、これが外戚跋扈を招いてしまったと論ずる。亦、「嫡妻権でなく相互互恵的構造であり、外戚の輔翼は特定個人の皇帝である」（下倉渉「漢代の母と子」『東北大学東洋史論集』八、二〇〇一年）とある見解も東説に近い。又、この東説を批判して、「後漢時代の外戚は、前皇帝の嫡妻である皇太后の臨朝称制を権力の淵源として有し、擬似皇帝権力と称すべき強大な権力を行使した」（渡辺義浩『後漢国家の支配と儒教』雄山閣、一九九五年、二九二頁）とし、続けて、「順帝が崩じて、梁太后が臨朝称制したのちの外戚梁冀の権力構造は、竇憲・鄧隲の其れと基本的には同質である。……量的な発展を認めることはできるが、皇太后臨朝下の疑似皇帝権力としては、同質なのである」（同前、二九三頁）と述べる見解がある。ここに見える嫡妻権については、既に早く谷口氏が指摘している所であることを銘記したい。（谷口やすよ「漢代の皇后権」『史学雑誌』八七編一一、一九七八年）

本論で論じてきた主旨を改めては記述しないが、私見では「親親主義」・「嫡妻権」に事の本質があると言うのではなく、皇太后が劉氏を支える存在として自覚し、「皇帝と同体」（鄧太后伝）の天子として君臨する場合には、出自の外戚を当然の事として抑制する。そして抑制した結果は、それこそ「相互互恵」に近いが、その中心を為すのは「相互」対等ではなくて、皇太后に依る劉氏支配の優先であった。それは彼女が、皇后・皇太后を経過する中で習得した儒教的思想によって、「忠」（劉氏）を優先し、「孝」（外戚）を抑制する観念に裏打ちされていたことが、後漢時代の皇太后支配の一特徴を形成したものである。反面、かかる儒教的素養が欠如した場合には、太后は自己の権力強化のために、出自の外戚・親族を抜擢して己の輔翼とし、結果として漢家を無視した外戚政権化を推進する働きをすることになった訳である。

4　皇太后称制の統治機構

序

後漢代の特色として皇帝の即位時、多くの場合に年少での即位であった事実は従来から指摘されてきた。そこから生じる親政の不可能な事態は必然的に皇太后の臨朝称制、すなわち太后摂政を生み出したのであった。当初はやむを得ない措置との色合いを持っていたが、後漢中期に至ると「女主」支配のために、ことさら幼少の帝を即位させるようにもなる。女主が長期に在位すると、その支配の特徴として、独自の政体が固定化する傾向を生じた。「太后称制」と言われる所の、君主が女性の場合では、旧来外朝の丞相や三公を政治の枢軸とする機構の重要性が自ずから希薄化し[1]、代わって内朝の宦官及び内・外朝との接点である尚書台、或いはそれとはまた別に、大将軍が政治の枢機を掌握するようになる。本章では、新たに女主政治の要所を担った宦官、とりわけ中常侍、及び尚書や大将軍の機能の実体を検討したい。

一　臨朝称制した太后

1　明徳馬太后

この太后の臨朝期間は永平一八年（A.D.七五）から建初四年（A.D.七九）六月で長くはないが、一九歳の章帝に代わって執権した期間があったようである。すなわち、「粛宗即位、尊后曰、皇太后」（『後漢書』一〇上）とあるが、その注に「汪文台曰、続漢書云、太后下詔告三輔、二千石無得令馬氏婚親因権属託奸乱吏、治犯者正法以聞」とあって太后が「詔」を下している。章帝即位時の永平一八年（A．D．七五）八月の後、十月に「詔曰、朕以眇身、託于王侯之上、統理万機、懼失厥中……」（『後漢書』三）と詔を出している。この詔は章帝のものであろう。しかしながら、馬太后は、帝が太后の舅を封爵を加えようとする提言に対し「建初元年（A．D．七六）、帝欲封爵諸舅、太后不聴。明年……太后詔曰、凡言事者皆欲媚朕、以要福耳」（『後漢書』一〇上）とあって、建初二年に「太后詔曰、凡言事者皆欲媚朕、以要福耳」と太后が「詔」を発すると共に自らを「朕」と言った。同時に「帝省詔悲嘆、復重請曰、漢興、舅氏之封侯、猶皇子之為王也。太后誠存謙虚、奈何、令臣独不可恩三舅乎。……太后報曰、……今馬氏無功於国。豈得与陰・郭中興之后等邪……」（同前）とあって、帝は先の太后の詔を受ける中で、自らを太后に対して「臣」と称する。これは当に「女主」の位置を示すものであって、「詔」は双方から発せられているけれども、女主の位置は帝のそれよりも優位にあったことを示している。そこには母子の上下関係が底流しているものと思われる（「吾為天下母」（同前））。そして舅氏の封爵については、「田蚡・竇嬰寵貴横恣傾覆之禍為世所伝。故先帝防慎舅氏不令在枢機之位」（同前）と、前漢以来、舅氏の権力が障害になったことに鑑み、光武帝が舅氏を優遇しなかった措置を受けて、馬太后は舅氏封爵を拒否したことを述べる。このことから見ると、馬太后の場合は太后専権ということは念頭になく、外戚の抑制によって皇帝尊重を志向していたと思われる。外朝では「趙憙行太尉事……国元老、司空融典職六年……其以憙為太傅、融為太尉並録尚書事」（『後漢書』三）とあって、安定した人材配置を行っていた。車騎将軍は太后一族の馬防であるが、彼は西域で戦っていて政治には関わっていない。「女主臨朝」である所から、宦官の必要性が当然、生じたはずであるので、宦者伝を参照すると、「中興之初、宦官悉用閹人、不復雑調它士。至永平中、始置員数。中常侍四人、小黄門十人」（『後漢書』七八）とあって、明帝期に定員が配置されている。宦官の鄭衆はこの頃、「永平中、初給事太子家。粛宗即位拝小黄門。遷中常侍」（『後漢書』七八）とあるので、太后の臨朝の時期、彼は小黄門職にあったであろう。小黄門は「掌侍左右受尚書事。上在内宮、関通中外、及中宮已下衆事」（『後漢書』二六）と見えて、勅書など重要な文書の出納を掌る職務である。このように太后執政は宦官によって担われた。

2　章徳竇太后（女主在位、A．D．八九―九二）

皇后紀に「及帝崩。和帝即位、尊后為皇太后。皇太后臨朝」（『後漢書』一〇上）とあり、和帝即位の際に太后の臨朝が生じた。この和帝は「亦以建初二年（A．D．七七）与中姉倶選入掖庭為貴人。四年生和帝。后養為己子」（同前）とあって、貴人の子であったが、それを皇后は吾が子として育てたと言う。このとき貴人には梁姉妹の二人がいたので「欲専名外家而忌梁氏」とあるよう、やがて梁・竇両氏の確執が生じた。その契機は『後漢書』三四に「粛宗納其二女、皆為貴人。小貴人生和帝。竇皇后養以為子而竦家私相慶。後諸竇聞之、恐梁氏得志、終為己害」（梁統伝）と見えるように、和帝の誕生を梁家が秘かに慶賀したのが原因であった。結果、建初八年に「遂譖殺二貴人而陥竦等、以悪逆……死獄中……宮省事密、莫有知和帝梁氏生者」（同前）とあって、両貴人及びその父、梁竦が竇氏によって処刑される。このように帝の後継者を巡って両氏の角逐があった為、太后独自では執務が困難になった。そのため、太后は出自の竇氏一族を高官に就け、かれらを頼みとするようになる。そして「兄憲、弟篤・景並顕貴、擅威権」（『後漢書』一〇上）とあるように、兄弟が協力して「太后称制」を支えた。また、「和帝即位、太后臨朝。憲以侍中内幹機密、出宣誥命。粛宗遺詔、以篤為虎賁中郎将、篤弟景・瑰、並中常侍。於是兄弟皆在親要之地」（『後漢書』二三）とあるように、竇憲は専ら内朝に大きな権限を持つようになる。このとき外朝は「憲以前太尉鄧彪有義譲、先帝所敬而仁厚委随、故尊崇之、以為太傅、令百官総己、以聴其所施、為輒外令彪奏内、白太后事無不従。又屯騎校尉桓郁累世帝師而性和退自守。故上書薦之。令授経禁中。所以内外協附、莫生疑異」（同前）とあるよう、鄧彪・桓郁らが重用されていて、安定した政治を行っていた。

一体、竇太后と言う人は六歳の時、「能書、親家皆奇之……粛宗先聞后有才色……馬太后亦異焉」（『後漢書』一〇）と書を良くし、才色があったと言うから、太后になってから、帝師であった外朝の桓郁を当然高く評価していたであろう。そして内朝の方は、太后とその兄・憲が実権を握っていた。しかし、竇憲は公主の園田をかすめた事件の為、帝の怒りを買って、その罪の償いの為に、匈奴討伐を自分から求めて外征した。その結果、多大の成果をあげ凱旋する。その際、「拝憲大将軍、封武陽侯、食邑二万戸。憲固辞封賜策許焉。旧大将軍位在三公下、置官属依太尉、憲威権震朝庭。公卿希旨、奏憲位、次太傅下、三公上」（『後漢書』二三）と言うように三公の下位にあった大将軍の位階上昇の措置によって、一旦それを辞退した竇憲はやがて大将軍の位を受諾したようである。それは「明年詔曰、大将軍憲……」とあることで推測できる。こうして内朝では太后は三公を越える位置に達した大将軍[2]と宦官の協力によって権力を握ったが、他方、外朝は先帝時期と同様の安定したラインアップによって機能を果たしていた。太后はこの外朝を尊重しつつ、内外協調の体制を形成する。こうした状況下で、宦官の鄭衆は「時竇太后秉政。后兄大将軍憲等、並竊威権。朝臣上下莫不附之。而衆独一心王室。不事豪党。帝親信焉」（『後漢書』七八）とあり、朝臣らが一様に竇憲に靡く中で、彼は帝にのみ忠を尽くしたとされる。後日に至り、竇憲は「遂密謀不軌。永元四年発覚、被誅」とあって、謀叛事件のため失脚する事になる。この事件後、「太尉張酺・司徒劉方・司空・張奮上奏、……貶太后尊号不宜合葬先帝、百官亦多上言者。帝手詔曰、竇氏雖不遵法度而太后常自減損。朕奉事十年……其勿復議……」（『後漢書』一〇上）とあって、重臣達が太后の尊号を削るよう上奏したが、帝は太后をなお尊重し、竇憲等と分離した処遇を行って、その上奏を退けている。

ところで、この事件における竇氏の企図は何だったのか。『後漢書』一二三によると、「四年封鄧畳為穣侯、畳与其弟・歩兵校尉磊、及母元、又憲女婿・射声校尉郭挙、挙父・長楽少府璜、皆相交結。元・挙並出入禁中。挙得幸太后、遂共図為殺害」とあって、憲の女婿の郭挙は太后の寵を受けており、それを背景として、彼ら一味は和帝の殺害を計ったようである。帝の交替の意図があったのであろう。この企てに竇憲が直接関与したか否かは明確な史料がないが、こうした動きを帝が察知して、「乃与近幸中常侍鄭衆定議誅之。以憲在外、慮其懼禍為乱、忍而未発。会憲及鄧畳班師還京師……憲等既至。帝乃幸北宮、詔執金吾・五校尉勒兵、屯衛南北宮、閉城門。収捕畳・磊・横・挙、皆下獄」（同前）とあるように鄭衆らと計って、主謀者たちを捕らえ、「収憲大将軍印綬。更封為冠軍侯。憲及篤・景・瓌、皆遣就国。帝以太后故、不欲名誅、憲為選厳能相督察之、憲・篤・景到国、皆迫令自殺」（同前）と処分を行った。竇憲について帝は太后に遠慮してこれを誅してはいない。この一連の内朝の紛争は、和帝を排除せんとする竇氏外戚と、帝に尽くす中常侍らが争ったものであった。和帝は「母梁貴人為竇皇后所譖憂卒。竇后養帝以為己子」（『後漢書』四）とあるように、実母が養母竇后に殺害されたと言う事情が伏線として存在するので、帝の立場は複雑であったと思われる。かかる太后に対しての処置は帝の養母と言うことが、そこに配慮されているのであろう。竇氏をめぐって外朝の太僕袁安は「与太尉宋由・司空任隗及九卿詣朝堂、上書諫以為匈奴不犯辺塞、而無故労師……非社稷之計、書連上輒寝。宋由懼、遂不敢復署議、而諸卿稍自引止。唯安独与任隗守正不移至免冠、朝堂固争者十上。太后不聴。衆皆為之危懼。安正色自若」（『後漢書』四五）と、嘗て竇憲の西征に反対し上書したことがあり、亦「時憲撃匈奴、国用労費。隗奏議徴憲還、前後十上。独与司徒袁安、同心畢力、持重処正、鯁言直議、無所回隠」（『後漢書』二一）と任隗も同調しており、大将軍支配にただ従っていたのではなかった。この時期、外朝はそれなりの独自性を保持していた。

3 和熹鄧太后（女主在位A．D．一〇六―一二一）

この人物は「六歳、能史書、十二、通詩、論語。諸兄毎読経伝、輒下意難問。志在典籍。不問居家之事。……后重違母言、昼修婦業、暮誦経典。家人号曰、諸生。父訓異之、事無大小、輒与詳議」（『後漢書』一〇上）とあり、幼年期から儒家の教養を身に付けていた。その思想に基づき「帝毎欲官爵鄧氏。后輒哀請謙譲。故兄隲終帝世不過虎賁中郎」（同前）とあって、同族の封爵を辞退している。この行為は馬太后と同じである。その後、「及殤帝崩。太后定策、立安帝。猶臨朝政」とあるように、「女主」としての政務を実施した。太后は「自入宮掖、従曹大家、受経書、兼天文・算数。昼省王政、夜則誦読而患其謬誤、懼乖典章。乃博選諸儒劉珍等、及博士・議郎・四府掾史五十余人、詣東観、讐校伝記、事畢奏御賜葛布、各有差。又詔中官・近臣於東観、受読経伝、以教授宮人、左右習誦朝夕済済」（同前）とあって、外朝官は無論のこと、中官にまで経典の学習をするよう指示している。また「六年、太后詔、徴和帝弟、済北河間王子男女、年五歳以上四十余人、又鄧氏近親子孫三十余人、並為開邸第、教学経書、躬自監試、尚幼者使置師保。朝夕入宮、撫循詔導、恩愛甚渥」と近親の教育にも努めた。従兄の河南尹豹、越騎校尉康に言うには、現今は時俗が浅薄で偽りが多く、五経が衰微して人を導く力がない。現今はすなわち末世と言うべきであって、貴戚食禄の家は温衣美飯するのみで、術学は全く失われている。その為に多くの禍敗が到来すると述べ、「永平中、四姓小侯、皆令入学」とあるように、より一層、教育に力を注ぎ、社会の安定を期している。

こうした太后の「女主執政」に関わる中官の一人は蔡倫である。「及和帝即位、転中常侍、豫参帷幄。倫有才学、尽心敦慎、数犯厳顔、匡弼得失」（『後漢書』七八）とあるように、中常侍として内朝の政務に参与し、「元初元年、鄧太后以倫久在宿衛、封為龍亭侯……後為長楽太僕。四年、帝以経伝之文、多不正定、乃選通儒……詣東観、各讐校漢家法、令倫監典其事」（同前）とあって太后はその功績に対し倫に封・爵を授けた。同じく宦者孫程も「為中黄門、給事長楽宮」（同前）とあって、この職が「掌給事禁中」（『東漢会要』巻一九）とあるので、彼も太后の禁中で女主政務を掌っていた。では外朝はどうか。百官は太后支配に賛意を示していたのか。「時鄧太后臨朝、帝不親政事」（『後漢書』七八）とは言え「和熹鄧后臨朝。権在外戚。杜根以安帝年長、宜親政事。乃与同舍郎、上書直諫。太后大怒、収執根等、令盛以縑嚢于殿上、撲殺之。執法者以根知名、私語行事、人使不加力。既而轂出城外。根得蘇。太后使人検視。遂詐死、三日目中生蛆。因得逃竄。及鄧氏誅、根方帰、徴拝侍御史」（『東観漢記』巻一八・杜根）とあって、安帝親政を要望し、上書する者がいた。また「帝少号聡敏、及長多不徳、而乳母王聖見太后久不帰政、慮有廃置。常与中黄門李閏（王補曰、此下、通鑑有共毀短太后於帝。帝毎懐忿懼）」（『後漢書』一六、鄧隲）とあって、帝の乳母王聖・中黄門李閏らの近侍達も帝への帰政を求めていた。

かかる一六年という長期に亘る女主の支配は彼女の親族によって支えられていた。太后の兄、隲は妹が立后したとき「三遷、虎賁中郎將、京・悝・弘・閶、皆黄門侍郎」（『後漢書』一六）と内官となり、延平元年には更に「拝隲車騎将軍儀同三司、始自隲也」という官位に昇進する。恵棟の注に依ると「東観記、儀同三司有開府之号」とあって、この職は幕府を置く事の出来る位階だという。隲の弟達は皆それぞれ侍中職に配置され、太后の左右に居て女主を補佐した。殤帝が死んだ後も「太后与隲等定策、立安帝……和帝崩後、隲兄弟常居禁中」とあって、太后の傍には依然として兄弟たちがいた。しかし、「隲謙遜不欲久在内、連求還弟、歳余太后乃許之」とあるように、兄弟は自分達が内朝にあるのを辞退する姿勢が窺える。その内容について「恵棟曰、東観記・鄧悝伝云、自延平之初、以国新遭大憂。故悝兄弟率常在中、供養両宮」と注記する。ここに大憂とは何を指すのか。安帝即位の九月に「六州大水」があり、同時に「西域諸国叛攻、都護任尚……撃破之」、十月に「四州大水」（『後漢書』五）等があって、それに該当するかと思われる。そうした時期には太后を支えるため一族の者は中朝にあって補佐したが、安定の後は、近侍を辞退している。すなわち一族の権力増大を太后本人が一貫して忌避したためである。こうして見ると、太后は「劉氏による統治」という儒家としての原点を忘却してはいない。しかしながら、皇帝の側近にはやはり長期の「女主支配」への不満が醸成されていたことは上述の通りである。

永初二年には「一一月辛酉、拝鄧隲為大将軍、徴還京師」と太后の兄が大将軍になっているが、これも同四年には辞めていて往年の竇憲の轍を踏んでいない。こうして見てくると、鄧太后の女主執政はその有する儒家思想の影響によって、内朝の女主専権を計るという状態は見られず、一方、外朝支配は滞りなく運営されていたらしい。その代表的な人物は張禹であるが、その伝に「延平元年、遷為太傅・録尚書事。鄧太后以殤帝初育、欲令重臣居禁内。乃詔禹、舎宮中、給帷帳牀褥、太官朝夕進食、五日一帰府、毎朝見特賛、与三公絶席」（『後漢書』四四）とあって、殤帝の初育に関わっていた。また「其広成上林空地宜且以仮貧民。太后従之」（同前）とあって貧民救済の為に、上林苑地を彼らに仮作させることを上奏している。このように外朝の政務はまさに「皇帝支配」の内容であり、それが太后の指揮の下におこなわれて概ね順調であったようである。

4　安思閻皇太后（女主在位A．D．一二四）

元初二年、皇后となり、建光元年に太后が崩じて漸く安帝が親政した。この時点、皇后の兄弟たちは「顕及弟景・耀・晏並為卿校、典禁兵」（『後漢書』一〇下）と禁中の兵を率いて居り、「后寵既盛而兄弟頗与朝権。后遂与大長秋江京・中常侍樊豊等共譖皇太子保、廃為済陰王」（『後漢書』一〇下）とあって、皇后と兄弟は内朝の権力を把握するとともに、宦官の江京らとの結びつきを強固にした。安帝が延光四年春に薨じた時、彼らは先に皇太子位を斥けられていた済陰王の復権を懼れるとともに「太后欲久専国政、貪立幼年」とあるよう、先代の鄧太后のように、閻太后は臨朝執政を永く継続しようと考えていた。そして「以顕為車騎将軍儀同三司……与顕等定策禁中。迎済北恵王子、北郷侯懿、立為皇帝」（同前）とあるように、幼帝を立てようと試みた。その際に、「顕忌大将軍耿宝、位尊権重、威行前朝」と、両将軍の対立が起こった。「乃風有司、奏宝及其党与、中常侍樊豊、虎賁中郎将謝惲、惲弟侍中篤、篤弟大将軍長史宓、侍中周広、阿母野王君王聖、聖女永、永婿・黄門侍郎樊厳等、更相阿党、互作威服、探刺禁省、更為唱和、皆大不道」（同前）とあって、ここに大将軍・耿宝側のメンバーが列挙されている。これを見ると、大将軍の傘下には中常侍・虎賁中郎将・侍中がいたが、「四年三月……乙酉、北郷侯即皇帝位。夏四月丁酉、太尉馮石為太傅、司徒劉熹為太尉参録尚書事、前司空李郃為司徒」（『後漢書』五）とあることから見ると、この紛争は内朝を中心とする政権の争いであって、外朝官は殆ど傍観していたらしい。延光四年三月に安帝が崩じ、閻氏は北郷侯を立てたが、十一月以前にも早く、死去した。この月の丁巳の日に「是夜、中黄門孫程等十九人、其斬江京・劉安・陳達等、迎済陰王於徳陽殿西鐘下。即皇帝位。年十一」とあり、「閻顕兄弟聞帝立率兵、入北宮、尚書郭鎮与交鋒刃。遂斬顕弟衛尉景……収閻顕及其弟城門校尉耀、執金吾晏並下獄誅」（『後漢書』六）と、武力による闘争があったが、閻顕側の敗北に終わった。そして永建元年辛未には閻太后が崩じ、辛巳に「太傅馮石・大尉劉熹・司徒李郃免」とある。この三公罷免の理由は「東観記曰、馮・劉以阿党権貴。李郃以人多疾疫免」とあり、前者両人は閻氏におもねり、内朝の政変を傍観した責任を問われたものである。こうして太后執政の期待は大将軍の誅殺と大長秋江京の失脚によって脆くも挫折する。こして閻太后の支配は短命であった。

5　順烈梁太后（女主在位A．D．一四五―一五〇）

この人は大将軍梁商の娘である。「少善女工、好史書、九歳能誦論語、治韓詩、大義略挙、常以列女図画置於左右、以自監戒。父商深異之」（『後漢書』一〇下）とあり、やがて「建康元年、帝崩。后無子。美人虞氏子・炳立。是為沖帝。尊后為皇太后。太后臨朝。沖帝尋崩。覆立質帝。猶秉朝政」（同前）と見え、続いて亦「太后夙夜勤労、推心杖賢、委任太尉李固等、抜用忠良、務崇節倹、其貪叨罪慝、多見誅廃……故海内粛然、宗廟以寧」（同前）とあって、その政治を記す。このように梁太后は先の鄧太后と同様に、儒家的素養を身につけていた。しかし鄧太后と異なる点は、梁太后の外戚への対応である。梁后の場合では、兄・冀を大将軍に任じ、彼を太后支配の支えとしたことにおいて鄧太后と大いに異なる。このとき「兄大将軍冀鴆殺質帝。専権暴濫、忌害忠良、数以邪説、疑誤太后、遂立桓帝而誅李固。太后又溺於宦官、多所封寵、以此天下失望」（同前）とあって、梁冀の政治は権力を乱用して質帝を毒殺し、忠良な臣を排除する。これに伴い太后はこの兄・梁冀に惑わされた結果、宦官に執着して政治から手を引いてしまったと言う。そして「及沖帝即位、以固為太尉、与梁冀参録尚書事。明年、帝崩。梁太后……使中常侍、詔固等、欲須所徵諸王侯。到乃発喪。固対曰、帝雖幼少、猶天下之父、今日崩亡。……太后従之、即暮発喪。固以清河王蒜、年長有徳、欲立之。謂梁冀曰、今當立帝、宜択長年高明、有徳任親政事者、願将軍審詳大計、察周霍之立文宣……冀不従。乃立楽安王子・纉、年八歳、是為質帝」（『後漢書』六三）とあるように、梁冀に並ぶ外朝の大尉李固の意見を排除して幼年の纉を即位させる。これが質帝である。この措置は太后支配の継続を計るものであるが、先掲史料のように、梁冀は帝を鴆殺してしまう。「忌帝聡慧、恐為後患」のためというのがその理由であった。そして、「清河王厳明、若果立則将軍受禍不久矣。不如立蠡吾侯、富貴可長保也。冀然其言」（同前）と述べる中常侍・曹騰の進言を受納する。この擁立に反対して「固独与杜喬堅守本議。冀厲声曰、罷会。固意既不従、猶望衆心可立。復以書勧冀、冀愈激怒。乃説太后先策、免固、竟立蠡吾侯、是為桓帝」（同前）と外朝の李・杜の両者が強く反対した。かれらの処罰に対しては門生らが冤罪を訴える。「門生・渤海王調、貫械、上書証固之枉、河内趙承等数十人……詣闕通訴。太后明之、乃赦焉。及出獄、京師市里、皆称万歳。冀聞之、大驚。畏固名徳。終為己害。乃更拠奏前事。遂誅之」（同前）とあって、太后はこれを受けて赦免したが、梁冀の方は大尉李固を誅殺してしまう。この処置から見ても、太后と梁冀の力関係は既に後者が優位に立っていたことが解る。李固と並ぶ杜喬も「時梁冀子弟五人、及中常侍等、以無功並封。喬上書諫曰、……今梁氏一門、宦者微孽、並帯無功之紱、裂労臣之土、其為乖濫……書奏不省」（同前）とあるように、中常侍らを功なく封じたことを批判する上書をした。梁冀の権力はここから見ると、宦者の中常侍を支持基盤としていることが解る。建和元年に杜喬は大尉に就くが、「在位数月、以地震免。宦者唐衡・左悺等、因共讒於帝曰、陛下前当即位。喬与李固抗議言。上不堪奉漢宗祠。帝亦怨之。及清河王蒜事起。梁冀遂諷有司、劾喬及李固与劉鮪等交通、請逮案罪」とあり、これに対して「梁太后素知喬忠。但策免而已……冀愈怒」とあって、太后は杜喬を忠なる者と評価する。

以上のように、梁太后は上記の各事案に対し、儒家的な素養に立つ判断をしようと試みるが、兄・大将軍の力に規制されている状況を窺うことができる。とりわけ宦官が大将軍の側に取り入って活動し、外朝諸官は李固・杜喬を除いて、すべて沈黙を強いられていた。太后支配は兄・冀によって、その要を抑えられていたのである。このとき後漢期で始めて外戚政権が成立したと判断出来る。

6　桓思竇太后

「永康元年（A．D．一六七）……及崩無嗣、后為皇太后。太后臨朝、定策、立解犢侯宏。是為霊帝」（『後漢書』一〇下）とあって、霊帝の時、太后が臨朝する。そして「時太后父、大将軍武謀誅宦官、而中常侍曹節等矯詔殺武、遷太后於南宮雲台」（同前）と執政するが、間もなく父・武が宦官に殺されて、太后の権限も失われてしまう。臨朝の時期は短い。

結　語

筆者は先に「後漢期、皇帝・皇太后の政治と儒家思想」[3]を発表した。そこでの結論は、後漢期は外戚政権の支配下にあったとの通説に批判を加え、そのように見られるのは、皇太后支配の存在が一つの理由であり、その太后は外戚の範疇に入るという認識であったのではないか。しかしながら「女主」として執政した太后の記事をよく見ると、天子としての用語である「詔」を発し、また太后自身を同様に「朕」と称したことが如何なる意味を持つのかが充分理解されていないことに依るであろう。しかも亦、太后が外戚の側に身を置いて政務を執ったと言うのではなく、劉氏政権の維持者として劉氏の皇帝に代って政治を執行している事実がある。そうした態度と政治実践は太后たちが若年から儒家思想を身につけていた点が基本となっていた。すなわち太后は同族への「孝」の優先ではなく劉氏への「忠」を一義的に先行させていたのである。こうした太后支配は当然、旧来の外朝支配の政治体制とは異なる組織を内朝において構成せざるを得ない。天子が女性となれば、内朝で執務するのであるから、そこで女主を中心に、大将軍・宦官による支配体制が成立するのは必然であろう。本稿ではその政治体制を考察することを主眼とした。同じ後漢の皇太后支配とは言え、各皇帝・外朝のあり方によって太后の支配体制の組み方は変らざるを得ない。本文でその経緯を見てきたが、以下、纏めて見よう。

馬太后の時、大将軍は一族の馬防であるが、防は西域に転戦して政治に関わっていない。宦者の鄭衆は始め太子家に給事して、粛宗即位時には小黄門であった。太后のとき「掌侍左右受尚書事、上在内宮、関通中外、及中宮以下衆事」（『後漢書』一二八）と尚書の役も務め、中朝・外朝の連絡に当った。外朝の場合、趙熹は「内典宿衛、外幹宰職、正身立朝、未嘗懈惰」（『後漢書』二六）と謹直な人物であった。このように馬太后の統治は「太后・宦者・外朝」で構成され順調であった。

竇太后は梁貴人が生んだ子を自分の子として養ったが、やがて竇・梁両家の確執があり、そのために太后臨朝の際、竇一族を自らの支えとした。すなわち兄の憲、弟の篤・景をそれぞれ侍中・虎賁中郎将・中常侍として内朝に配し「並顕貴、擅威権」（『後漢書』一〇上）と実力を持った。ここに中常侍とあることについて、「銭大昕曰、中常侍宦者之職。非外戚所宜居。恐有誤」（『後漢書』一二三）と銭氏の疑義が見られるが、中常侍は前漢期に士人が充てられ、後漢期で閹人を配することとなったが、思うにこの竇太后支配では、実の兄弟が女主を補佐するのであるから、必ずしも宦者でなくても良いのではなかろうか。こうして太后・中常侍は密接に連携していた。このとき外朝では鄧彪・桓郁が重用された。前者は「和帝即位、以彪為太傅。録尚書事」と外朝の高位にあった。そして「永元初、竇氏専権驕縦、朝廷多有諫争、而彪在位修身而已。不能有所匡正」（『後漢書』四四）とあって、鄧彪は憲の専権を傍観するのみであった。後者では、父が先帝の師で、その子の郁が父業を継いで「常居中、論経書」（『後漢書』三七）とある。官は侍中・屯騎校尉・長楽少府・侍中奉車都尉を歴任したが、「郁教授二帝。恩寵甚篤」とあるのが彼の任務の中心であった。その門人には「関西孔子」として著名な楊震や朱寵がいた。こうしてみると、外朝はこの時期、竇氏の内朝の専権に干渉することなく、憲の意に沿うて政務を執行するのみであった。

鄧太后は安帝に代って臨朝称制して一六年間統治した。一族は兄・隲が延平元年に車騎将軍儀同三司についた。弟たちは侍中職にあって太后の左右にあった。側近の宦官（常居禁中）の中心は蔡倫で「数犯厳顔、匡弼得失」と中常侍として太后を補佐した。同様、孫程も中黄門として、「掌給事禁中」（『東観会要』巻一九）とある。外朝の三公は大尉張禹・司空張敏・司徒魯恭で構成されていた。延平元年（A. D. 一〇六）、太傅録尚書事に就き「鄧太后以殤帝初育、欲令重臣、居禁内、乃詔禹舎宮中、給帷帳牀褥」（『後漢書』四四）とあって宮中に居り、「五日一帰府」という勤務であった。張敏は「在位奉法、而已視事三歳」（同前）と政務についての特記はない。ただ先述のように、杜根が安帝の親政を上奏したごとく外朝内でこうした意見が底流していたことは確かである。

閻太后は閻顕兄弟を禁中に置いて、宦官・江京らと結んで権力維持を計った。一方、大将軍・耿宝が中常侍樊豊らと共に顕に対抗した。この際、外朝は傍観しており、中黄門孫程が顕一派を撃った時もとりわけ動きはない。後日、「辛未、皇太后閻氏崩。辛巳、太傅馮石、大尉劉熹、司徒李郃免」（『後漢書』六）とあるので、本文に記したように李氏を除き、三公の両人は閻顕に依存していたようである。この時期、宦官が耿・竇両派に分かれて権力を争ったのである。

梁太后は自身、儒家思想を理解していたが、大将軍の兄、梁冀に執政を依託したため、その圧力に屈するばかりか、宦官を寵愛するなど結局、天下の失望を買った。帝は彼の専権に「既不平之」（『後漢書』三四）で「帝大怒、遂与中常侍単超・具瑗・唐衡・左悺・徐璜等五人成謀誅冀」（同前）と側近の宦官の力を借りて梁冀を誅殺するという結末となった。

こうして後漢の「女主執政」を見ると、多くの場合、一族の中から大将軍を任命し、外朝の三公を抑えると共に、宦官の中常侍らを左右に置きながら、内朝での執務をおこなった。内・外朝をつなぐ役割の尚書には、大将軍が録尚書事を兼ねるとともに、宦官も亦、尚書を兼務して、士人の尚書と並行して尚書台で業務をおこなったのである。こうして後漢期では総じて、女主・宦官中心の内朝統治の優位が窺えるのである。

註

（1）渡辺将智「後漢時代の三公と皇帝権力」（早稲田大学史学会編『史観』第一五六冊、二〇〇七年）では、後漢代に「尚書」が政治の要として重視されたと言う労榦・鎌田重雄氏らの通説にたいして、氏は三公がこの時期にも政治の中心であったと論じている。本章では皇太后による「女主」支配が後漢期では特徴をなすと考え、内朝の比重が増大したことを指摘して三公よりも宦官・尚書が女主の執行機関として重要な役割を果たしたと解する。
（2）拙稿（『史学研究』第二五六号、二〇〇七年）参照。
（3）同上

5　後漢期、皇太后・宦官の支配様式

序

『後漢書』巻七八、宦者列伝の末尾の「論曰」に「自古喪大業絶宗禋者、其所漸有由矣。……西京自外戚失祚、東都縁閹尹、傾国……」とあって、後漢の衰退は宦官によるものと述べている。宦者列伝の記述であるから、それを強調する傾向は有るものの、それにしても後漢王朝衰退の大きな原因の一つが宦官の権力化にあることは誰しも否定出来ないであろう。この宦官の背景に皇太后専政の存在する事は、既に拙稿注で論じて来たところである。本稿では宦官の存在形態に焦点を当ててその支配様態を分析したいと思う。

一

宦者列伝の冒頭に「中興之初、宦官悉用閹人、不復雑調它士。至永平中、始置員数。中常侍四人、小黄門十人」とあって、後漢では閹人を用い、その定員数が決められた。そして「和帝即祚幼弱而竇憲兄弟専総権威、内外臣僚莫由親接、所与居者惟閹宦而已。故鄭衆得専謀禁中、終除大憝、遂享分土之封。超登宮卿之位。於是、中官始盛焉」（『後漢書』巻七八）とあって、四代目の和帝が即位したのが一〇歳であったので、竇太后が「臨朝」した。彼は本来、梁貴人の子であったが、「竇后養帝以為己子」（『後漢書』巻四）とあって、太后は自分の子として養ったと言う。こうして見るならば、宦官が勢力を持つ始めは「竇太后臨朝」のように「女主」支配を契機とすることが解る。女主の場合、側近には宦官が配置されて政務を執行しているのが通常である。和帝が皇太子になったのは建初七年であったが、『集解』に依ると「東観記、上幼岐嶷、至総角、孝順聡明、寛和篤仁。孝章由是、深珍之、以為宜承天位。年四歳以皇子立為太子。初治尚書、遂兼覧書伝、好古楽、道無所不照」とあるように、彼は幼児より才知がすぐれていたので、章帝は彼を評価し天位を承ける者すなわち、皇帝の資格を有すると評したのである。そして彼は尚書を学び、書伝を閲覧したとあって学問を好んでいる。帝は太后の退いた永元四年の後「永元七年……是時、和帝与中常侍鄭衆……幸常侍蔡倫二人始並用権」（『後漢書』巻二六）とあり、この宦者両人を併用して執権する。このうち鄭衆は「独一心王室」を以て執務したけれども、倫のほうはやがて失脚する竇氏の意を受けて安帝の祖母を陥れたため、孫の帝が親政した際、彼は自殺に追い込まれた。帝と太后の双方の間にあって、中常侍が帰趨に迷うことが生じるわけである。鄭衆は費氏易・毛詩を学び蔡倫は「各讐校漢家法、令倫監典其事」（『後漢書』七八）とあって、学の内容は両者で異なっていた。

和帝期の権力配置を見ると、女主専権期では竇憲が大将軍就位によって、三公の上位に位置して外朝を抑制しつつ太后を支えた。「和帝即位、太后臨朝。憲以侍中、内幹機密出宣誥命。粛宗遺詔、以篤為虎賁中朗将、篤弟景・瑗並中常侍。於是、兄弟皆在親要之地。憲以前大尉鄧彪有義、譲先帝所敬而仁厚委随。故尊崇之、以為太傅、令百管総己以聴其所施為輒外令彪奏内白。太后事無不従。又屯騎校尉桓郁累世帝師、而性和退自守。故上書薦之、令授経禁中。所以内外協附莫生疑異」（『後漢書』二三）とあって、憲は始め侍中に位置していて、内朝の機密を司りその兄弟を中常侍に配して、太后政治の実務を執行した。外朝には、鄧彪が先帝の尊崇する人物であったので、これを太傅に任じて百官を統べさせた。亦、桓郁は歴世、帝師であったので、禁中において経典を講じさせた。こうして上文のように、内外協附と言う安定した状況が現出した。更に景・瑗以外の側近である中常侍については帝と太后の双方に比重の重点が分かれた。程衆の場合は前者にあり、蔡倫では後者にあったようである。ところで、この安定した和帝期の権力機構が擾乱される契機は竇憲本人にあった。西域で勝利して、やがて大将軍になり幕府を置く。それによって「権貴顕赫、傾動京都」とあって、とりわけ景は「侵陵小人、強奪財貨」との行為があったので、太后はその官位を剥奪している。更に「憲女壻・射声校尉郭挙、挙父・長楽少府璜皆相交結。元・挙並出入禁中、挙得幸太后。遂共図為殺害。帝陰知其謀、乃与近幸中常侍・鄭衆定議誅之、以憲在外、慮其懼禍為乱、忍而未発。……憲……還京師……閉城門、収捕疊・磊・横・挙、皆下獄……収憲大将軍印綬……就国」(『後漢書』二三)とあって、帝の殺害を謀ったと言う名目で、鄭衆ら宦官は竇氏を一掃する。

二

安帝は章帝の孫であるが「年十歳、好学史書。和帝称之」(『後漢書』五)とあり、恵棟の注に「東観記、孝安皇帝、清河孝王第二子也。少聡明、敏達、慈仁恵和、寛容博愛、好楽施予。孝王常異之。年十歳、善史書、喜経籍。和帝甚嘉重焉。号曰、諸生。数燕見在中、特加賞賜下及玩弄之物。諸王子莫得与比」とあって、彼も幼少から聡明で寛容な資質をもち、一〇歳で史書・経籍を好んだと言う。延平元年八月に殤帝が崩じ、安帝が即位する。年一三歳であった。従って鄧太后が引き続いて「猶臨朝」した。このとき宦者孫程が中黄門として長楽宮に給事している(『後漢書』七八)。この太后の統治は一六年の永きに亘り「時鄧太后臨朝、帝不親政事」(同前)とあるが、太后の晩年になると、帝の不満は漸く昂じていたらしい。それは「太后兄、執金吾悝等、言欲廃帝、立平原王翼、帝毎忿懼」(同前)とあって、直接的には太后の兄による安帝廃位の企図が察知されたことが契機となっている。太后が崩じるに及んで鄧氏は排除されるが、その局面では李閏・江京が中常侍の位置にあり、彼らを中心として、他に樊豊・劉安・陳達・王聖、聖女伯栄が一派閥をなしていた。そして帝舅・大将軍耿宝、皇后兄・大鴻臚閻顕らが、それとは別の一党派を形成していた。この両党派が外朝の大尉・楊震を枉殺すると共に、皇太子を廃して済陰王に降格させる。その理由は「母李氏為閻皇后所害」（『後漢書』六）の事件が先にあり、「太子数為歎息。王聖等懼有後禍。遂与豊・京共搆陥太子」（同前）とあって、江京らが後の禍を懼れたためだと言う。

そして彼らは安帝の崩御に当面して、北郷侯を挙げて天子とした。こうして閻顕が主導して、「誅樊豊、廃耿宝、王聖、及党与皆見死徙」（同前）とあるよう他派を排除する。そして延光四年に北郷侯が立ったが、その一〇月、北郷侯は病の重い状態に陥った。この時、孫程は済陰王の謁者に次のように言っている。「王以嫡統、本無失徳。先帝用讒、遂至廃黜。若北郷疾不起、共断江京、閻顕、事乃可成……又中黄門南陽王康、先為太子府史、自太子之廃、常懐歎憤。又、長楽太官丞京兆王国、並附同於程」（同前）とあり、又「初帝廃為済陰王。乳母宋娥与黄門孫程等共議立帝」（『後漢書』九一、左雄）とあって、孫程は元もと嫡統である済陰王を支持し続けていた事が解る。そして旧太子府にいた王康を始め、長楽太官・王国らも亦、孫程に同調して、江京・閻顕らを討つ企てをした。その後、一〇月二七日になって北郷侯が薨じ、それを承けて一一月二日に孫程・王康ら一八人が決起し、江京・劉安・陳達を斬り、李閏を威嚇して済陰王を迎えて帝位に就けた。これが順帝である。こうして「令侍御史収顕等送獄、於是遂定」（同前）と顕らが獄に送られて、事件は終わったのである。

この件に関して、「立順帝、会孫程等事先成。故郃功不顕。漢中太守郃進諫曰、竇将軍淑房之親、不修礼徳而専権驕恣……願明府一心王室……郃陰与少府……陶範……謀立順帝。会孫程等事先成、故郃功不顕」（『後漢書』一一二上）とあるように、順帝擁立の件は「一心王室」の立場から進められていたらしい。孫程の場合も亦、太后・外戚に依らず、帝に依拠する立場を採っている。禁中の宦官はこのように太后・外戚か帝か何れを採るかの選択を非常の際に求められたのである。

安帝期の権力配置を見ると、とりわけ注目されるのは鄧太后の執権である。彼女が後漢における女主支配の代表的存在であることは誰しも認めないわけにはいかない。そして彼女の儒家思想の素養は女主の中でも出色である。「殤帝生始百日、后迺迎立之。尊后為皇太后。太后臨朝」と殤帝を摂政し、安帝も少年であったので、継続して「臨朝政」した。宦官孫程は中黄門として太后の長楽宮において勤務した。注によると、「東観自此已下十九人、与程同功者皆叙其所承本系。蓋当事史官懼程等威権、故曲為文飾」とあって、太后を背景にした孫程ら側近の威権が強かった事が解る。兄の鄧騭は妹が貴人から皇后になるに及んで、郎中から虎賁中郎将となり、延平元年には車騎将軍儀同三司となって幕府を開いた。太后と騭は協同して安帝を擁立し「兄弟常居禁中、騭謙遜不欲久在内、連求還弟。歳余、太后乃許之」（『後漢書』一六）とあるように、兄弟は太后の左右にあったが、内朝に永く居ることを求めず、やがて外征し、その功績で大将軍に就く。彼は「嵩節倹、罷力役、推進天下賢士、何熙・祋諷・羊浸・李郃・陶敦等列於朝廷。辟楊震・朱寵・陳禅置之幕府。故天下乂安」（『後漢書』一六）とあって、外朝を基軸とする皇帝支配を行った。この時、宦官孫程・曹騰も太后を補佐した。「鄧太后以騰年少謹厚、使侍皇太子書、特見親愛」（『後漢書』巻七八）とある。全体としてその統治は、太后・大将軍・宦官三者の協力する安定性が認められる。

三

順帝が東宮にあった際、側近にあった曹騰は「及余即位、騰為小黄門、遷中常侍」（『後漢書』七八）と桓帝が太子の際、彼を親愛した経緯があった。その為、中常侍から、やがて大長秋に移り、特進侯を加えられる。そして、彼は帝の側近として海内の名人を推挙したのである。虞放、辺韶、延固、張温、張奐、堂谿典らである。桓帝の即位時、「時年十五、太后猶臨朝政」（『後漢書』七）とあって梁太后の臨朝が続くが、順帝が建康元年に崩じた後、沖帝の時にも「沖帝始在繦褓」（『後漢書』三四）のため猶、太后が臨朝し、更に質帝が立った時も亦「猶秉朝政」（『後漢書』一〇下）と、引き続いて女主による支配を行った。これが順烈梁太后である。順帝の時期、太后の兄、梁冀は大将軍の位置に就いていたが、王先謙は注において「司馬光云、成帝不能選任賢俊、委政舅家可謂闇矣。猶知王立之不材棄而不用。順帝援大柄授之后族。梁冀頑嚚凶暴著於平昔、而使之継父之位、終於悖逆蕩覆漢宝、較於成帝闇又甚焉」と評している。梁太后の政治は「好史書、九歳能誦論語、治韓詩、大義略挙」という若年時の儒家的素養によって「太后夙夜勤労、推心仗賢委任大尉李固等、抜用忠良、務崇節倹、其貪叨罪慝多見誅廃。分兵討伐群寇消夷、故海内粛然、宗廟以寧」（『後漢書』一〇下）と外朝の優れた臣下を用いて、海内安定の効果を得た。しかし、梁太后の兄の冀が「鴆殺質帝、専権暴濫……数以邪説、疑誤太后。遂立桓帝而誅李固。太后又溺於宦官、多所封寵、以此天下失望。和平元年春帰政於帝」（同前）とあって、横暴な振る舞いがあった。そして太后が臨朝したのは建康元年から和平元年までの六年間である。太后統治の当初は宦者曹騰を用いて、外朝の名士を抜擢し、正しい政治を推進したが、兄・梁冀の専権に影響されて、太后自身も宦官に溺れるなど変貌してしまい、従前の路線を維持することが出来なかった。宦官曹騰は「用事省闥三十余年、奉事四帝、未嘗有過」（『後漢書』七八）とあって権力の乱用はなかった。例えば、益州刺史だった种嵩は後、司徒に就くが「告賓客曰、今身為公、乃曹常侍力焉」と曹騰の支援に感謝している。皇帝・皇太后・宦官・外朝の四者の関係は梁氏支配の後期を除いてはほぼ安定していたと言えるであろう。

桓帝期の権力配置を見ると、宦者曹騰が四帝に侍したとあるが、彼は外朝に名士を撰んで官位を付与する。梁太后も亦、儒家的素養が豊かであり、李固を三公に充て、忠良な人士を用いた事によって「宗廟寧し」と評価されるように、安定した政治を維持した。只、問題を起こしたのは太后の兄・梁冀であって、大将軍の高い位置を背景に上記の外朝を抑えこんだ。そして、皇太后をも抑制して彼女を誤った方向に導いたと言う。冀一門を見ると「前後七封侯、三皇后、六貴人、二大将軍……窮極満盛、威行内外、百寮側目、莫敢違命。天子恭己而不得有所親豫。帝既不平」（『後漢書』三四）と言うように大きな勢力を誇示し、専制的政治を敷いている。桓帝はこれを快く思わなかったために、中常侍単超等五人と計ったうえ梁冀の印綬を奪って、彼を自殺に追い込んだのである。概括するならば、皇帝が宦官と計って、大将軍を排除したケースに当たるであろう。

四

延熹二年に梁太后が崩じると、先述のように、桓帝が宦者唐衡を呼び、太后兄・梁冀を誅殺する計画を伝え、そこに単超・左悺・徐璜・具瑗と言う中常侍と小黄門史らが血盟して集った。「於是、詔収冀及宗親党与、悉誅之」（『後漢書』一〇下）とあるようにクーデターを決行して、それに成功する。これに加盟したメンバーはそれぞれ封侯され「世謂之、五侯」とあって「自是、権帰宦官、朝廷日乱矣」と記されるように、以後の宦官支配の契機となった。宦者侯覧も同様、中常侍で「託以与議誅梁冀功、進封高郷侯」（『後漢書』七八）とあって梁氏を討つ功績があったので、爾来いよいよ放縦となるとともに、宦官を批判する外朝の李膺・杜密・張倹らを捕らえ、彼らを夷滅するに至る。永康元年一二月になって桓帝が崩じ、霊帝が即位するけれども、その年齢が一二歳であったので、桓思竇太后が「臨朝定策」した。その後、上記、宦官たちを誅する事を企図した后父・大将軍武に対し、「節与長楽五官史朱瑀、従官史共普、張亮、中黄門王尊、長楽謁者騰、是等十七人、共矯詔以長楽食監王甫為黄門令、将兵誅武・蕃等」（同前）とあるよう、宦官が結束して武等と闘い勝利を収めた。宦官は事前に「瑀等陰於明堂中、祷皇天曰、竇氏無道、請皇天輔皇帝誅之、令事必成、天下得寧」と、天に祈りを捧げたとの記述がある。それによると、宦官達は皇帝を補佐するために、この闘いに臨んだと信じていた事が窺われる。

竇武は「入白太后、遂徴立之、是為霊帝。拝武為大将軍、常居禁中……武既輔朝政、常有誅翦宦官之意。太傅陳蕃亦素有謀、時共会朝堂。蕃以私謂武曰、中常侍曹節・王甫等、自先帝時、操弄国権、濁乱海内、……今不誅節等、後必難図。武深然之。蕃大喜以手推席而起、武於是、引同志尹勲為尚書令劉瑜為侍中馮述為屯騎校尉。又徴天下名士廃黜者、前司隷李膺、宗正劉猛、太僕杜密、廬江太守朱寓等、列於朝廷……共定計策。於是、天下雄俊、知其風旨、莫不延頸……会五月日食、蕃覆説武曰、……蕃以八十之年、欲為将軍除害。今可且因日食、斥罷宦官、以塞天変。又趙夫人、及女尚書旦夕乱太后、急宜退絶。惟将軍慮焉。武乃白太后曰、故事黄門常侍、但當給事省内典門戸主、近署財物耳。今乃使与政事、而任権重、子弟布列、専為貪暴、天下匈々……宜悉誅廃以清朝廷。太后曰、漢来故事、世有但當誅其有罪、豈可尽廃邪」（『後漢書』六九）とあるように始めから、大将軍の地位にあった竇武を中心に外朝官を結集して、宦官排除を企図していた。しかし、太后は有罪を誅するのが漢の故事であると主張する。恵棟の注には「続漢書云、太后以為此皆天所生。漢興以来、世世用事国典常、故何可廃邪。但當誅悪耳」とあって、太后は有罪者ならばともあれ、宦官をすべて廃するのは反対だと述べている。「時中常侍管覇頗有才略、専制省内。武先白誅覇及中常侍蘇康等竟死。武覆数白誅曹節等。太后猶予未忍。故事久不発」（同前）とあって竇武は曹節の誅殺を求めるが、太后は躊躇し猶予して時を過ごす。その間、逆に宦者朱瑀が「盗発武奏、罵曰、中官放縦者自可誅耳。吾曹何罪而當尽見族滅、因大呼曰、陳蕃・竇武奏、白太后廃帝為大逆。乃夜召素所親壮健者・長楽従官史共普・張亮等十七人……誅武等」（同前）とあるように、竇武等を誅することを企図した。そして「武不受詔、馳入歩兵営……与武対陳、甫兵漸盛、使其士大呼武軍曰、竇武反、汝皆禁兵、當宿衛宮省、何故随反者乎……於是、武軍稍稍帰……武紹走……皆自殺」（同前）とある結末になった。

一方、陳蕃の場合は、宦官批判の上奏を行い、「帝得奏愈怒、竟無所納朝廷。衆庶莫不怨之宦官、由此疾蕃彌甚……猶以蕃名臣不敢加害」（『後漢書』六六）とあって、帝の不興を買うけれども、この時点では陳蕃は罰せられていない。永康元年になって桓帝が崩じた。その時「竇后臨朝詔曰、……前大尉陳蕃忠清直亮、其以蕃為大傅録尚書事」（同前）とあるように、陳蕃は太后には良好な評価を受けていた。しかし「中常侍曹節・王甫等与共交搆諂事太后。太后信之。数出詔命有所封拝、及其支類多行貪虐。蕃常疾之。志誅中官。会竇武亦有謀」（同前）とあるように、太后は一方では曹節らを信任しており、陳蕃の方は宦官を憎んでいたと言う三者の構図があった。陳蕃は上奏して宦官の悪事を言うが、太后はこの奏を容れない。そのため遂に、陳蕃は竇武と共に決起して敗れ、「送黄門北寺獄」の結果を招いたのである。この結果、竇武失脚と共に太后も「遷于南宮」されてしまう。

霊帝期の権力配置を見ると、竇太后は父の武や陳蕃を評価していたが、同時に曹節ら宦者を信任していた。両者の争いで、太后は逡巡して決断を留保したため、その衝突を避け得なかったと言うのが実情である。

五

宦官呂強は霊帝の時、上疏して次のように言う。「伏聞中常侍曹節・王甫・張譲等……宦官祐薄、品卑人賤、讒諂媚主……而陛下不悟、妄授茅土……」（『後漢書』七八）と宦官を批判し、その用う可からざるを云うが、「帝知其忠而不能用」（同前）と退ける。彼はまた、「旧典、選挙委任三府、三府有選、参議掾属、諮其行状、度其器能、受試任用、責以成功。若無可察、然後付之尚書。尚書挙劾、請下廷尉、覆案虚実、行其誅罰。今但任尚書、或復勅用。如是、三公得免選挙之負、尚書亦復不坐、責賞無帰、豈肯空自苦労乎」とあって、旧来のように外朝の三府が主導して選挙をするよう意見を述べている。そして中平元年、黄巾賊が起こり「強欲先誅左右貪濁者、大赦党人……帝納之、乃先赦党人。於是、諸常侍人人求退……中常侍趙忠、夏惲等遂共搆強、云、与党人共議朝廷……帝不悦……強……遂自殺」（同前）とある。呂強では上奏文に穀梁伝を引用するなど、儒家の素養があり、その立場から貪汚な宦官を批判している。呂強の伝には「時宦者済陰丁粛、下邳徐衍、南陽郭耽、汝陽李順、北海趙祐等五人、称為清忠、皆在里巷、不争威権……」とあり、この中で趙祐は「博学多覧、著作校書、諸儒称之」とあって、宦官中にも学問を嗜む人が現れているのは注目される。

六

宦官張譲・趙忠両人は桓帝の時、小黄門の地位にあり、趙忠は梁冀を討った功績によって都郷侯に封ぜられた。霊帝代では両人とも中常侍に就任しており、曹節・王甫と表裏一体をなしていたと言われる。この時、譲・忠らと共に一二人が中常侍のメンバーで、「封侯貴寵、父兄子弟布列州郡、所在貪残、為人蠹害」(『後漢書』七八)とあって、共に悪事を働いたと言う。ために「郎中・張鈞上書曰、竊惟張角所以能興兵作乱、萬人所以楽附之者、其源皆由十常侍多放父兄……侵掠百姓……宜斬十常侍……以謝百姓……」(同前)と、張鈞から宦官の排除を求める上奏が為される。しかし帝は「帝怒鈞曰、此真狂子也。十常侍固當有一人善者不」(同前)とその上奏を認めなかった。しかし「遂誣奏鈞学黄巾道、収掠死獄中、而譲等実多与張角交通」と、鈞は黄老道を学んだとされて獄中で死んだが、実は常侍の方が黄巾と通じていたと言われる。その為「帝因怒詰譲等曰、汝曹常言党人欲為不軌、皆令禁錮。或有伏誅。今党人更為国用、汝曹反与張角通、為可斬未……云故中常侍王甫、侯覧所為……帝乃止」(同船)と帝は怒っているが、中常侍は先輩の王甫・侯覧の仕業だとして自己弁明して処罰を免れたとある。この頃、朝廷では万金堂、南宮玉堂を造営しているが、宦官譲・忠はこうした宮室造営のため「説帝令斂天下田畝税十銭」(同前)と、百姓から収奪してその資金に充てた。それにも拘わらず帝はなおも「常云、張常侍是我公、趙常侍是我母。宦官得志、無所憚畏、並起第宅、擬則宮室」(同前)と宦官を信任していた。そして中平六年に帝が崩じ、「中軍校尉袁紹説大将軍何進、令誅中官、以悦天下……捕宦官無少長、悉斬之」（同前）とあって、宦官の総てが処分されてしまう。

霊帝代の権力配置を見ると、皇帝と宦官の両者によって総ての政務が取り仕切られる形態になっており、これに対して外朝官らは殆ど力を発揮出来なかった。先の両者の収奪によって、貧困な大衆は挙って黄巾の勢力に支持を寄せたため、後漢王朝は衰滅するに至った。

結語

後漢代は光武帝が天下を統一して王朝を樹立したが、前漢より盛んになった儒家の学説と讖緯思想を交える事によって、これを統治思想の軸心とした。儒家は本来、人道を主とし、天道についてはこれを敬して遠ざける立場にあったが、光武が天命としての讖を信じたので、儒家・桓譚らの厳しい批判が生じた。これに対し、やがて賈逵によって両思想の妥協が計られた。天・人融合の思想である。このようにして、光武より三代まで皇帝支配は安定していたが、以後、皇太子から皇帝に即位する時点における若年者が多かったと言う事態によって、それに代わって、皇太后が臨朝称制する局面を迎えた。所謂「女主」の支配である。

（1）和帝の場合では、皇太后の兄弟がそれぞれ大将軍と中常侍の位にあったが、宦官では帝（孫程）と太后（蔡倫）の側に、比重が異なって連携していた。帝の場合は嘗て太后に養われた経緯があり、その心情に拘束された点が認められる。これらを全体的に俯瞰すると、各々が血縁的紐帯を中心として、それに宦官が結ばれていた統治集団であったと言えよう。

（2）安帝期では鄧太后が安定した統治を行うが、それは側近の中常侍曹騰を介して、外朝に名士を抜擢し官に就けると言う方法が採られたためである。太后の儒家思想の発露と言える。兄に当たる鄧隲は車騎将軍から大将軍に就き幕府を開くが、彼は内朝に永く居るのを好まず、幕下に賢士を登用して、太后の政治支配を安定せしめた。こうしてこの時代は和帝期に比して血縁関係に依存する統治はより稀薄だと言えよう。鄧太后の劉氏擁護は外朝においても当然、賛同する所であって、安帝は表面には出ないが、それでも安定した政治局面を現出した。しかし、太后没後は江京一派と樊豊一派とが宦官同士で対立しており、外朝の重臣楊震を協同で排除すると共に、北郷侯を擁立する閻顕が樊豊ら一派を排除しつつ江京らと協同して、北郷侯の就位を確実にせんと試みた。しかし、元皇太子の済陰侯を支持する宦官孫程らが閻顕一派を排除する実力行動を取って、済陰侯を就位させることに成功した。これが順帝である。

（3）順帝期では、梁太后は女主支配を行っているが、それは儒家思想を中心とする政治であった。しかし兄・梁冀が大将軍となって権力を振い、順帝死去後の質帝を毒殺するなど、専制的な振る舞いがあり、多くの人士の顰蹙を買った。一方、宦官曹騰は外朝に名だたる名士を登用して、太后の支配に協力している。しかし後年、兄の影響で太后が正道を外れた為に、天下の失望を買うに至る。やがて後に、桓帝は中常侍単超らと協同して、この梁冀を誅殺して、親政の実を奪回するに至った。

（4）桓帝は親政したものの、その実現に功のあった宦官は「五侯」が中心となって専権した。則ち「自是、権帰宦官、朝廷日乱矣」（『後漢書』七八）とある。桓帝が崩じ、霊帝が即位するが、弱年のため、桓思竇太后が臨朝称制することは恒例の事態であった。后父の竇武は称制の政治を左右する宦官の排除を企図するが、太后本人は罪ある者は別として、総ての宦官を排除するのは反対だとしてそれを認めない。そして宦官・朱瑀が逆に竇武の奏を盗み見して、これが「廃帝大逆」の企てだとして竇武を誅殺するに至る。

（5）宦官呂強の場合では、同僚の曹節・王甫らが「品卑人賤」であると批判し、選挙権を尚書から往年の三府に戻すように求めた。呂強は宦官ながら儒家の素養を基に、貪汚な常侍たちを批判したのである。彼の伝記には清廉な五人の宦官が記されている。呂強は春秋穀梁伝を引用しつつ上奏しているように、この頃、宦官らにも学問の素養のある人物があらわれて来ている。

（6）ただ霊帝期に中常侍であったのは張譲・趙忠で、彼らは外に総勢一二人で構成されていた。彼らの父兄子弟が州郡に配置されて「貪残為人蠹害」と収奪を事とする事態を招いた。こうして遂に黄巾の乱が起こり、その為、後漢王朝は崩壊に至るのである。それは「宦者列伝」の末尾の「論」に「西京自外戚失祚、東都縁閹尹傾国」とある通りである。

注

「後漢期、皇帝・皇太后の政治と儒家思想」（『史学研究』第二五六号、二〇〇七年）

6　曹魏王国の成立

序

後漢王朝は宮中を占めた宦官の専横によって、外朝の儒家的官僚と、朝廷内部で権力をめぐって闘争したばかりか、宦官子弟の地方官統治によって、その争いは全国的規模に発展する。地方における彼らの厳しい収奪が、やがて農民の反乱を引き起こし、五斗米道のような宗教の介在によって、黄巾の乱と呼ばれる大反乱を惹起する。この時期にはまた、群雄たちが各地に割拠して、互いに攻伐をくりかえしていた。その中で頭角を現したのが曹操その人である。彼は後漢の献帝を迎えるとともに、やがて許都において王位に就き、天下に号令する名目を得た。そこで、献帝を奉戴する漢王朝の諸臣と、魏王に就位した曹操の部下たる魏臣の間に、如何なる関係が生じたか、この問題を本論文で取り上げることにしたい。

一

建安元年に、「辛亥、鎮東将軍曹操自領司隷校尉録尚書事。曹操、封衛将軍董承為輔国将軍、伏完等十三人為列侯、……庚申遷都許……冬十一月丙戌、曹操自為司空行車騎将軍事、百官総己以聴」（『後漢書』九）とあって、曹操は流浪していた献帝を許都に迎えて、天下に号令する大義名分を得たことは〈序〉において記述した所である。

それ以前には、董卓が太師と自称して、漢廷において権力を振っていたが、初平三年四月辛巳「誅董卓、夷三族。司徒王允録尚書事、総朝政」（同前）とあるように王允によって、あえなく殺害されてしまった。建安五年春正月には「車騎将軍董承・偏将軍王服・越騎校尉种輯受密詔、誅曹操、事漏。壬午、曹操殺董承等、夷三族」（同前）と、帝の親族の董承による曹操暗殺の企図があったが、それは失敗に終わる。そして、この五年に孫策、七年に袁紹が相次いで死去し、曹操にとっての大敵はこうして居なくなった。そこで一三年六月には「曹操自為丞相」となり、同年八月壬子には「曹操殺太中大夫孔融、夷其族」（同前）とあるよう、漢室を支持する孔融を誅殺する。敵対的人物排除の嚆矢である。既述の董承は献帝の外戚であって、曹操を除く密詔を蔵していたと言うから、漢室にとって脅威となりつつあった曹操の排除が計られたものである。「恵棟曰、献帝起居注、承等与劉備等、兵発而備出。承謂服曰、郭多有数百兵、壊李傕数万人。但足下与吾同否耳。服曰、惶懼不敢当。且兵又少。承曰、挙訖得曹公成兵、顧不足耶。服曰、今京師豈有所任乎。承曰、長水校尉种輯、議郎呉碩是吾腹心弁事者、遂定計」（『後漢書集解』）とあるのを見ると、董承の側は武力を欠いており、それが事の成否を決めた。後者の孔融については「河南尹何進……既拝而辟融挙高第、為侍御史、与中丞趙舎不同、託病帰家。後辟司空掾拝中軍侯、在職三日、遷虎賁中郎将」（『後漢書』七〇）とあって、漢朝の官にあったが、「融知紹・操終図漢室、不欲与同。故怒而殺之。融負其高気、志在靖難而才疏意広、迄無成功、在郡六年」（同前）とあり、曹操が漢室を奪う意図があるとして、曹操の政策を悉く批判した為、彼の勘気を蒙って、殺害されたのである。先に孔融は「及献帝都許。徴融為将作大匠、遷少府」とあるように、献帝の下で少府の官位にあった。しかし以後も「時年飢兵興、操表制酒禁。融頻書争之、多侮慢之辞。既見操雄詐漸著、数不能堪。故発辞偏宕、多致乖忤」（同前）などと、曹操の意志に逆らう発言が度々あった。それは漢臣の立場からする思想的批判に基づく。しかし「然以融名重天下、外相容認而潜忌正議、慮鯁大業」とあるように、孔融は世間的に有名であったので、曹操は表だっての処分はしなかった。曹操がこのように孔融を嫌っていたため、それを受けて「山陽郄慮、承望風旨、以微法奏免融官、因顕明讐怨。操故書激厲」（同前）とあるように、曹操の意志を推測した郄慮が孔融の免官を上奏した。そして、「歳余、復拝太中大夫……曹操既積嫌忌而郄慮復構成其罪。遂令丞相軍謀祭酒路粋、枉状奏融曰、少府孔融……又融為九列、不遵朝儀、禿巾微行……又前与白衣斑衡跌蕩放言、云父之於子、当有何親、論其本意、実為情欲発耳。子之於母、亦復奚為。譬如寄物缻中、出則離矣。既而与衡更相賛揚。謂融曰、仲尼不死。融答曰、顔回復生。大逆不道。宜極重誅。書奏、下獄棄市。時年五十六、妻子皆被誅」（同前）と言う経過があって後に、孔融の妻子を含めて、彼の一族は処刑されてしまう。この事件は漢臣である孔融が思想・言論を以て、漢室より権力を奪おうとする曹操に真っ向から抵抗したものであった。この件について「初京兆人脂習元升与融相善。毎戒融剛直。及被害、許下莫敢収者、習往撫尸曰、文挙舎我死、吾何用生為。操聞大怒、将収習殺之。後得赦出」（同前）とあるように、孔融を惜しむ人物が当時、世間にかなり多数存在していたらしい。言い換えれば、これは漢朝への支持を意味する。

二

孔融とは別に、曹操が信頼していたと評判のある荀彧の場合を見よう。「十七年、董昭等欲共進操爵国公九錫備物。密以訪彧。彧曰、曹公本興義兵、以匡振漢朝。雖動庸嵩著、猶秉忠貞之節、君子愛人以徳。不宜如此、事遂寝。操心不能平」（『後漢書』七十）とあるように、彼は漢朝を擁護する為に、曹操を支持すると言う初発の観念を持続していた。『習学記言』巻三十一に「曹操之興、荀彧本欲扶持接続漢事。操不用、又殺之」とあるのもまた、同様の意見である。そのため結局、晩年になって「操饋之食、発視、乃空器也。於是飲薬而卒。時年五十」（同前）とあるように、操と意志の齟齬を来たし自殺に追い込まれてしまった。『二程子抄釈』巻二には「是時、未知操有他志也、……在彧為不智……」とあり、荀彧が曹操の奪漢の意志を知らなかったとして、彼の無智を指摘する。そうした経緯から、漢と魏の関わりに、とりわけこの荀彧の存在が注目されるのである。荀彧は「南陽何顒異之曰、王佐才也」(『魏志』巻一〇荀彧伝)とあり、その才能が若年から評価されており、初平二年に曹操に従い司馬の位置を得た。「明年、太祖領兗州牧、後為鎮東将軍。彧常以司馬従」とあり、建安元年になって、「太祖遂至洛陽、奉迎天子都許。天子拜太祖大将軍、進彧為漢侍中」(同前)と侍中に就いた。ここに「漢」の字が特記されていることについて、注で李清植は「曰、見於彧官独書漢。蓋原其本志、非魏純臣、与攸・詡等異……」と云い、同じく劉咸炘は「曰、当時、魏台已建。漢官自当書漢以為別。何用意之有」と、既に魏台が建てられていたと解する。しかし、王弼の按文によれば「魏国初建在建安十八年……建安初、元無所謂魏、安得有台、劉説誤」と劉説を批判している。ここで指摘のように劉氏の解釈は誤っている。建安一七年になり「董昭等謂太祖、宜進爵国公九錫備物、以彰殊勲。密以諮彧。彧以為……不宜如此。太祖由是、心不能平。……留彧以侍中・光禄大夫、持節參丞相軍事……彧疾留寿春、以憂薨……明年、太祖為魏公矣」とあって、董昭らが九錫を受ける事を操に勧め、事前に荀彧に計ったところ、彼は九錫の議は良くないと評した。曹操はこれを聞き、彧に不快感を抱いたと言う。そこで「留彧以侍中・光禄大夫・持節參丞相軍事」と侍中のまま留任させている。これについて「先、文貞公曰、……彧之侍中、原是漢官、未曽仕操。操建国称魏、則彧死而後、操為之其阻」と注して、荀彧が漢官を一貫して保持し、曹操には従わなかったものと解している。また「潘眉曰、彧前沮復古九州、後又沮九錫議、彧薨。太祖遂為魏公。是年即復十四州為九州」とあり、荀彧の死後、曹操は九州・九錫・魏公等の懸案を憚り無く実現したことになる。韓恭盧の云うには「文若知略不世。魏武特以事際相需、其異忌之久矣。且同為漢臣、与結分委贄者亦異、是太祖内憂也」とあって、荀彧がいること自体、曹氏にとって憂いの種であり、必要な事以外では彼を忌避していたと述べている。総括的に『管城碩記』巻一八に「蘇東坡曰、荀文若、其才似子房、其清似伯夷」としていて、彼が漢臣で一貫した姿勢を蘇東坡は評価している。

以上のごとき荀彧評価に対して、『黄氏日抄』巻三四には「荀彧未見其有扶漢之心。其死何足悲」と記述して、彼は漢朝に忠実な臣ではなかったとし、『管窺外篇』巻下では「彧本非忠於漢者、不過以九錫之議為董昭所先、已不得為佐命元勲。又慮操、或怨己。故自殺以留忠漢之名於後世耳」と、九錫の件は董昭に先行されたのを憾むだけであり、反対意見が扶漢の意志とは言えないと見る。『能改斎漫録提要』にも「今観其書、以荀彧為漢之忠臣……其是非甚為乖……」とあって、彼は漢朝の忠臣ではないと断ずる。同書一〇巻にも同様に「荀彧、漢忠臣而杜牧著論、譏之云。彧平日為曹操画策。嘗以高祖比之。則是与操反無疑。予則以為不然」とある。また『御製読荀彧伝』で見ると「予読范煜・荀彧伝而歎煜之有史材而無史識也。……蓋遷・固之失……若煜之称彧、以帰正成仁則何異乎。誉盗跖為義而美桓温。以匡主之忠邪。善乎劉友益之論彧、云身為漢臣、為操謀画、以賛其業、業已成矣……操之移漢成魏、其陰謀秘策、皆彧有以佐之。即其沮董昭之議、母亦内慙……而操已不能平。至於発伏完之書為狙詐之計、禍生空器、卒至飲酖所為進退無拠、孽由自作耳。而煜乃以為崇明王略、紓務可乎。彧之事、人不難知而已。有転倒是非、如煜者。吾于是、歎史識之難得而任好悪為予奪者、蓋亦不少矣」と述べて、荀彧は漢臣でありながら、曹操の政策に参画し、その業を達成させたと述べている。すなわち彧は漢臣のまま、実質は曹操の為に働いたとする評価を下す。更に『三国志補注』巻二の「宋景文筆記」には、「曰荀彧之于曹操、本許以天下。及議者欲加九錫。彧未之許、非不之許。欲出諸己耳。操不悟。遂殺之。然則天奪其爽、以誅彧。寧不信乎」とあって、荀彧は本来、曹操の為に計っていたが、九錫の議も董昭が先行して、自分が提出できなかっただけであったのに、曹操はこれを悟らず、結局、彼を殺してしまったと評する。ただ彼が漢臣で有るかどうかについてはこの「筆記」では触れていない。ここで問題の焦点「九錫」については別に、『三国雑事』巻上に「董昭建議、曹公宜進爵、国公九錫。備物以彰殊勲。荀彧称曹公興師本為朝廷。君子愛人以徳、不宜如此。曹公由是不平。彧以憂卒。論者曰、彧叶規曹氏、以傾漢祚、晩節立異、無救運移」とある。乃ち曹操は漢朝の為に師を興したものと、荀彧は理解していた。そのため晩期になってから曹操に異論を立てても既に遅かったと言うのである。また『経済文衡』後集、巻二三には「胡氏論、彧為操謀臣而劫遷九錫二事、皆為董昭先発、故欲少緩九錫之議、以俟他日、徐自発之、其不遂而自殺……」とあって、荀彧は九錫賜与に賛成だったが、董昭に先を越された為、結局、自殺に追い込まれたと見る。また『蓮峰集』巻八の「荀彧論」には「操不能忍、于朝夕速欲得志、以自暴露其姦状事、未集而天下已明……彧実不知操之終取漢也」とあって、荀彧は曹操の漢朝を奪う意図を悟らなかったのだと云う。同書の「荀彧迹而心一論」には「曄之説、則彧之迹疑於魏而心一於漢。以吾観之、則彧之心一於魏、而迹疑於漢何哉。取漢者雖操也。而取之者彧也」とあって、范曄の意見によれば、荀彧は漢に心を留めて居たとする人がいるが、自分の意見はそうでなくて、荀彧の心情は魏の側にあったと反論している。別に『御製文集』初集、巻二一、「読荀彧伝」には、九錫の問題後、「操已不能平、至発伏完之書、為狙詐之計、禍生空器。卒至飲酖」と述べて、昔年の罪状が自殺の一因であると見なす。『三国志文類』巻三四、「裴松之難陳氏評荀彧」には「世之論者多譏彧、協規魏氏以傾漢祚、君臣易位、寔彧之由、雖晩節立異、無救運移功。既違義、識亦疚焉。陳氏此評蓋亦同乎世識」とあり実際上、漢祚を傾けた責任者は荀彧であって、晩年になってから魏武に異論を呈しても既に遅いと言い、陳氏の批評は世の常識と同じだと批判している。さらに『大倉稊米集』中の「荀彧論」には「魏之取天下也為之謀主者、其誰哉。文若是也。……其志在天下。此豈有意於漢者而欲納其忠焉。是真可笑也。……彧為操謀主、其取天下之大尽、皆出其智。……蓋牧之之意以謂漢室既不可復。……則為蒼生而請命、非操不可。彧固当助操、以成其謀而不当逆操、以殺其身也。此特一偏之論耳。君子之大節不在是也」と述べて、荀彧が漢朝に忠誠であったとする意見を否定している。

別に『大事記続篇』巻二〇に「解題曰、袁暐・献帝春秋、董承之誅、伏后与父完書言、司空殺董承。帝方為報怨。完得書以示彧。彧隠而不言。後恐事覚、欲自発之。因求使至鄴勧操、以女配帝。操曰、今朝廷有伏后、吾何得

以配上。彧曰、伏后無子、性又凶邪、往嘗与父書言辞愧悪、可因此廃也。操曰、卿昔何不道之。彧陽驚曰、昔已嘗為公言也。操曰、此豈小事而吾忘之。彧又驚曰、誠未語公邪。昔公在官渡……恐増内顧之念、故不言耳。操曰、官渡事後、何以不言。彧無対。謝闕而已。操以此恨彧。而外含容之。故世莫得知。至董昭建立魏公之議。彧意不同。欲言之於操……操知彧欲言封事、揖而遣之、遂不得言。彧卒於寿春。寿春亡者告孫権言、操使彧殺伏后。彧不従、故自殺」とあって、伏后の件について、彧と操の間に齟齬のあったことを記す。この件については『六芸之一録』巻二六一に「献帝春秋曰、荀彧卒於寿春。寿春亡者告孫権言、曹操欲荀彧殺伏后。彧不従。故自殺」とあって、この証言は荀彧の部下のものかも知れないが、曹操が伏后の殺害を彧に要請した事が彼の自殺の原因であるとする。この『大事記』の記述について、これが史実であるか否かは明らかではないが、漢・魏の交替をめぐって、それに絡む人間関係の軋轢があったことは確かであろう。ここではまた、『資治通鑑』を引き「楊時曰、荀彧……乃独不知曹氏之無君乎。其拒董昭之議、豈有忠貞之節歟……乃欲潜杜其不軌……」と、楊時が荀彧を評価していることを述べている。更に『欒城後集』巻九は荀彧の死について、「君子惜之、或以為文若先識之未究、或以為文若欲終致節於漢氏。二者皆非文若之心也。文若始従曹公……固以帝王之業許之矣。豈其晩節復疑而不予哉。方是時……中外之望属於曹公矣。雖不加九錫、天下不帰曹氏而将安往。文若以為劫而取之、則我有力争之嫌。人懐不忍之志。徐而竢之。我則無嫌而人亦無憾、要之必得而免争奪之累。此文若之本心也。惜乎曹公志於速得不忍数年之頃、以致文若之死。九錫雖至而禅代之事、至子乃遂此。則曹公之陋而文若之過也」と述べて、九錫の受容を遅らせることによって、魏武が漢朝を奪ったとの汚名を避けることに荀彧の本心があったのだと見ている。また『誠斎集』巻九二では「或問荀彧、魏従而漢殉、孰忠乎。楊子曰、漢魏均忠也。一則以心、一則以身」と云う楊氏の評価がある。以上、荀彧についての問題点は（1）漢臣であるか、魏臣であるか。（2）伏氏との関わり。（3）九錫の件。（4）荀彧からする曹操評価。大体、この四点に集約できよう。上記引用の諸説は（1）について多少曖昧で、論及を避けている。しかし、その判別は荀彧の辿った官職から明らかになるように思われるので、『魏志』巻一〇の伝記をもとに、荀彧の官歴を見ると、

1	初平二年、司馬。
2	初平三年、司馬。（太祖・兗州牧）。
3	建安元年、漢・侍中、守尚書令。（太祖奉迎天子、拝太祖大将軍）。
4	建安八年、表封彧為万歳亭侯。（太祖録彧前後功）。
5	（建安九年、或説……置九州。彧、反対）。
6	建安十七年、侍中・光禄大夫、持節参丞相軍事。（同年、董昭……宜進爵国公、九錫備物。密以諮彧……太祖本興義兵、以匡朝寧国……不宜如此。太祖由是心不能平）。

となっており、建安年中の官は侍中職であって、全く変化していない。ただ一七年に「持節参丞相軍事」と附加されている点のあるのはどうか。「節」は天子より賜るものだとすれば、献帝が特に配慮して、彼を丞相軍事（曹操の軍事補佐）に参与させたとの意であろうが、そこには彼に対する天子・献帝の配慮が窺える。こうして見てくると、荀彧は漢官から魏臣への移動は全くない事が解る。従って（1）について答えは出た。（2）の伏氏との関わりを荀彧と曹操との対話でみると、彧の発言は全く弁明に終始していて、彼の内心の動揺をここから知りうる。ここから見ると、曹操の彼に対する不信の有ったことが窺える。（3）九錫問題はその経緯からして、荀彧の反対は明確で、「彧自身が提起する場合には」という上記の諸見解は成立しないと思う。次ぎに（4）荀彧からする曹操の評価であるが、まず八年の封侯については『彧別伝』に「宜享高爵、以彰元勲。彧固辞、無野戦之労、不通太祖

表。太祖与彧書曰、与君共事以来、立朝廷、君之相為匡弼、君之相為挙人、君之相為建計、君之相為密謀亦以多矣。夫功未必皆野戦也。願君勿譲。彧乃受」とあって、曹操は彼と共同で事業を行ってきたことを述べて、野戦のみが功ではないと主張し、高爵を受けるよう説得している。この経緯で見ると、曹操が彼にたいして辞を低くして封爵を受けるよう求めている様子が窺える。従って、この建安八年段階では両者の間には妥協が成立していて、この時点では両者の間に明らかな対立が生じているとは言えない。九年段階には九州問題があったが、その年から一一年にかけて「太祖以女、妻彧長子惲。後称安陽公主……十二年復増彧邑千戸、合二千戸」（『魏志』巻一〇）とあるように、太祖の荀氏への気遣いがなされていて、曹操の彧に対する具体的な配慮が感ぜられる。こうしてみてくると、双方の決定的破局は矢張り九錫問題のように思われるのである。以上、総括して見ると、曹操が漢朝を維持する限りにおいて、荀彧は彼に協力したが、それが失われると、曹操を見切ったと言うことなのであろう。

次に楊修の場合は後述するが「好学有俊才。為丞相曹操主簿、用事曹氏」とあるが、「又嘗出行籌、操有問外事。乃逆為答記、勅守舎児。若有令出依次通之。既而果然、如是者三。操怪其速。使廉之知状。於此忌修。且以袁術之甥。慮為後患。遂因事殺之」（『後漢書』五四）とあって、彼は往年、曹操の仇敵であった袁術の甥である経歴とともに、「二十四年秋……臨死謂故人曰、我固自以死之晩也。其意以為坐曹植也」（『魏志』注、典略）とあるように、曹操の次男・曹植擁立派に加担していたことが、その死につながっている。

以上、孔融・荀彧は共に漢朝に心を寄せ、曹操の漢朝簒奪の意図を抑止しようと試みたのであって、彼らは集団的謀反ではなく思想的、個人的立場からの抵抗であった。しかし、こうした漢室擁護の思想と言論が結局、彼らの死に結びつく事になる。『文章弁体彙選』巻二八九、「三国志序」に反曹操の人物を「古今奸雄亦未有過操焉者也。当時欲殺操・丕者、董承・劉陽・魏諷・金禕・耿紀・韋晃・吉本・李邈・邈弟穆耳」と列記している。ここに董承は献帝の外戚で操排除の密詔を受けていたと言われる。劉陽と友人だった王朗は『郝氏続後漢書』巻三二に「見漢室衰微、知操有雄才、終為国禍、意欲除之。而事不会。及操貴、求其子欲殺之、甚急。其子惶窘走伏無所。陽親旧雖多、莫敢蔵者、朗乃納之。積年……操乃赦之」とあって、曹操の排除を意図したが、機会に恵まれなかったらしい。その他の人物は後に記す謀反の構成員である。

三　吉本の乱

この反乱は建安二三年に起る。ただこれまでの建安期、約二〇年の間に、曹魏幕府政権の基礎はほぼ固まって来ていたのであり、これを覆すのはいかにも困難であった。先行する「反魏」の事件に関わる個別の人々は何れも名家出身で、漢王朝の擁護を心に秘めており、漢朝擁護の思想にこそ曹操批判の根拠があった。一方、曹操はこれら漢臣・魏臣の別にとりわけ顧慮せず、それら士大夫たちを、とりあえず漢の重臣たる自分の周囲に結集する事に努めた。その上で自己の政権基盤を確立せねばならず、同時に前者を強化して行くと共に、後者を徐々に減衰させる試みをたゆみなく継続した。吉本の乱はまさに後者に属する組織的抵抗であると思われる。『魏志』巻一、武帝紀に「二十三年春正月、漢太医令吉本与少府耿紀、司直韋晃等反攻許。焼丞相長史王必営。必与潁川典農中郎将厳匡討斬之」とあるのがその内容である。ここに見える王必とは「魏武故事載令曰、領長史王必是吾披荊棘時吏也。忠能勤事、心如鉄石。国之良吏也。蹉跌久未辟之。捨麒麟而常馬。遑遑而更求哉。故教辟之。已署所宜便以領長史統事如故」とあるように、曹操起兵以来の腹心の部下である。さて、この謀反の構成員を見ると『三輔決録』注に「時有京兆金禕字徳禕、自以世為漢臣、自日磾討莽何羅、忠誠顕著、名節累葉。覩漢祚将移。謂可季興。乃喟然発憤。遂与耿紀・韋晃・吉本・本子邈、邈弟穆等結謀。紀字季行、少有美名。為丞相掾、王甚敬異之。遷侍中守少府。邈字文然。穆字思然。以禕慷慨、有日磾之風。又与王必善。因以聞之」・「禕自以世為漢臣……憤曹操将移漢鼎、有志興復。遂与少府耿紀、司直韋晃、大医令吉本、本子邈、邈弟穆等合謀……紀少有美名。為丞相掾、操甚敬異之……又与操長史王必善」（『続後漢書』巻二一、金褘）等とあるように、反乱構成員の氏名が挙げられている。反乱の企図と行動の経緯は「若殺必、欲挟天子、以攻魏。南援劉備。時関羽彊盛、而王在鄴留。必典兵督許中事。文然等率雑人及家僮千余人。夜焼門攻必。褘遣人為内応。射必中肩。必不知攻者為誰。以素与褘善。走投褘。夜喚徳褘。褘家不知是。必謂為文然等。錯応曰、王長史已死乎。卿曹事立矣。必乃更他路奔。或曰、必欲投褘。其帳下督謂必曰、今日事竟知誰門而投入乎。扶必奔南城。会天明、必猶在。文然等衆散。故敗後十余日。必竟以創死」（同前）とあることから、明瞭である。別に『献帝春秋』によると「収紀・晃等、将斬之。紀呼魏王名曰、恨吾不自生意、竟為群児所誤耳。晃頓首搏頬、以至於死」とあって、耿紀の死が記されている。また、『山陽公載記』に興味深いエピソードが見える。すなわち「王聞王必死。盛怒召漢百官詣鄴。令救火者左、不救火者右。衆人以為救火者必無罪。皆附左。王以為不救火者非助乱。救火乃実賊也。皆殺之」とあるもので、この乱を契機として、曹操は漢朝に属する官吏達の処分を大量に行った事が解る。

なお、この反乱の主要メンバーはいずれも兵員を動かせる地位にはなく、初めから独自では成功を期待しがたいものであった。従って、彼らも先ず許都の魏軍を降した上で、天子を擁し、その後に、南方にいた関羽の軍と結んで、魏王の権力奪取を計画したのであったが、その連携が不十分であったために、結局のところ惨敗に帰したのである。

四　魏諷の変

この事件は舞台を鄴都に移し、吉本の事件と些か異なる様相を呈するが、関連史料が少ないので、その実態に迫りにくい難点がある。建安二一年夏四月甲午に「曹操自進号魏王」（『後漢書』九）とあって王国を創置したが、その中で百官を定める措置が実施された。その事態が魏諷の反乱の直接の引き金になったと思われる。吉本事件の翌年、建安二四年九月が、西曹掾魏諷の謀反した事件の始まりである。彼はもとより「在魏朝、以才智聞」（『魏志』巻六、劉表伝注）とあり、また「初太祖時、諷有重名、自卿相已下、皆傾心交之」（『魏志』巻一四、劉曄伝注）とあって、その存在は当代において重きをなしていた。その為、「……有惑衆、傾動鄴都、鍾繇由是辟焉」（『魏志』注、世語）とあるように、相国に就位していた魏の重臣・鍾繇が嘗て彼を辟召した事もあったわけである。『続後漢書』巻二一に、魏諷は「常憤曹操欲簒漢。潜結義勇之士与長楽衛尉陳禕、列侯張泉等、謀襲鄴誅操、興復漢室。未及期、禕懼白其事。為操所害、死者数十百人。義士莫不憤惋」とあるように、「漢室の復興」を目指していた。しかし、彼についての人物評価は一方では、「魏諷以才智聞、傅巽謂之必反、卒如其言」（同前）や「劉曄一見諷、孟達而皆云必反、卒如其言」（同前）と言うように、相反する人物評があったようである。そして「廙別伝曰、初廙弟偉与諷善。廙戒之曰、夫交友之美在於得賢、不可不詳。而世之交者不審択人、務合党、衆違先聖人交友之義。此非厚己輔仁之謂也。吾観魏諷不修徳行、而専以鳩合為務。華而不実。此直攪世沽名者也。卿其慎之、勿復与通。偉不従。故及於難」（『魏志』巻二一、劉廙伝注）とあるケースは、劉廙兄弟の間で評価が異っている。兄の廙は魏諷を徳がなく、徒党を為すことに務め、華美で質実でないと批判する。弟・偉の方は諷に加担して反乱に加わり、為に兄は連座した。それについて「劉廙坐弟、与魏諷謀反当誅。群言之操。操曰、廙名臣也。吾亦欲赦之。乃復位。廙深徳群」（『郝氏続後漢書』巻六六下・上）とあるように、陳群が兄・劉廙の赦免を乞い、彼を救済した。ところで、この乱の中心である彼・魏諷は次代「六朝」に風靡した「浮華」の新思潮に先んじる感性を持つ人物であったようで、『駢志』巻八には「吾観魏諷不修徳行而専以鳩合為務。華而不実、此直攪世沽名者也。卿其慎之、勿復与通、偉不従。故及于難」とあり、その「華」美を指摘する。魚拳は『魏略』の中で、この時代、儒家の教えが衰微して、名声によって辟召する方法で士大夫を選抜する事が行われたと指摘する。すなわち儒家の知識を官吏登用の試験内容とする従来のやりかたに代って、自己の意見を宣伝して世間で名声を博し、徒党の中で互を称賛する風潮が広がっていた。これによって官途を開くのである。『魏志』巻一四の董昭伝に「昭上疏陳末流之弊曰、凡有天下者、莫不貴尚敦樸忠信之士、深疾虚偽、不真之人者、以其毀教、乱治敗俗傷化也。近魏諷則伏誅。建安之末、曹偉則斬戮、黄初之始。伏惟前後聖詔、深疾浮偽、欲以破散邪党。常用切歯、而執法之吏皆畏其権勢、莫能糺擿、毀壊風俗、侵欲滋甚。竊見当今年少、不復以学問為本、専更以交遊為業、国士不以孝悌清修為首、乃趨以勢遊利為先。合党連群、互相褒歎。以毀訾為罰戮、用党誉為爵賞。附己者則歎之盈言、不附者則為作瑕釁。至乃相謂、今世何憂不度邪」とあるように、敦樸と浮華とを対比して、その当否を論じる記述が見える。また、『博物志』巻六に「相国掾魏諷謀反。粲子与焉。既被誅」とあって、蔡邕より万巻の書を受けた王粲の子もこれに関わっていたと言う。これでみると魏諷の党はこうした新知識層を基礎に形成されていたように思われる。

また、別に崔琰と言う人物は魏王の辟臣であり、建安一五年に曹操の「初置徴事」に就位し、操の魏王の時、推薦した楊訓が操の盛徳を発表したが「時人或笑、訓希世浮偽」（『魏志』巻一二）とされた。琰はその訓に書を送り、「曰、省表、事佳耳。時乎、時乎。会当有変時、琰本意譏。論者好譴呵而不尋情理也。有白琰此書傲世怨謗者。太祖怒曰、諺言生女耳耳非佳語。会当有変時、意指不遜。於是罰琰為徒隷。使人視之、辞色不撓。太祖令曰、琰雖見刑而通賓客、門若市人対賓客……遂賜琰死」（同前）と彼の「表」に対する感想を記した。これを誹謗の書と言う人があり、曹操は怒って崔琰を徒隷に落としたが、彼はそれに屈しなかったので、「賜死」に至ったのである。こうして曹操に対する批判は漢朝擁護のみならず、「浮華」と批判を受けた文学的風潮がその思想的背景をなしていた。『郝氏続後漢書』巻六六下・上に先掲『騈志』巻八と同様の記述があり、劉兄弟が魏諷を巡って意見を異にしていることが見える。乃ち浮華と徳義の対立である。

さて、魏諷反乱の原因は何か。漢朝擁護という趣旨は先行する反乱と共通していたのだろうか。魏諷の反乱に関与した者の中に文欽という人物がいる。彼は後年、反司馬氏の闘将として有名になったが、この魏諷の反乱にもまた、関与していた。『魏志』巻二八、毋丘倹の伝に「魏書曰、欽字仲若……父稷、建安中為騎将、有勇力。欽少以名将子、材武見称。魏諷反。欽坐与諷辞語相連。及下獄、掠笞数百当死。太祖以稷故、赦之」とある。彼は材武を以て称せられたとあるから、当然、兵も帯同していたであろう。後年、三国呉に降った以後の文章に「……共事曹氏、積信魏朝、行道之人皆所知見。然在朝之士冒利偸生、烈士所恥、公侯所賤、賈豎所不忍為也。況当塗之士也」と、魏朝の士の恃みにならぬことを痛憤し、続いて「恐秦川之卒不可孤挙。今者之計宜屈己伸人託命帰漢。東西倶挙爾。乃可克定師党耳。深思鄙言、若愚計可従、宜使漢軍克制期要、使六合校考、与周召同封、以託付児孫、此亦非小事也」（『魏志』巻二八）と述べている。書翰の宛先の郭淮は秦川（甘粛）地方に駐屯していたので、そこに、この文書が送付されたのである。各々が呉・蜀に依拠して魏を挟撃すれば、司馬氏を討滅できると言う趣旨であった。この文中で注意されるのは「漢東西」とある点であって、この漢は蜀漢のそれでなく、曹丕が奪った「漢朝」の謂である。そして文欽が自軍を「漢軍」と呼んでいるのも同様であろう。魏氏が奪った漢朝復活に彼はなお、期待を懸けている。このことは文欽が魏諷の反乱に参加した理由と関わりがあると思われ、魏諷の変のメンバーに漢臣が加わっていることと共に、漢朝擁護の実現可能性は小とは言えなお、そこに生き続けているのを見ることが出来る。さて、魏諷の変の参加者は次のようである。

張泉	列侯	張繍の子	誅国除。
王与	？	王粲の子	交友多数。

王焉	？	同　上	
劉偉	？	劉廙の弟	特原不問。
文欽	？	文稷の子	「少以材武見称」。父、魏武の故人、赦之。

首謀者の魏諷は先述のとおり、鍾繇の幕下にいた人物で、繇もこの変の責任を負うて、後に免職になっている。陳緯は長楽衛尉であったが、衛尉そのものは中二千石で、魏では衛尉卿（三品）と見える。長楽は長楽宮の意であろうから、太后の住居である。そこの警備を任せられていた官であろう。これが漢・魏どちらの官かはよく解らないが、この官は警備隊を持っていたであろうから、乱に際して兵を動かせるはずであった。その彼が直前に曹氏側に密告したために、この企てが発覚、魏諷の反乱はあえなく失敗する。時期は曹操が漢中に攻め入った時点で、いわば反乱の好機であったが、「大軍未反」（『魏志』巻一、武帝紀）ざる先に挫折してしまった。ここで言う期待した「大軍」が誰の兵力を指すのかは不明である。

既述のように曹操は武力で漢朝権力を奪取する方式を取ろうとしなかった。操自身、漢朝の中にあって、先ず大将軍・三公等の職務権限を以て幕府を開き、その後、魏王国を建て、それらの中に従来の漢臣を誘導しつつ、時間をかけて魏王の勢力を拡大する方法を採用した。（拙稿「曹操の時代」『歴史学研究』二〇七号、一九五七年）こうした漸進的権力拡大の理由は当時、漢臣の数がなお、多いこと、漢朝を擁護する観念が一般に強いこと等が挙げられる。従って曹操の時期に漢朝に替わる王朝樹立の目的は達成されなかったが、上記、曹操の建国への基礎作業の上に、長子の曹丕がそれを受け継いで、魏朝を成立させることになったわけである。

五　曹操時期の漢・魏官僚

この節では曹操の時代の二重権力の動向を個人別の検討を通じて、漢から魏への官僚の移行を見る事にしたい。しかし列伝に見える個々人の、漢・魏政権に何時・何れの側に属したかの判定は難しい作業である。その判定基準として、次の七点を目安としたい。

1、建安元年、「天子仮太祖、節鉞録尚書事（録尚書事、位上公、在三公上）」。一〇月「天子拝公司空、行車騎将軍」。……司空府。
2、建安三年、曹操・大将軍。初置軍師祭酒。（陶氏著作）……大将軍府。
3、建安四年、太祖自置中領軍一人。（『魏志』洪飴孫・注）
4、建安一三年、三公をやめ丞相を置き、曹操、丞相位に就く。……丞相府。
5、建安一八年、「魏国初建」……「漢初の諸侯王の制の如し」。太傅、内史、「中尉」、丞相「尚書」初置、「侍中」、六卿（陶氏著作）。
6、建安二一年、始置、奉常、宗正（陶氏著作）。
7、建安二二年、初置、衛尉。省西曹（陶氏著作）。

＊（陶氏著作）は、陶賢都『魏晋南北朝覇府与覇府政治研究』（湖南人民出版社、二〇〇七年）。
＊後付「漢臣の動向」表参照

ここで曹操の漢朝における位階上昇の過程を見ると、興平二年一〇月に「天子拝太祖兗州牧」と州牧に就き、建安元年二月に「天子拝太祖、建徳将軍、夏六月遷鎮東将軍、封費亭侯」、同年「天子仮太祖節鉞、録尚書事」に就位し、同九月「以太祖為大将軍、封武平侯」の命を受けた。その注に「漢東京、自為官位在三司上……位次丞相」と云う。ただ曹操は大将軍の位置を袁紹に譲った。その為、「天子拝公司空、行車騎将軍」とあるように、曹操は一旦、袁紹の下位の司空の位置に甘んずる。そして同九年に「天子以公、領冀州牧」と州牧となっている。既に建安四年に賈詡がその位置にあったので、詡を太中大夫に遷し、そこに曹操を充てようとしたのである。しかし、曹操はこれを辞退する。同一二年には「還鄴……大封功臣二〇余人、皆為列侯、其余各以次受封」（『魏志』巻一、武帝紀）、と曹操は部下の封爵を行った。『魏書』注、載公令に「与諸将・士大夫共従戎事……是以夷険平乱、而吾得竊大賞戸邑三万……今分所受租、与諸将掾属、及故戍於陳・蔡者……大与衆人悉共饗之」とあるところから、賞に預かった者は諸将、掾属及び陳・蔡を守備した者であった。同一三年になると「漢罷三公官、置丞相・御史大夫」（『魏志』巻一、武帝紀）との改革措置が行われ、同六月に「以公為丞相」（同前）とあって、曹操は三公が廃止された後、官僚頂点となった丞相に就く。漢朝の三公には先に楊彪・趙温が居たが、彼らは先後して、その位置を罷免される。その為、漢朝の外朝機能は機能しなくなって、その代わりに曹操が漢朝官僚の頂点たる丞相に位置して支配力を持った。丞相府が置かれて曹操は幕府を開き、信頼する属僚をそこに充てた。同一七年になると、「天子命公、賛拝不名、入朝不趨、剣履上殿、如蕭何故事」（同前）と、更に曹操の身分的待遇が上昇する。そして同一八年になって「天子使御史大夫郄慮持節、策命公為魏公」（同前）とあるよう、曹操は魏公位に就いた。そこには、「魏国置丞相以下、群卿・百僚、皆如漢初諸侯王之制」（同前）とあり、「其以丞相領冀州牧如故、又加君九錫」（同前）という措置がとられる。『魏書』注「載公令」にはこの時、官爵を授けられた士大夫の官位が列挙されている。ここにみる「諸侯王の制」とは、王のもとに、「太傅・内史・中尉・丞相」が配置されている。また「尚書初置」ともあって、侍中・六卿も置かれた（前掲、陶氏著作「第一章　覇府政治的開啓」参照）。そして同年一一月に「初置、尚書・侍中・六卿」（『魏志』巻一、武帝紀）とあるのは「趙一清曰、此魏国之官也、故曰、初置」（同前）と注に云うように、これは魏王国に設けられた官名である。六卿については「按漢以太常・光禄勲・衛尉・太僕・廷尉・大鴻臚・宗正・大司農・少府為九卿。王国省廷尉・少府・宗正三卿」（同前）とあり、「然、裴注於二十年、引魏書曰、始置奉常・宗正官。二十二年引魏書曰、初置衛尉官。斯時、九卿咸備其職、且所省者、亦非廷尉・少府。故始建国即以大理鍾繇為相国・大理・廷尉也。十九年注、魏送貴人有少府、則漢代王国所省之三卿、儼然在列、蓋始猶存謙益之名、継有帝制、自為之、漸随意置、省元不拘拘於漢旧儀也。六卿之名略見、黄初元年所改」（同前）との注記がある。翌一九年三月になって「天子使魏公位、在諸侯王上、改授金璽・赤紱・遠游冠」（同前）とあるように、諸侯王の上位に魏公曹操の位置を定め、続いて、二〇年一〇月に「始置名号侯、至五大夫、与旧列侯・関内侯、凡六等、以賞軍功」（同前）と名号侯を置いた。『魏志』巻一に拠ると、「置名号侯、爵十八級、関中侯、爵十七級、皆金印紫綬。又置関内外侯十六級、銅印亀紐墨綬、五大夫十五級、銅印環紐亦墨綬。皆不食租、与旧列侯・関内侯、凡六等」とあり、ここに名号侯を置くことを明記している。

更に建安二一年になって「夏五月、天子進公爵、為魏王」（同前）と、爵位を（魏）公から王に格上げした。翌、建安二二年六月には「以軍師華歆為御史大夫」と見える。そこに「銭大昕曰、……魏国初建為御史大夫。是歆為魏国之御史大夫、非漢廷之御史大夫也」との注記があり、華歆はこの時、「魏国」の御史大夫であると記す。「劉昭注百官志云、建安十三年、罷司空置御史大夫。御史大夫郗慮免、不得補。考建安十九年……慮尚在職、至二十一年、封魏王操則宗正劉艾行御史大夫事。二十五年禅位、則太常張音行御史大夫事。然則郗慮以後、漢廷無真受御史大夫、其説信矣」（同前）とあり、代わりの御史大夫（魏王国）はこの場合、補填されてはいない。見るように曹操の歴譜を辿ると順次、各段階の昇格があり、その際に、元の「漢朝」臣下たちの帰趨は決まっていくのである。そして、この官僚配置の基礎の上に嫡子曹丕に禅譲する事を予定して、二五年の春、「王崩于洛陽、年六十六」（同前）とあるように、魏王・曹操は死去したのである。

「表」による漢官転向の概要

別掲の「表」では一四二名の人物を挙げたが、漢官として途中、変化がなかったのは荀彧を筆頭に一九名である。その他の人物は途中で転向して魏臣になるが、それは先述の曹操・曹丕の官位上昇と関係している。大凡のところ「建安元年、二名。建安三年、四名。建安九年、二名。建安十三年、十四名。建安十六年、二十二名。建安十八年、二十名、建安二十一年、二十三名」となり、「表」による官僚らが転向した時点の概数がほぼ推定出来る。既に見たように、曹操が従来、漢の官僚体系に存在しなかった官職を順次創置し、そこに転向した漢臣を配置して行く。「魏公」位によって幕府を立てても、曹操自身は名目上、なお漢臣であって、それ以前はただ辟召権行使によってのみ個人的紐帯を構成するしか方法がなかった訳である。建安一三年には、「漢罷三公官、置丞相・御史大夫」（同前）とあって、漢の三公を廃止して、官僚のトップに丞相を置き、すべての漢吏を形式上、曹操指揮下の官吏に改変した。建安一六年には長子・曹丕が五官中郎将に就き、副丞相として、丕の配下に魏臣として官属を置いた。丕が独自に置いた「長史」には涼茂・邴原・呉質等が充てられている。建安一八年は「魏国初建」の年で「初置尚書、侍中、六卿」（『三国会要』魏覇府官）が漢朝の官職から外れて、独自に魏官とされた。更に建安二一年には「初置、奉常・宗正」（同前）と、ここに二官が追加されてこれも魏官となっている。建安二二年には加えて「初置、衛尉、省西曹」（同前）と新官職の配置がなされた。前掲、陶氏著作によって魏の「覇府」に関する部分を見ると、そこに三段階の展開があるとして、（1）発展期、（2）鄴城司空期、（3）覇府強固期と区分して、その内容を分析しているのが参考になる。

（1）・（2）は曹操の司空就位の時期で、前者は許都でその位に就き、後者の（2）は鄴城でその位を維持していた。（1）では趙温が漢の司徒として並行・在任し、この時、三公がなお分立していた。（2）では曹操がかねて支配していた冀州府を、魏の覇府の一部として編入する。（3）では漢・司徒の趙温が曹丕を辟召したが、曹操はこの行使を不満として、趙温を免職してその辟召権を奪い、漢・魏官の並立状態を解消させた。そして「列曹尚書は内朝から外朝に転じ、従来の少府の支配から丞相の統括に移行させた」（前掲、陶氏著作、二九頁参照）と言う。こうして魏官が制度改変によって順次、増加していることがわかる。それを手がかりに〈漢臣の動向表〉の人物を区分けして、上述のようにその数を計上することが可能となった。

六

漢・魏の臣の動静について、別途、注意すべきは曹丕と曹植の皇太子継承の争いである。この件で何名かの人物が漢・魏何れに拠るかが鮮明になる。

『魏志』巻一九、陳思王植の伝に「植既以才見異、而丁儀・丁廙・楊修等為之羽翼……植任性而行不自彫励、飲酒不節文、文帝御之……」とあり、この丁儀については「操欲以女、妻丁儀。丕以儀目眇、諫止之。儀由是怨丕……称臨菑侯植之才、勧操立以為嗣」（『資治通鑑』巻六八）とあるように、儀と曹丕との関係は悪化する。同書に「初丞相主簿楊修与丁儀兄弟謀立曹植為魏嗣。五官将丕患之……修忖度操意、豫作答教十余条……操亦以修袁術之甥悪之」とあって、楊修の場合で云うと、彼は曹植の推薦者として現れている。蘇則の場合では「植与其党蘇則」（『蕭氏続後漢書』巻四）とあり、「与蘇則……植聞魏代漢、発服」（『古今紀要』巻四）とあるように、彼も曹植の党人であり、植とともに漢朝の擁護派である。『魏志』巻二三に拠って楊俊を見ると、「初臨菑侯与俊善……称臨菑侯猶美。文帝以恨之」とあって、俊は曹植の才能を高く評価した為に、曹丕は俊を怨んでいたと言う。『魏志』巻二三に拠ると、「剌史梁習薦州界名士林及楊俊・王淩・王象・荀緯。太祖皆以為県長」とあって、当該の楊俊は崔林や王象らと同州の名士であって初め、曹操によって県長に補せられていた。そして彼は魏諷の反乱に連座して「魏諷等謀反。中尉楊俊左遷」と左遷されている。上記、王象はこの楊俊の推薦者であるが（『三国志文類』巻二九）、往年は「楊俊、同郡王象孩少孤。特為人僕隷……俊美其才質、即贖象、著家娉娶、立屋。然後与別。象官至散騎常侍」（『芸文類聚』巻九四）とあるように、楊俊の方が象を取り立てた経緯がある。この楊俊は曹植と仲がよかったので、曹丕は俊に含むところがあったらしい。やがて「丕以旧憤、殺俊、象叩頭……論救。丕曰、我知楊俊与卿本来。今聴卿是無我也。俊死。象以不能救俊為恨。発病卒」（『蕭氏続後漢書』巻四〇）とあって結局、楊俊は文帝に殺される。黄初二年のことである。その他に荀惲・孔桂がいた（「曹植」解説・伊藤正文『中国詩人選集』三、一九五八年、岩波書店）。前者は「彧長子……惲又与植善、而与夏侯尚不穆。文帝恨惲……」（『冊府元亀』巻三〇〇）とあり、また、『注易』一〇巻があり、「定音律」ともある。後者は博奕・蹴踘に長けて、太祖に愛されたと言う（『太平御覧』巻七百五十四）。

上記の人物たちが曹植の党を作り、彼を嫡子とすることを太祖に対し進言した。『魏志』巻一九に「太祖既有意欲立植、而儀又共賛之」とありまた、「丁廙字敬礼、儀之弟也。……建安中為黄門侍郎、廙嘗従容謂太祖曰、臨菑侯天性仁孝……欲以勧動太祖。太祖答曰、植吾愛之、安能若卿言。吾欲立之為嗣、何如。廙曰、……天下之所以存亡……廙不避斧鉞之誅、敢不尽言。太祖深納之」（同前）とあって、丁兄弟の曹植推挽があった。太祖自身の意向も一時それに対し肯定的であった。しかし『御批歴代通鑑輯覧』巻二七の建安二二年冬一〇月の条によると「他日、操屏人問賈詡。詡黙然不対。操問其故。詡曰、属有所思、故不即対耳。操曰、何思。詡曰、思袁本初、劉景升父子也。操大笑」とあって、賈詡の場合は嫡子優先の立場で曹丕を推す答弁をしている。ところで、曹氏兄弟の父・操に対する対応であるが、上記『歴代通鑑輯覧』の注に「操嘗出征、丕・植並送。植称述功徳、発言有章。左右属目。操亦悦焉。丕悵然自失。呉質耳語曰、王当行流涕可也。及辞、丕流涕而拝。操及左右咸歔欷。于是、皆以植多華辞而誠心不及也」とあって、曹操の出陣の際に兄弟の送別のやりかたに相違があった。ここに見る呉質と言う人物は「魏四友、司馬懿・陳群・朱鑠・呉質（号太子四友）」（『小学紺珠』巻六）とあるように、曹丕の側近である。本文において「植既任性而行不自雕饋。丕御之以術、矯情自飾。宮人左右、並為之称説。故遂定為太子」とあるのを見ると、宮人ら内朝官は曹丕を推しており、外朝官では儒家官僚の場合は丕を、「浮華」とされる文学派は曹植を以て、それぞれ太子にと推挙している。そして曹植を筆頭とする文学派は既述の丁兄弟・楊修の他、蘇則ばかりでなく「為酒泉太守、聞魏代漢、発服悲泣。魏初、左遷東平相」（『万姓統譜』巻一二）、「其弟植与其党蘇則等……名禅而実簒、謂之伝授可乎」（『蕭氏続後漢書』巻四）、書に巧みな邯鄲淳も（「操遺淳、詣植。植具酒炙、論文談兵、及当世之務。縦横無窮。淳出嘆植之才。謂為天人」（『郝氏続後漢書』巻六六下・上）、「原注魏略、植初得淳甚喜。延入坐不先与談、時天暑熱、植因呼常従、取水自澡、訖伝粉、遂科頭拍袒、胡舞五椎、鍛跳、九撃剣、誦俳優、小説数千言、訖謂淳曰、邯鄲生何如邪。於是、乃更著衣幘整儀容、与淳評説、混元造化之端、品物区別之意。然後、羲皇以来賢聖名臣烈士優劣之差次、頌今古文章賦誄、及当官政事宜所先後。又論用武行兵、倚伏之勢、乃命厨宰酒炙、交至坐席黙然、無与伉者。及暮、淳帰対其所知嘆植之材。謂之天人」とあるように曹植と対面・談論し、「于時、世子未立、操俄有意於植。而淳屡称植材。由是丕頗不悦」（同前）と見え、淳は植の卓抜した才能を「天人」と評して曹植を太子位に推挽した。曹操はその意見に触発されたのか一旦、植を太子にしようと思ったらしい。しかし、「嫡子」論（『魏志』巻一二、邢顒伝、「太祖問顒、顒対曰、以庶代宗、先世之戒也」）のみならず、「植荒酒自穢」（『通志』巻一〇六）、「植既任性而行、不自雕饋」（『御批歴代通鑑輯覧』巻二七）と有るような恣意の振る舞いの多い曹植の性質や、「楊修……忖度操意、豫作答教十余条」と有るような側近の入知恵などが、曹操の意に逆らうものであったため、遂に曹丕に傾いたのである。ところで、才能豊かな曹植の知識は詩文に止まらず、「植毎読仏経。

留連嗟玩、以為至道之宗極、転読七声、昇降曲折之響。世皆諷而則之遊魚、山聞有声、特異清颺哀婉、因倣其声為梵賛。……」（『仏祖歴代通載』巻五）「法苑珠林唄讃篇云、陳思王曹植毎読仏経、以為至道之宗極、遂製転讃七声、升降曲折之響、故世之諷誦、咸憲章焉」とあって、西伝の仏教に深い理解があったと言う。これに反して、曹植の伝記中に、儒家の経典は幼年期の論語学習以外には論及されていない。ここから見ても、伝統の教学は彼の興味を殆ど引かなかったようである。

以上、継嗣を巡って漢・魏官僚らの意見が異なっていたことを上述した。そのうち曹丕支持者は儒家の伝統思想による嫡子本位が判断基準であり（例えば陳琳、賈詡、路粋、陳群、辛毘ら）、これに宮人が追従する。一方、曹植支持者は伝統を離れた新思潮（例えば仏教・文学）の支持者が多く、彼らは文才の卓抜した曹植に加担した。これを漢・魏交替の点からみると、後者が漢朝支持、前者が魏朝支持と、思想の新・旧から見ると一見、奇異な分岐のようであるが、それは「禅譲」の名目が実質は魏の政治的実力による漢朝の簒奪であることを、後者が非としたためであろうと思われる。終わりに付言するが、曹兄弟の間柄は上記の側近達の激烈な争いに拘わらず、相互に怨恨が深いようには見えない。『中国詩人選集』「曹植」中の「贈丁儀」の注（四四頁）に「曹植は父の意にかかわらず兄を王位につけた季札の徳義の高さを思慕するものである旨を丁儀に伝え……自分のこのような心情を理解せずに自分を王位に擁立しようと計る丁儀に、大義の所在を説いたと見るのである」（古直らの解釈）との解釈は一つの見方と言えよう。

結　語

後漢時代、最後の献帝の治政において、頭角を現した曹操は群雄を抑えて天下統一をめざした。蜀・呉が独立して三国が鼎立したが、その中で実力的には曹魏が他を圧倒していた。内政面で曹操は漢朝の官吏たちを対象に、おもに辟召制を通じて、徐々に魏武自らの傘下に彼らを吸収して行き、曹操が大将軍・丞相・魏王と順次、官位を進めるにつれて、その幕府において合法的に属吏を増加して行った。献帝統治名義の大枠の内であるが、実質的に魏武の私属集団が形成されたのである。その過程において漢臣は漸次少数化し、重要官職も名称の変更がなされるとともに、新規名称の下、魏国の官職が立ち上げられた。そして誰の目にも漢朝が衰退して行き、魏武がそれにとって変わると言う予測が可能になって行ったのである。荀彧を筆頭とする漢臣たちは急速にその力を失い、建安末には吉本や魏諷が武力による反乱を起こしたけれども何れも敗北に帰した。こうした中で、曹兄弟の何れが太子となるかの争いが内部に発生しており、兄・丕と弟・植がそれぞれの部下を結集して拮抗した。抑もの元と言えば、曹操が曹植の才能を高く評価して、一時、弟・植を後継者にする意向を示したことが事態をより紛糾させたのである。曹丕の支持者は嫡・庶の分を尊重する伝統思想に依拠する人々であり、曹植のそれは文芸を主軸とする新思潮派の成員であった。曹植が「天人」と評価される程に、卓抜した才能の持ち主であったことが多くの支持者を集めた理由である。そして曹植は兄・丕による魏の漢朝簒奪を良しとせず、旧朝の維持を内心、希求しており、植の党人もまた、同様であった。政治的に云うと、新思潮派が旧王朝を支持し、伝統派が新王朝を希求したと言う一見、逆の形になっている。曹植の党人幹部の楊修・丁儀らが処分されるという事件によって、漢朝に同情するメンバーは最終的に一掃されてしまい、曹丕による魏帝国が抵抗なく、成立する事になったのである。

漢臣の動向表

番号	姓名	備考
1	荀彧	守宮令・司馬と漢の官職を経て、建安元年に曹操が大将軍になり、幕府を開く際、侍中に就く。しかし、掾ではないので、彼の侍中発令は漢朝によるものであろう。建安一七年には同様、侍中・光禄大夫持節として、参丞相軍事とあって丞相府に関わる。しかし本官侍中は「漢朝」の職位である。
2	衛覬	司空掾属で曹操が司空になった際、そこに位置していた。次いで茂陵令となり、尚書郎・謁者僕射・監塩官を経て、尚書に就く。「魏国既建」の際に初置の侍中、「文帝即王位」の際には尚書とあって、「魏臣」を経験するが、「還漢朝、為侍郎」とあるよう、再度、漢臣となったと言う。それは「勧賛禅代」乃ち漢から魏に交替するための文章作りの為であった。禅代は漢帝から発せられなければならなかったからである。
3	荀攸	汝南太守から尚書に就位、冀州征討に際して、軍師、次で中軍師となった。前者は「漢」の位であり、後者は「魏」の官位かと思われる。「魏国初建」の際には尚書令に就く。
4	賈詡	漢朝の位の執金吾から、曹操が冀州牧になったとき、太中大夫に就位している。これも「漢官」であろう。
5	袁渙	沛南部都尉、梁相。諫議大夫（漢官）を経て、建安三年、丞相軍祭酒「魏臣」。「魏国既建」、郎中令・行御史大夫事となっている。
6	張純	司空掾、侍御史。泰山太守、楽浪太守、魏郡太守、甘陵相。（以上、漢官）（文帝・五官将）の際、長史、左軍師（この時、「魏臣」か）。「魏国初建」尚書僕射。中尉・奉常。「文帝東宮」の

		際、太子太傅に任じた。
7	張範	諫議大夫で終わる。建安一七年卒。「漢官」。
8	徐璆	任城・汝南・東海郡守、衛尉、太常「漢官」。（『献帝起居注』先賢行状伝、一三年）。
9	涼茂	（太祖辟）司空掾、侍御史。泰山太守・楽浪太守・魏郡太守・甘陵相。（以上、「漢官」）。（文帝・五官将）の際、長史、左軍師。「魏国初建」で尚書僕射。中尉・奉常。「文帝東宮」太子太傅（これらは「魏臣」であろう）。
10	国淵	（太祖辟）司空掾属。「征漢中」時、居府長史、魏郡太守、太僕等を歴任する。これらは「漢朝」の官位である。
11	田疇	（辟）、茂才。蓚令。議郎。（以上、「漢官」）。
12	田修	太祖から「督軍糧」に補せられ、（辟）司空掾、行司金中郎将。魏郡太守。「魏国既建」の際、大司農郎中令から奉常（建安二一年魏初置）となっている。（魏官）。
13	邴原	（太祖辟）司空掾。五官将長史。（「魏官」か）。
14	夏侯尚	建安一六年、曹丕の官属（文学）。
15	応瑒	上に同じ。
16	呉質	上に同じ。
17	趙戩	上に同じ。
18	王烈	丞相掾。

19	崔琰	（太祖・冀州牧）の際、辟され別駕従事。（太祖丞相）の時、東西曹掾属徴事。西曹掾、東曹掾徴事。「魏国初建」の際、尚書。中尉（漢官）。「太祖為魏王、罰琰為徒隷」。
20	鍾繇	建安元年には尚書僕射として漢廷にあり、曹操が漢中に出兵した際、前軍師で参加している。この発令は恐らく漢廷によるものであろう。「魏国初建」と、曹操が王国を構成したとき、彼は「大理」職に就く。漢官にはこの名称はないから、ここで彼は（魏官）となった。
21	毛玠	（曹操・兗州牧）のとき、辟され治中従事。操（司空・丞相）の時、東曹掾。「文帝五官将」召、不行。後、右軍師（魏官か）。
22	徐奕	（太祖・司空辟）掾属。丞相長史。雍州刺史。東曹属。魏郡太守。（漢官か）。
23	劉勲	平虜将軍・華郷侯廬江太守（犯法・非謀・免官）。
24	劉若	輔国将軍・清苑亭侯。同上。
25	夏侯惇	高安郷侯。同上。
26	劉展	建安中、奮威将軍高楽郷侯。同上。
27	鮮于輔	虎牙将軍南昌亭侯。同上。
28	董昭	軍師祭酒・千秋亭侯。
29	薛洪	都亭侯。
30	童蒙	南郷亭侯。

31	王粲	関内侯。
32	傅巽	関内侯。
33	王選	祭酒。
34	王朗	軍祭酒。「魏国初建」魏郡太守、御史太夫。「文帝在東宮」大尉。
35	張承	丞相参軍祭酒。
36	任藩	丞相軍祭酒。
37	杜襲	丞相軍祭酒。
38	韓浩	中領軍万歳亭侯。
39	曹茂	建安二二年、万歳亭侯。
40	王図	領護軍将軍。
41	萬潜	長史。
42	謝奐	少府。
43	袁覇	長史。「魏官」。（劉勲以下、二二人の列記人物について史料が少ない）。
44	何夔	司空掾属。城父令。長広太守。「魏国既建」の時、尚書僕射。侍御史。（太子即王位）大理正（魏官）。司馬芝も大理正で魏臣である。

45	華歆	議郎・参司空軍事。会稽太守。更に尚書。侍中。尚書令。軍師。「魏国既建」の際、御史大夫（魏官）、相国。注記に「臣嘗て漢朝にあり」とあるが、何時までか明白ではない。
46	王朗	菑丘長、諫議大夫、参司空軍事。「魏国既建」時、軍祭酒。魏郡太守。少府。奉常、大理を経て（文帝即王位）の際、御史大夫、太尉（漢官歴任か）。
47	程昱	太祖・兗州刺史。辟、寿張令。東平相。許都において、尚書。東中郎将。済陰太守、都督兗州事（「漢官」歴任）。振威将軍。奮武将軍、封安国亭侯。（魏国既建）時、衛尉。
48	郭嘉	司空軍祭酒、卒。
49	董昭	癭陶長、詔して議郎。符節令。建安三年、河南尹、冀州牧。諫議大夫、（漢官）。（転「魏官」）司空軍祭酒。「文帝即王位」のとき将作大匠。衛尉、司徒。
50	劉曄	（辟）司空倉曹掾。丞相主簿。行軍長史兼領軍（魏官）。後、大鴻臚（『名賢氏族言行類稿』巻三〇）。
51	蒋済	丹陽太守、別駕令、（漢臣）。（仕魏）中朗将（『氏族大全』巻一六）。（辟）丞相主簿西曹属。（文帝即王位）のとき相国長史（魏官）。（明帝）治中、中護軍（著論）。中書監令（古今事文類聚）、太尉（『蒋子万機論』巻二一）。
52	劉放	（辟）建安一〇年、至太祖参司空軍事。（歴）主簿記室。（出）郃陽・祋祤・賛令（漢官）。（魏国既建）時、秘書左丞（『初学記』巻一二）、（魏官）。中書監（『文献通考』巻一七、衛尉）。
53	孫資	太祖・司空（辟）功曹・計吏（資別伝）。県令。参丞相軍事（魏官）、「魏国既建」秘書郎。太和年、中書令（『資治通鑑』巻七〇）。正始元年に光禄大夫。

54	劉馥	（太祖・司徒辟）掾、揚州刺史（建安一三年）「広屯田、修塘陂」（『郝氏続後漢書』巻八九）（漢官）。黄初、黄門侍郎・廬江太守（魏官）。
55	司馬朗	（太祖辟）司空掾属。（除）、成杲令、堂陽長、元城令（漢官）。（入）丞相主簿、兗州刺史。征南軍師、「魏国既立」中尉（楊俊伝）。（建安二二年卒）。
56	梁習	（太祖・司空辟）漳長、乗氏・海西・下邳令。西曹令史。西曹属、以別部司馬、領并州刺史、（漢官）。（建安一八年）、議郎、西部都督従事。（建安二一年）、関内侯。太和二年、大司農（『北堂書鈔』巻五四）。
57	張既	（太祖・司空辟）不至。挙茂才、新豊令（漢官）。太祖以為議郎、参繇軍事使、京兆尹。（魏国既建）の際、尚書。（出）雍州刺史（『古今事文類聚遺集』巻一二）、漢興太守。
58	温恢	刺姦主簿（『折獄亀鑑』巻四）（挙孝廉）廩丘長、鄢陵・広川令、彭城、魯相。入為丞相主簿、（出）揚州刺史。（建安二四年）涼州刺史。文帝時、侍中。
59	賈逵	司馬郎（王凌と友善）。（挙茂才）澠池令。司徒（辟）掾。議郎参司隷軍事。弘農太守（漢官）。（太祖以為）丞相主簿、諫議大夫。（文帝即王位）の際、鄴令、魏郡太守、丞相主簿祭酒。黄初中、豫州刺史（賈侯渠・作）。
60	任俊	騎都尉、典農中郎将、（封）都亭侯。長水校尉（建安九年）（漢官）卒。
61	蘇則	酒泉太守、（転）安定、武都（太守）。金城太守。護羌校尉。侍中、吉茂と善。（漢官）。曹植の党人により魏初、左遷・東平相。
		郡功曹、鄭令、漢中府丞。（太祖以為）司空司直、護羌校尉使持節、領西平太守、河東太守（漢

62	杜畿	官）。（魏国初建）のとき尚書事平。（文帝即王位）時、関内侯、「魏国既建」尚書僕射（『墨池編』巻二）。徵為尚書（『通志』巻一一五下）。
63	倉慈	郡吏、（太祖開屯田）綏集都尉（魏官）。偏将軍（『氏族大全』巻一〇）長安令。
64	張遼	（太祖破呂布）中郎将、（賜爵）関内侯。裨将軍、盪寇将軍、征東将軍、（漢官）。桂陽太守、侍御史・兗州刺史（『捜神記』巻一八）。（建安二一年）（文帝即王位）時、前将軍。
65	楽進	（従太祖）帳下吏、軍仮司馬・陥陣都尉。討寇校尉（建安一一年、表漢帝）。折衝将軍（職官分紀）、右将軍（名賢氏族言行類稿）、建安二三年卒。
66	于禁	（太祖・兗州牧）都伯。（太祖召）軍司馬、平虜校尉、裨将軍、虎威将軍、左将軍。（建安二三年、蜀に降服）。還って安遠将軍（『記事本末』巻九下）。
67	張郃	（帰太祖）偏将軍、平狄将軍、盪寇将軍（建安一六年）軍主（漢官）。（文帝即王位）左将軍。車騎将軍。太和二年、右将軍。
68	徐晃	（帰太祖）裨将軍、横野将軍（建安一三年）、行征西護軍督（建安一四年）。（文帝即王位）（魏官）。平寇将軍（記事本末）右将軍（魏官）。正始四年、左将軍。
69	李典	青州刺史、潁陰令、中郎将、離狐太守（漢官）、裨将軍、捕虜将軍、破虜将軍（『通志』巻一一六）。
70	李通	振威中朗将（通志）（詣太祖拝）裨将軍（沈家本曰、魏氏列侯多由亭侯）建安三年、陽安都尉、（官渡戦）征南将軍。

71	臧霸	（太祖以為）琅邪相、（拝）掲威将軍、（漢官）。（文帝即王位）時、鎮東将軍、武安郷侯・都督青州諸軍事（魏官）。
72	文聘	討逆将軍（『郝氏続後漢書』巻八七中・上）、江夏太守（文帝就位の際）。正始四年、後将軍。
73	呂虔	涿郡太守（太祖以為）（領）泰山太守、騎都尉（『隷弁』巻八）。長沙太守（『太平広記』巻一六一）（漢官）。（文帝即王位）時、裨将軍、寿亭侯。徐州刺史、威虜将軍（魏官）。
74	許褚	都尉、校尉、（漢官）。（魏王始置）武衛中郎将、中堅将軍（魏官）（『職官分紀』巻三四）。
75	典韋	司馬、都尉・武猛校尉（『文章弁体彙選』）。
76	龐悳	中郎将（封）都亭侯、立義将軍（魏官）。
77	龐淯	（建安三年辟）、掾属。
78	曹彰	（建安二一年）鄢陵侯、（同二三年）北中郎将、行驍騎将軍、行越騎将軍（魏官）。
79	郄慮	（建安初）侍中、光禄大夫。（一三年）。建安一八年、御史大夫（『後漢紀』巻三〇）（漢官）。
80	曹植	（建安一六年）平原侯、（同一九年）臨菑侯、（同二二年）増邑五千、（同二四年）南中郎将、行征虜将軍（魏官）。
81	楊修	（孝廉）郎中、倉曹属主簿（漢官）。魏諷の乱に参加。
82	王粲	（司徒辟）黄門侍郎（不就）。建安一三年（太祖辟）丞相掾、軍謀祭酒（『資治通鑑考異』巻三）。（魏国既建）時、侍中（魏官）。建安二二年卒。

83	徐幹	臨菑侯文学、司隷功曹従事（『通志』巻一二二）。司空軍謀祭酒。（魏国既建際、魏国侍中（『郡斎読書志』巻四上）（魏官）。建安二二年卒。
84	陳琳・阮瑀	（太祖以為）司空軍謀祭酒管記室（魏官）（『郝氏続後漢書』巻六六下・上）。（『事物紀原』巻五）に「記室。魏置」。（琳）門下督。（瑀）倉曹掾。
85	応瑒・劉楨	（太祖辟）丞相掾属、平原侯庶子、五官将文学、（魏官）（『郝氏続後漢書』巻六六下・上）。（幹、琳、瑒、禎は二二年卒）。
86	邯鄲淳、繁欽、路粋、丁儀、丁廙、楊修、荀緯	文才あり。（以上、魏官）。
87	杜襲	西鄂長、議郎参軍事、丞相軍祭酒（漢官）。「魏国既建」侍中（魏官）、丞相長史。駙馬都尉、漢中軍事（魏官）。
88	繁欽	丞相主簿（魏官）。建安二三年卒。
89	趙儼	建安二年、朗陵長（『冊府元亀』巻七六五）。
90	路粋	尚書郎、台郎（『郝氏続後漢書』）。建安一九年、秘書令（魏官）。軍謀祭酒記室。
91	衛覬	（太祖辟）司空掾属、茂陵令、尚書郎。治書侍御史（『文献通考』巻二七〇）、司隷校尉、（遷）尚書（魏国既建）の際、侍中（『書断』巻下）。（文帝即王位）時、尚書。（還漢朝）侍郎。（作文誥詔）。

92	潘勗	（建安末）尚書右丞（？）。
93	藩勛	尚書郎、右丞、左丞（建安二〇年）東海相、尚書左丞（魏官？）。
94	劉廙	（太祖辟）丞相掾属、五官将文学（魏官）。（魏国初建）時、黄門侍郎、丞相倉曹属、（文帝即王位）の際、侍中（『蕭氏続後漢書』巻四〇）。
95	劉劭	（建安中）計吏。（御史大夫郗慮辟）。太子舎人、秘書郎（魏官）。黄初中、尚書郎・散騎侍郎。
96	仲長統	（荀彧召）尚書郎、参太祖軍事（魏官）。（還）郎（？）。延康元年卒。
97	蘇林	（建安中）五官将文学、散騎常侍。黄初年、博士、給事中（魏官）。
98	韋誕	（建安中）郡上計吏、（拝）郎中、（遷）侍中中書監（『三国志補注』三輔決録）光禄大夫（文章叙録）（魏官）。大鴻臚（『冊府元亀』巻八二七）。
99	孫該	（辟）丞相掾主簿、上計掾、郎中、陳郡太守。博士、司徒右長史。
100	桓階	（辟）丞相掾主簿、趙郡太守（漢官）、（魏国初建）時、太常、虎賁中郎将・侍中（魏官）。「文帝即王位」尚書令（『五礼通考』巻四二）。
101	陳群	（辟）司空西曹掾属、蕭賛長平令、司徒掾（高第）治書侍御史（『記纂淵海』巻一九）（漢官）、（転）参丞相軍事。（魏官）。（魏国既建）時、御史中丞、司空録尚書事（魏臣）。（転）侍中、（領丞相東西掾）。（文帝在東宮、即王位）時、封昌武亭侯。尚書（黄初年）（制九品、『太平御覧』巻二一二）。鎮軍大将軍（魏置）（『通典』巻三四）。
102	陳矯	（太祖辟）司空掾属（除）相令、征南長史、彭城・楽陵太守、魏郡西部都尉（漢官）（『折獄亀鑑』巻四）、（入）丞相長史、（復）魏郡（太守）（漢官）。（転）西曹属、尚書（魏官）。司徒。

103	徐宣	（太祖辟）司空掾属（『文献通考』巻二七〇）、東緡発干令、斉郡太守、（入）門下督。左護軍。左僕射（『芸文類聚』巻四八）司隷校尉（『太平御覧』巻二五〇）、侍中、光禄大夫（『冊府元亀』巻七七）丞相東曹掾、（出）魏郡太守（漢官）。
104	衛臻	（漢臣）黄門侍郎、中領軍（建安四年魏武置）、右僕射（『御定淵鑑類函』巻七四）参丞相軍事、（転）戸曹掾。（文帝即王位）時、散騎常侍（魏官）。（景初年）、尚書左僕射。司空、司徒、司馬（『資治通鑑』巻七三）。
105	盧毓	（文帝五官将）丞相法曹議令史（転）西曹議令史、広平太守、（魏国既建）時、吏部郎（魏官）。
106	和洽	（辟）丞相掾属、（魏国既建）侍中（魏初置）。（出）郎中令。「王国如故郎中令」（王脩伝）。（魏国初建）為大司農・郎中令。倶不言出、為郎中令。（此或承祚一字之誤）。太常（『海録砕事』巻一二）。
107	常林	（太祖為）県長（林・楊俊・王淩・王象・荀緯、等）、林・功曹（出）平原太守、魏郡東部都尉（漢官）。（入）丞相東曹掾属（魏官）。（魏国既建）尚書。
108	楊俊	（太祖除）曲梁長（入）丞相掾属、（茂才）安陵令。（遷）南陽太守（『冊府元亀』巻四六二）、（徙）征南軍師。（魏国既建）中尉。（左遷、魏諷の件）平原太守。
109	王象	散騎侍郎（「皇覧」の作成）。黄初時、散騎常侍。
110	尹範	建安末、羽林左監（『蕭氏続後漢書』巻三七）。（繆襲と「皇覧」の作成）。
111	杜襲	西鄂長、議郎参軍事（漢官）、丞相軍祭酒。（魏国既建）時、侍中（『通志』巻一一六）、領丞相長史、（於漢中）駙馬都尉留督漢中軍事（魏官）、留府長史。（文帝即王位）関内侯。驃騎将軍、司

		空（正始六年、『魏志』巻四）。
112	趙儼	（建安二年、太祖）朗陵長、（入）司空掾属主簿、章陵太守領都督護軍。丞相主簿、扶風太守。関中護軍（文帝即王位）侍中。駙馬都尉領河東太守（漢臣）、典農中郎将（魏官）。曹芳時、司空（『蕭氏続後漢書』巻四三）。
113	裴潜	参丞相軍事、（出）歴三県令、（入）倉曹属。代郡太守（『綱目続麟』巻上）。（還）丞相理曹掾（出）沛国相、兗州刺史（漢官）。散騎常侍、侍中（文帝時）。
114	韓曁	（辟）丞相士曹属、楽陵太守、監冶謁者。（加）司金都尉（『太平御覧』巻八三三）。黄初年、太常。延熙年、司徒（『御批歴代通鑑輯覧』巻二八）。
115	崔林	僞令（『山堂肆考』巻七六）。（召）鄔長、冀州主簿、（署）別駕丞相掾属（魏国既建）御史中丞。司隷校尉、司空（『古今紀要』巻四）。（曹丕簒漢）尚書、（出）幽州刺史（『蕭氏続後漢書』巻四〇）。（左遷）河間太守（『明一統志』巻一）。
116	高柔	（太祖平袁氏）管長、（建安一九年）（辟）丞相倉曹属。（魏国初建）時、尚書郎。丞相理曹掾。（魏官）。（建安一九年）潁川太守、法曹掾。（文帝）治書侍御史。
117	裴茂	（初平四年）侍御史（『陝西通志』巻八四）。尚書（『冊府元亀』巻六五六）。（建安二年）謁者僕射。左中郎将楊宜亭侯。上記、潜の父。
118	孫礼	（平幽州召）司空軍謀掾、河間郡丞、滎陽都尉、魯相、大将軍長史・散騎常侍。揚州刺史・伏波将軍。（『郝氏続後漢書』巻四一）陽平太守（明帝時）、冀州牧（『冊府元亀』巻六九五）（入）尚書。
119	何晏	正始初、散騎侍郎、侍中尚書（『郝氏続後漢書』巻四八）。

120	丁謐	度支郎中。散騎常侍、尚書（同上）。
121	畢軌	曹叡時、黄門郎。并州刺史、正始時、中護軍、侍中尚書、司隷校尉。（同上）。
122	李勝	黄初時、上党・鉅鹿太守。議郎。（曹爽輔政）洛陽令、将軍長史、滎陽太守、河南尹、荊州刺史。（『郝氏続後漢書』巻四八）。
123	王観	（太祖召）丞相文学掾、（出）高唐・陽泉・酇令（漢官）。文帝時、尚書郎（魏官）・廷尉監、南陽・涿郡太守。正元三年、光禄大夫、景元元年、尚書右僕射、司空。
124	辛毘	（太祖・司空）辟不就。（天子表）議郎（漢官）、（還）丞相長史（魏官）。文帝時、侍中。衛尉（『通鑑紀事本末』巻一〇上）。
125	楊阜	賢良方正（『欽定四庫全書考証』巻三四）。（詣許）安定長史、（建安一八年）関内侯。（征漢中）益州刺史、金城太守。定安長史（『冊府元亀』巻八〇七）。武都太守（漢官）。文帝時、城門校尉。将作大匠（『冊府元亀』巻一〇一）。
126	高堂隆	（建安年、太祖召）丞相軍議掾、歴城侯徽・文学、（転）相（魏官）黄初時、堂陽長。明帝時、給事中・博士・駙馬都尉。侍中・太史令（『資治通鑑』巻七三）。
127	満寵	（太祖平兗州）辟・従事、（太祖為大将軍）辟・西曹属。許令（『通鑑総類』巻一五上）、汝南太守（漢官）。（文帝即王位）楊武将軍、伏波将軍（魏官）、（趙一清曰、……蕩寇将軍、漢・建安中、満寵居之）。青州太守。黄初時、烏丸校尉、前将軍。征東将軍、汝南太守・豫州刺史、大尉（『資治通鑑』巻七四）。青竜時、揚州都督。正始時、護匈奴中郎将・振威将軍、并州刺史。
		（太祖召）丞相軍謀掾（建安一三年置）、潁陰・朗陵令、弋陽太守、南陽太守（漢官）。文帝時、

128	田豫	護烏丸校尉（『郝氏続後漢書』巻七九下）。汝南太守・殄夷将軍。明帝時、衛尉。平州刺史。大中大夫（『冊府元亀』巻七九二）。
129	牽招	（建安九年、太祖囲鄴、領冀州）（辟）従事。（平漢中）、留、中護軍事。（拝）平虜校尉。弋陽太守。広武太守（『元豊九域志』巻一）。文帝時、護烏丸校尉（『蕭氏続後漢書』巻四四）雁門太守（『山西通志』巻五二）。右中郎将（『氏族大全』巻六）。
130	郭淮	孝廉、平原府丞。（文帝・五官将）（召）門下賊曹（漢官）。（転）丞相兵曹。議令史、（征漢中）司馬。（文帝即王位）関内侯。鎮西長史・行征羌護軍（魏官）。雍州刺史（『蜀志』巻三）・涼州刺史（『水経注』巻二、涼・誤）。嘉平時、征西将軍（『記纂淵海』巻二三）。車騎将軍（『通志』巻七）大将軍（『冊府元亀』巻九七七）。
131	徐邈	（太祖平河朔、召）丞相軍謀掾、奉高令、（入）東曹議令史。（魏国初建）時、尚書郎（魏官）。隴西太守、南安太守（漢官）。（州請）治中。正始時、光禄大夫、司空（不受）。
132	胡質	（太祖召）頓丘令（漢臣）、（入）丞相東曹議令史。（州請）治中将軍。（太祖辟）丞相属（魏官）。黄初時、吏部郎、常山太守。荊州刺史。太和時、東莞太守、甘露時、徐州刺史（『資治通鑑』巻七七）。
133	王昶	（文帝在東宮）太子文学、中庶子（魏臣）。文帝時、散騎侍郎、洛陽典農。
134	宗世林	東宮官属（魏官）。
135	王基	（郡召）吏。黄初時、郎中。秘書郎。嘉平時、荊州刺史。
136	王浚	孝廉、発干長、中山太守（漢官）。（太祖辟）丞相掾属（魏官）。

137	諸葛誕	尚書郎、潁陽令（漢臣）（入）吏部郎、（遷）御史中丞尚書（魏臣）。揚州刺史、鎮東将軍都督・揚州軍事（『大事記続編』巻二三）正始時、御史中丞・尚書、揚州刺史・昭武将軍、（『通志』巻一一七）。
138	鄧艾	（太祖破荊州）都尉当士、典農綱紀上計吏。（宣王奇之、辟）掾。尚書郎。正始時、征西軍事、南安太守。
139	杜夔	軍謀祭酒、参、太楽事（魏官）。
140	朱建平	（魏公召）郎（魏官）。（文帝五官将）……。
141	司馬防	従事。尚書右丞（『郝氏続後漢書』巻二五）。京兆尹、騎都尉（『冊府元亀』巻七九四）。
142	劉先	「荊州平、先始為漢尚書、後為魏国尚書令」（『魏志』巻六）。

7　魏・晋代、司馬・曹両氏の浮華・老荘思想をめぐる政争

序

魏の陳群が九品中正制を以て、官僚の人事を行うに至ったが、戦乱の静まりと共にこの法の問題点が論議されるに至った。司馬懿は郡中正を保留したままで、州中正を置き、そこで主要な人事をさせた。一方、郡中正は郷論を反映する機能をもち、在地の評判を選考基準とした。その為、選抜は曹爽・何晏・王弼ら「浮華」の徒とされた人々の一党を多く挙用するに至った。それに対し司馬懿は異議を持って、州中正が置かれたのであり、そこでは貴族を対象にして選び、彼らを政府高官に任じたのである。こうして見ると、此の段階では司馬・曹両派の政治力が均衡していた為、自ずと両中正が並存した結果になったものと思われる。まず、この中正論議からみて行こう。

一　司馬懿の中正制批判

『太平御覧』、中正の条所引・干宝晋紀に「……案九品之状。諸中正既未能料究人才。以為可除九制。州置大中正」とあって、始め郡中正だけ置かれていたが、それでは人才を評価するには不十分であるとの理由で、州に大中正を置こうとした。司馬懿の提案である。これに対して、政敵の曹爽の弟・曹羲は「……欲除九品而置州中正。欲検虚実。一州闊遠。略不相識。訪不得知会。復転訪本郡先達耳。此為問州中正而実決於郡人」（『太平御覧』二六五

引、曹羲集）とあるよう、州中正は一州が広すぎる為、その地の人物を充分には知り得ない。実際の所は郡人によって評価され得るものだと言って、その提案に反論している。

この論争の趣旨は矢野主税氏[1]によると、司馬氏が曹氏を挑発して朝政を握ろうとしたものと言う見方を提示された。しかし、州を中心に選挙するのは中央政府に近い人材の登用を狙うもので、在地勢力による郡中正の選挙機能とは異なる趣旨の選挙法であろう。州中正を郡のそれの上位に置き、それを通して中央政府の官僚配置を司馬一派の自由にしようとする企みであったと思われる。

二　夏侯玄による批判

司馬氏の批判とほぼ同時に、夏侯玄が郡中正制を批判する。宮崎市定氏の論[2]を引くと、人事権は中央の台閣が握るものであるが、台閣は下位の官長に委ねて、彼が地方の実情を見て人才を台閣に推薦するのが本筋である。ところがこの筋と異なって、中正の職を設け郷品を以て等級を付け、此によって中央が人事をするとなると、これは裏口人事である。こうなると、郷党の評判を得るのが有利であり、中正に運動するのが更に近道である。このように、夏侯玄の言い分は官吏の選考は本来、台閣が行い人物の判定は中正にと、職分を分かつべきだというのである。矢野氏によれば、これは官吏任用において、郡中正が吏部の任用権に介入することがあったからだとする。

嘉平元年（二四九）の後、司馬懿が州中正を配置したが、これは郡中正を廃止しての設置ではなかった。この措置は地方出身者との妥協であって、その結果、州・郡中正制の二重構造の人物評価が生じた（矢野説）と言われる。二重構造の成立は先掲、曹・司馬両派の政治的均衡によって生じたものであると見られる。

三　西晋時代の中正制

岡崎文夫氏は論文「九品中正考」[3]で、中正制の批判について、「九品中正制度に反対する議論は二点に要約できるとして、（1）夏侯玄説を基として、中正は郷評を次第するに留め、九品は官庁の参考にするだけ、（2）総て土断を以て人物を選別し、郷挙里選に戻すこと。（1）は劉毅により、（2）は衛瓘・李重によるものであるが、何れも自治の風が九品中正によって破壊されたと言う認識が前提にあると見ている。

1　劉毅の見解

晋初、劉毅は八点の批判をする。（1）貴族主義の弊、（2）州都の弊、（3）実才無視の弊、（4）無責任の弊、（5）能力の限界を越える弊、（6）虚名の弊、（7）品状不当の弊、（8）実事を得ざる弊、をあげて九品中正を廃止せよと言う。すなわち全体に中正制をやめるようと言う主張である。矢野氏によれば、劉毅が彼の位置の尚書職から見ると、中正制は分叙を乱していると見るのであり、（1）については、人才を評価すべき中正が「家格」を基準としているのを問題としているわけである。この批判は州中正制を指していると矢野氏は解している。

2　衛瓘の見解

衛瓘は大尉王亮らと共に、中正制を全廃して、郷挙里選制に戻るべしと主張した。宮川尚志氏[4]によれば、衛瓘の意見は郡中正制は郷邑の清議を反映していたが、中途から「資を計って品を定む」に変ってしまっていた。これは州中正が上級官僚に有利に運用された為であって、これを廃除して地方長官から直接、人才を得るべきだとする。

この説も州中正を批判していて、郡中正を非難しているわけではない。

3　李重の見解

宮川氏の解説では抑も「中正制は軍中の臨時的制度であった。現今の実情に当たってはその運用は改善さるべきである。すなわち土断によって郷党を定めて、その上で郷挙里選を行うべし」とするものであった。

以上の三例は中正制批判であるが、それは中正制の貴族主義化に反対と言うことであり、それが上流権勢者に運用されていたため、家格の固定化を招く点が特に問題とされたようである。武帝はその意見に同意しながら、しかし改定するに至らなかった。州中正制が貴族階級の利益を擁護するものである以上、九品をやめ、郷党の世論に聞く方法に帰ることが出来なかったのである。それは魏朝以来の司馬氏の同僚の家に属すると共に、中正制で選抜されたものは、それら名門の子孫であったという事情に依るものであろう。

四　中正制の性格と役割についての解釈

1　州中正制は高級官僚の貴族化を促進するものと理解されているが、その点について諸氏はどのように考えて居るのか。

（1）岡崎説。中正制は地方豪族の地位保全のためのものであったが、司馬氏によって州中正の設置されて後、司馬氏の地方有力者支配の手段となり、家格に依って品状が決定されるに至った。

（2）宮川説。岡崎説に賛同する。大貴族の横暴に対する地方名族の立場から批判が為されたものである。

（3）宮崎説。州中正は地方統制をもたらしたが、それが貴族化したのは後漢以来の流れである。中正制が官僚の貴族主義化を促進したのでなく、逆に歴史の貴族主義的傾向によって、中正制も変化したのである。
（4）越智説。[5] 後漢選挙制の欠点を改めるために、九品官人法が制定されたが、中正制において、郡中正は郷党の与論を官界に上げるものであったが、州中正は司馬氏と上級士人層との一体化に役立つものであった。
（5）堀説。[6] 豪族の発展に対処するための官品制・中正制であったが、州中正制が置かれると郡中正はその支配下に入り、有力豪族の世論支配が成立した。彼らは政治的地位に着いた結果、貴族制が成立した。
（6）矢野説。[7] 中正制は官吏任用の際の人物調査をするものであった。魏の郡中正制は郷党の意見を採り、才能を基に人物を判定するのに対して、魏末、司馬氏による州中正が設置され、これが郡中正を支配しつつ、「家格」で人物評価をして、各州を上部から把握するようになった。その結果、郡中正は下級官僚を主とし、州中正はそれらを傘下に置いて、世論形成の場を中央に設けることになった。これが門閥社会の成立である。

2　この節では矢野氏の総括を取り上げる。まず州中正と貴族化の関係について、魏末までに中正制の貴族主義的な運用が行われ、家格固定の門閥社会が成立していく。

中正制廃止論は有力な官僚か名門の人々に依って行われ、州中正の貴族的運営によって有利なはずの人びとによる廃止論が提出されていた。それは何故か。中正は本来、郷党の意見を尊重し、個人の才徳を基準に郷品を決めるものであった。ところがその後、中正制の貴族的運用によって、個人よりもその背景の「家格」中心の選挙になった。従って中正制は、郡中正時代に戻すべしというのが劉毅らの考えである。

ところで、郷党の意見とはどのようなものであったか。例えば、汝南月旦評が史料に見える。「後漢、許劭与従兄靖、俱有高名、好共覈論郷党人物。毎日輒更其品第……俗有汝南月旦焉」（『古今合璧事類備要』後集、巻一〇）とあって、著名な許邵が従兄と在地の人物を評価していた。「更其品第」とあるから、中正の業務に等しい。「玉芝堂談薈」巻四に「……与邴原、管寧遊学相善、号一龍。漢・許虔号平輿二龍、又……」とあって、許氏は二龍と称された。在地の著名人が人物評価を行ったのである。『後漢書』巻六八に郷党の人物を評論し「毎月輒更其品題。是故、汝南俗有月旦評焉」とあって、月ごとに評価を行ったと言う。

3　家柄主義・門閥主義とは反対の個人の能力中心主義を掲げた中正制であったが、それがたちまちの間に貴族化する。夏侯玄の提起から西晋初までの間に、中正制の変質・貴族化が急速に進行したのである。一体、後漢中期以降、「世吏二千石」と呼ばれる中央官僚層が固定化しつつあったのは歴史的事実であるが、この中正制の変質（貴族化）はこうした後漢以降の貴族化の大勢におし流されて生じたものであろう。

五

中正制に関する先行する研究は上述のとおりであるが、後漢以来、盛んになった「文章」（文学）は選挙において、個人の能力を評価する基準の一つとなっていた。とりわけ曹魏の時期、曹操を始め曹丕・曹植を中心とする建安文学の盛行は、人物評価の基準が「文章」作成の能力に有ったことは、この時期の特色と言える。『魏志』巻九に「南陽何晏・鄧颺・李勝・沛丁謐・東平畢軌、咸有声名、進趨於時。帝以其浮華、皆抑黜之」とあり、何晏・阮籍が「口談・浮虚不遵礼法」とあって、挙げられた人物は概ね儒家思想に従わず、老荘思想を信奉していた。「正始中、何晏選挙、各々得其才……浮虚相扇、儒雅日替……王弼・何晏二人之罪」（『晋書』巻七五）とあって、魏・

曹芳の時期、選挙で浮華の徒を択んだのは、この二人の責任であると断じている。亦「何晏・阮籍……口談・浮虚、不遵礼法」とあり、また「正始八年、曹爽用何・鄧・丁、移郭太后於永寧宮、……与懿有隙……五月、懿称疾、不与政事」とあって、太后を永寧宮に移した事件があった。それは「出郭太后於別宮、皆謐之計。司馬懿特深恨之」とあって、太后を移したのは丁謐の計画であったと言われている。さらに「丁謐画策……転宣王為太傅」とあり、彼は司馬宣王をも政治の実権から遠ざけた。これには何晏も関与しており「遷太后……専擅朝政」とある。こうした状況下、「屢々改制度、帝不能禁。於是、与爽有隙。五月、帝称疾不与政事」(『晋書』巻一)とあり、「制度の改変」によって、帝と曹爽の間に不和が生じた。しかしながら一方で、太后を移したと言うのは誤認であると、註において胡三省は言っている。すなわち、「拠陳寿・志、太后称永寧宮、非遷也。意者、晋諸臣欲増曹爽之悪。故以遷字加之。按陳志、文徳郭皇后，称永安宮。明元郭皇后称永寧宮。其例正同。郭后伝既不言遷。曹爽伝亦不之及。司馬懿奏事称永寧宮。皇太后令亦無偪遷之文。則胡註是也」(『白田雑著』巻五)とあって、ここでも胡註が正しいとしている。但しいずれであっても、この件の影響はさほど大きくはない。

曹爽一派の場合は「何晏等以老荘之学為宗。……士風不美。……帝惟坐視」と老荘思想を尊重して、伝統の儒学には従わなかった。これに対し、司馬懿のメンバーとして「蔣済・高柔・孫礼・王観、輔司馬懿」と列記されていて、例えば蔣済では「引韓氏易伝言、五帝官天下、三王家天下、家以伝子、官以伝賢……蔣済万機論亦有官天下、家天下之語」(『容斎随筆』四筆巻二)とあって、易伝を引用しているように、儒家系列である。蔣済は正始三年に太尉に就いており、「是時、曹爽専政、丁謐・鄧颺等、軽改法度……済上疏曰……夫為国法度、惟命世大才、乃能張其綱維，以垂于後、豈中下之吏所宜改易哉。終無益於治、適足傷民望、宜使文武之臣、各守其職、率以清平、則和気祥瑞可感而致也、以随太傅司馬宣王……誅曹爽等、……済上疏曰、臣忝寵上司而爽敢包蔵禍心。此臣之無任也。太傅奮独断之策。陛下明其忠節。罪人伏誅社稷之福也」とあって、彼は司馬宣王に従った。その註に「王懋竑曰、蔣済・高柔・孫礼・王観皆魏之大臣、激於曹爽之専政而輔司馬懿、以誅爽。爽誅懿専政而簒弑之形成矣。済蓋深悔之、故発病……」（『魏志』巻一四）とある。亦、「懿誅爽後簒奪之勢已成。済固知之而力不能制。故不三月発病而卒」（同前）とあって、済は曹爽の専政は嫌ったが、しかも、なお魏朝の維持を求めた。しかしながら司馬氏の簒奪を止められず、これを後悔して卒したとある。

曹爽と司馬懿の権力争いにそれぞれ加担した有力な人士を並記すると、次のようになる。

〈曹派〉；何晏、鄧颺、李勝、丁謐、畢軌、阮籍、王弼、桓範、王衍、楽広、王澄、阮咸、王戎、向秀、劉伶、衛覬、夏侯玄、趙秀、等。

〈司馬派〉；蔣済、高柔、孫礼、王観、傅嘏、衛瑧、盧毓、等。

かかる司馬・曹両者の対立は激化するが、その際、「桓範果勧爽、奉天子幸許昌、移檄徴天下兵。爽父能用、而夜遣侍中許允・尚書陳泰詣帝観望風旨。帝数其過失、事止免官。泰還以報爽勧之通奏。帝又遣爽所信、殿中校尉尹大目論爽指洛水為誓。爽意信之」（『晋書』巻一）とあり、亦、「世語曰、宣王使許允・陳泰、解語爽、蔣済亦与書達宣王之旨。又使爽所信。殿中校尉尹大目謂爽、唯免官而已。以洛水為誓、爽信之、罷兵」（『魏志』曹爽伝註）とあって、宣王側は巧みな詐略を行っている。対して桓範は『通志』巻七九下に「範出城、顧謂蕃曰、逢太傅図逆……範南見爽、勧爽兄弟、以天子詣許……兄弟不能用……」とあって、天子を擁して許都に行き、天下の兵を結集することを曹爽に提起したが、その策を爽は用いなかった。その理由は「桓範等援引古今、諫説万端、終不能従。乃曰、司馬公当欲奪吾権耳、吾得以侯、還第不失為富家翁。範拊膺曰、坐卿、滅吾族矣」（『晋書』巻一）とあるように、司馬懿の爽殺害の意図を軽視していたところにある。「援引古今諫説万端。終不能従。乃曰、司馬公正当欲奪吾権耳。吾得以侯還第不失為富家翁。範拊膺曰、坐卿滅吾族矣」（同前）とあって、範の方は司馬懿のこの意図を察していた。

『三国志文類』巻六〇に「自何晏等、以荘老之学為宗。而虚無之論盈於朝野。士風不美、莫此為甚。帝惟坐視而莫之革。故其後、王衍・楽広以清談取重於世。而王澄・阮籍之徒、又皆以任放為達一時、士大夫遂至楽浮誕。而廃業」とあって、何晏が老荘の学を中心に置いたため、虚無の論は朝野に広がった。しかし帝は座視して、これを改めようとはしなかった。これによって王衍・楽広らが清談を以って世に重きをなす結果を招来した。続いて王澄・阮籍が「任放」（礼法をすてて心のままに行う）なる行為を執ったので、士大夫は「浮誕」（実のない偽り）を楽しんだと言われる。稽康の場合も「文辞壮麗、好言老荘、而尚奇任侠、至景元中、坐事誅」（『魏志』巻二一）とあり、「魏志春秋曰、……与陳留阮籍・河内山涛・河南向秀・籍兄子咸・琅邪王戎・沛人劉伶、相与友善……時人号之為竹林七賢」（同前）とあって、老荘思想に好意を持っていた。そして「因讃康欲助毋丘倹、頼山涛不聴……康・安等言論放蕩非毀典謨、帝王者所不宜容、宜因釁除之、以淳風俗」（『冊府元亀』巻九三二）とあり、亦「稽康撰釈私論曹羲著、至公論」（『文苑英華』巻七四九）ともあって、司馬氏に叛乱した倹を擁護し、曹爽の弟、羲の著書を撰釈した経緯もある。こうして稽康は曹氏に親近感を持っていたと思われる。

向秀では「司馬昭問曰、聞有箕山之志、何以在此。秀曰、巣・許狷介之士、未達堯心。豈足多慕。昭甚悦」（『郝氏続後漢書』巻七三上上）とあり、「司馬文王問曰、子嘗自云、塵外之士。今安得来乎。答曰、心為巣・許狂狷、不足恭故也。乃綬之驃騎府従事」（『実賓録』巻一二）とあって、官吏となり「向秀……雅好荘老之学。後為侍郎」（『名賢族言行類稿』巻四六）と累進している。

劉伶では「王隠晋書曰、魏末、阮籍有才而嗜酒荒放、露頭散髪……作二千石不治官事。日与劉伶等共飲酒歌呼。時人或以籍生在魏晋之交。欲佯狂避時。不知籍本性自然也」（『三国志補注』巻三）とあって、官事を放棄し飲酒したのは魏晋の交替に際して時事を避けようとしたのだと論評されている。

曹爽派の李勝は「常法を毀し」た。これにたいして傅嘏は常法である「司馬氏の綱統を立て」とあるように異なる意見を以て双方対峙していた。元々傅嘏は「正始初……曹爽秉政……傅嘏……晏等……与嘏不平」とあるように、李勝に近い何晏とは仲がよくなかった。ここに常法を毀すとは「今、考績之法廃而以毀誉相進退、故真偽渾雑、……帝納其言、即詔作考課法」（『三国志』巻二二）とあるよう、従来の人材判定の方法を毀すことであり、この時点では、それに代わって「毀誉褒貶」の評判で決めたことを言っているのである。その元は「鑑於何鄧之徒、朋党浮華」とあり、互いの優れた文章や老荘思想を共通項として党派をなしていた成員の中での評判を選挙基準としたと言うのである。

「正始八年夏四月、曹爽用何晏・鄧颺・丁謐、遷郭太后於永寧宮。専権朝政、兄弟並典禁兵、多樹親党、屡改制度。懿於是与爽有隙。五月懿称疾、不与政事」（『郭氏続後漢書』巻七二中）とあって、この年、一旦、曹爽一派が権力を握る。此処に「制度を改む」との部分は選挙制度を指すのであろう。（『会昌一品集』巻一〇）に「魏朝、何晏、丁謐依附曹爽。祖尚浮虚、使有魏風俗由茲大壊。此皆為朋党也」とあって、浮虚・朋党こそが伝統の風俗を毀したものと言っている。

次に別の一件、『魏志』孫礼伝に「明帝臨崩之時、以曹爽為大将軍、宜得良佐。於牀下受遺詔。拝礼大将軍長史……礼亮直不撓、爽不便也。……太傅司馬宣王……出為荊州刺史、遷冀州牧。太傅司馬宣王謂礼曰、今清河・平原争界八年。更二刺史、靡能決之。虞芮待文王而了……無訟当以烈祖初封平原時、図決之。何必推古問、故以益辞訟……今図蔵在天府、便可於坐上断也。豈待到州乎。宣王曰、是也。当別下図、礼到案図、宜属平原、而曹爽信清河言。下書云、図不可用、当参異同礼……今二郡争界八年、一朝決之者、縁有解書・図画可得尋、案楨校也。平原在両河向来上、其間有爵隄。爵隄在高唐西南、所争地在高唐西北、相去二十余里。可謂長嘆息流涕者也。案解与図奏、而鄗不受詔。此臣懦弱不勝其任。臣亦何顔尸禄……爽見礼奏大怒……宣王有忿色而無言。宣王曰、卿得并州少邪恚理分界、失分乎。今当遠別、何不懽也……因涕泣横流。宣王曰、且止忍、不可忍。爽誅後、入為司隷校尉」と

あるように、ここに清河・平原の紛争問題を詳述している。紛争の地は高唐の西北にあり、西南には爵堤があって、その間の距離は二十余里であった。この地の争いには曹爽・司馬懿両権力者が関与している。孫礼は天府に蔵した図を参照して、この争いを判定するよう言上し、司馬宣王もこれに同意している。その地図を参照の結果、孫礼は該当の地は平原県に属すると判断するのが妥当と判断した。しかし、曹爽は清河郡の言い分を信じていて、図は信用出来ないと孫礼の上奏にたいし怒っている。宣王もこれに対し、亦、怒りの色を浮かべたが、終始、無言であったと言う。この件でも両者が対立しているのである。

こうした紛糾の経緯を経て、正始八年（二四七）五月、司馬氏の側から曹爽との抗争を避け、司馬懿自身は疾病と称して政局から一旦、手を引く姿勢を取る。よって同年から、曹爽は朝政を専断する。宣王はこれにたいし秘かに曹爽打倒の準備をし、爽の一党もこうした宣王に深い疑惑を抱いた。「兄弟……多樹親党、屡改制度。帝不能禁。於是与爽有隙」とあり亦、「爽遷太后於永寧宮、帝与太后涕泣而別」（『晋書』五行志）とあって、こうした曹爽の処置に、帝も不快であったろうと思われる。こうして帝・太后の隠然たる支持を支えにして「宣王誅爽、因爽出閉城門。大将軍司馬・魯芝将爽府兵、犯門斬関出城門、赴爽来呼。敞倶去敵。懼問憲英曰、天子在外、太傅閉城門。人云、将不利国家於事、可得爾乎。憲英曰、天下有不可知、然以吾度之、太傅不得不爾。明皇帝臨崩、把太傅臂以後事付之。此言猶在朝士之耳。且曹爽与太傅倶受寄託之任、而独専権、勢行以驕奢、於王室不忠、於人道不直。此挙不遜、以誅曹爽耳。敞曰、然則事就乎。憲英曰、得無殆就、爽之才非太傅之偶也。敞曰、然則敞可以無出乎。憲英曰、安可不出、職守人之大義也」（『世語』）とあるように、司馬懿は曹一派を兵を以って討滅するに至った。この文に見える辛毘の弟、辛敞は衛尉の職にあり、亦、曹爽の参軍（『世語』）であった。

そしてこの文に見る憲英とは魏の重臣辛毘の娘であった。「爽事定之後、敞歎曰、吾不謀於姉、幾不獲於義」（『世語』）とある。憲英の言に依れば、曹爽・司馬懿両人の才に就いて、後者が爽を遙かに越えていると言う。亦、先帝の死去にあたって、両人に政治を依託されたにも拘わらず、曹爽のみが専権するのは大義から見て誤りだと断じている。

結　語

後漢晩期、「甘陵有南北部党人之議、自此始矣……因此、流言転入太学諸生三万余人」（『後漢書』巻六七）とあり、鄧太后によって太学生が増募されて、三万余人に達したため教育が充分には深められず、後漢・正統の「章句」学が衰微することになった。「然章句漸疏、而多以浮華相尚、儒者之風蓋衰矣」（『後漢書』巻一〇九上）とあるように、それに代わって浮華が尊重されるようになる。「崇浮華、賢才抑不用」（同書巻一一〇下）とある。ここに賢才とは儒学を治めた者を指すであろう。同書同伝に「郭林宗、賈偉節為其冠、並与李膺、陳蕃、王暢……」と著名人が記されている。三国期に入ると「博士課試擢其高第者、亟用其浮華、不務道本者、皆罷退之」（『三国志』巻三）と浮華なる博士の高第者がいたので、それらを罷免したと言っている。帝を始め権力者の側は儒学を排する「浮華」なる者を抑圧する。「明帝以其浮華、皆抑黜之。及爽秉政、乃復進叙任為腹心、颺等欲令爽立威名於天下」（同書巻九）とある。この明帝と異なって、曹爽が政権を握ると鄧颺らがその腹心として権力を振った。亦「然言事者、以誕・颺等修浮華、合虚誉。漸不可長。明帝悪之、免誕官」（同書巻二八）とあって、浮華なる高官を明帝は抑圧したのである。浮華の徒は「晋氏以来、文章競為浮華」（『資治通鑑』巻一五九）とあって、浮華は文章に示めされていると言う。そして注目される点は「老荘浮華非先王之法、言不可行也」（『史伝三編』巻九）とあって、浮華と老荘が一体に扱われていることである。『史纂通要』巻九には「初晏好老荘書与夏侯玄・荀粲・王弼之徒、競為清談、祖尚虚無。謂六経為聖人糟粕。由是、天下士大夫争慕效之。遂成風俗、不可復制。明帝悪其浮華、抑而不用……」とあって、清談の徒が浮華とされているのを知る。『帝範』巻四には「若禁絶浮華、勧課耕織、若不禁絶、則遊食未作者多矣」とあって、浮華が庶民まで浸透しているのが解る。明帝は「詔退浮華。於是、免諸葛誕、鄧颺等官」（『古今紀要』巻四）とあり、同書同巻に「以夏侯玄等四人為四聡。誕備八人為八達……明帝悪之、皆廃錮」とあり、同様「然言事者以誕・颺等、修浮華、合虚誉、……曹叡悪之、免誕官」（『郝氏読後漢書』巻七〇中）とあって、当時の著名人を明帝は罷免しているのである。

この明帝曹叡が崩じ、曹芳が継いだ。この時期、上文に見るように政務を依託された曹爽と司馬懿双方が権力の座にあった。しかし、両雄並び立たずの諺のように、両者の隠然たる角逐が、とりわけ選挙制をめぐって火花を散らした。中正制に関しては司馬懿が州中正を、曹爽が郡中正を支持している。前者は中央政府の官僚を選抜し、後者は郷里の評判から官吏を撰んだ。前者は儒家思想を奉じる人々に支えられ、伝統に忠実であった。これに対して後者は後漢末から評価を受けるようになった「文章」（文学）と老荘思想を信じた人々が中心であった。中正制の議論はこの時期、決着がつかず、論争は晋代まで継続している。

曹爽と司馬懿両派の抗争は土地問題も絡んで、なおも深刻になり、やがて決着を付けることになる。曹爽は政治の状勢の判断が鈍く、司馬懿の真意を見抜けなかった。嘉平三年（二五一）夏、楚王曹彪が計画したと同様に、許都に移り皇帝を奉じて大義を執ろうとする部下桓範の献策を用いなかったのは、司馬懿が爽の位階のみを問題にしているとの判断の誤りであった。

司馬氏が権力を握って曹氏に代わってからは浮華の思想を要とした清談の徒は総て排除されて、後漢以来の文学の重視の傾向はここに終わりを告げたのであった。

註

（1）矢野主税「九品の制をめぐる諸問題」（『長崎大学教育学部社会科学論叢』一八号、一九六九年）。
（2）宮崎市定『九品官人法の研究』（東洋史研究会、一九五六年）第二編、本論第二章。
（3）岡崎文夫「九品中正考」（『南北朝に於ける社会経済制度』弘文堂書房、一九三五年）。
（4）宮川尚志『六朝史研究』政治・社会篇、日本学術振興会、一九五六年。
（5）越智重明「九品官人法の制定と貴族制の出現」（『古代学』一五の二、一九六八年）。
（6）堀　敏一「九品中正制度の成立をめぐって」（『東洋文化研究所紀要』四五、一九六八年）。
（7）矢野主税「魏晋中正制の性格についての一考察」（『史学雑誌』七二編二号、一九六二年）。

8　後漢・魏代における天・人思想の展開

一

光武帝は図讖を信じた。その契機は「宛人李通等以図讖、説光武云、劉氏復起、李氏以輔」(『後漢書』一)とあって、李通の図讖に関わる意見がその基になっている。建武元年に「光武先在長安時、同舎生彊華自関中奉赤伏符曰、劉秀発兵、捕不道四夷、雲集龍闘、野四七之際、火為主。群臣因復奏曰、受命之符、人応為大……今上無天子、海内淆乱、符瑞之応、昭然著聞、宜答天神、以塞群望。光武於是、命有司、設壇場於鄗南千秋亭五成陌」(同前)とあり、注に「恵棟曰、東観記、時伝聞不見赤伏符文。軍中所上未信、到鄗上、所与在長安、同舎諸生彊華在長安奉赤伏符、詣鄗与上会」というように、注では軍中における光武はなお、この讖を信じなかったというが、彊華が赤伏符を奉呈してより以来、こうした天命を信じ、これに応じる事に努めることとなった。建武一七年二月に日食があったが、この注に「東観記曰、上以日食、避正殿、読図讖多、御座廡下、浅露中、風発疾苦、眩甚。左右有白大司馬史、病苦如此、不能動揺、自強従公出乗、以車行数里、病差」とあって、日食に対応して光武は「図讖」を読んだという。続いて中元元年一一月甲子にも日食があって、「宣布図讖於天下」とあり、この場合は自分だけでなく、天下にたいして「図讖」を宣布した。

さて、「図讖」は李通によって提唱されたが、その李通は「父守、初事劉歆、好星歴・讖記……通素聞守説讖云、劉氏復興、李氏為輔」(『後漢書』一五)とあって、父は劉歆に讖記を学び、通はそれを受け継いだとある。その注には「王捕曰、袁紀、守治家与子孫如官府。少事劉歆好星歴讖紀之言云、漢当復興、李氏為輔、私竊議之非一朝也」とある。同じく『後漢書』一五において「通因具言讖文事。光武初殊不意、未敢当之。時守在長安。光武乃微観、通曰、即如此、当如宗卿師何。通曰、已自有度矣」とあって、光武はこの時点では、まだ「讖」を信じてはいないようである。

他方、陳元・桓譚・杜林・鄭興らが『左氏春秋』を学官に建てようと試みているが、范升は左丘明が孔子の子孫でないと言う反対意見を述べたため、その事は成就しなかった。下って三代の章帝の時期になって、劉歆に師事した賈逵が鄭衆とともに『左氏春秋』は公羊・穀梁よりも優れているとし、左氏を好んでいた帝の同意を得た。既に光武期、寇惇・馮異・孔奮らが左氏を習得しているし、劉歆以来、その学は普及してきていた。ただ問題は光武帝による図讖信仰がその障害となっている。すなわち儒家の人道中心の春秋の思想と天道に属する讖文との矛盾をどう調整するかである。この点については既に拙文「後漢期、皇帝・皇太后の政治と儒家思想」(1)で賈逵がそれを行ったことを明らかにしてきた。こうして後漢王朝では正式の学官が定まり、公認の学が定まったけれども、中期以降、それと別途の思想が生じてくる。

二

漢代、天道系の太平道思想は于吉から始まるようであるが、「漢・元帝時、随吉于曲陽泉上、遇天仙授吉青縑朱字太平経十部。吉行之得道、以付崇。後上此書」（『三国志補注』六）とあって、前漢の元帝時（ＢＣ四八年）に于吉に師事した宮崇が太平経を朝廷に献上したとされる。『志林』には「初順帝時、琅邪宮崇詣闕、上師于吉所得神書于曲陽泉水上、白素朱界、号太平青領道、凡百余巻」とあるので、先述の宮崇より二〇年程時代が下る時点である。続いて「後漢書裴楷伝曰、臣前上琅邪宮崇受于吉神書。又曰、宮崇所献神書、専奉天地、順五行為本。亦有興国広嗣之術。其文易暁、参同経典。又曰、其言以陰陽五行為家、而多巫覡雑語。有司奏崇所上妖妄不経。乃収蔵之」（『三国志補注』六）とあるように、宮崇が師とする于吉が得た神書を奉呈したと朝廷への献納を記す。これが太平青領道と名付けられる百余巻の書籍であった。その内容は天地を祀り五行に従う事を基本にしていて、興国広嗣の術を実現するものという。この書の文章は分かりやすく、しかも経典と相応じる内容であったらしい。その思想は陰陽五行を基本とするが、その中に巫覡の雑語が混在していたもので、かかる宮崇の書は妖妄であり、経典とは言えないと断定され公開される事もなく、そのまま宮中に収蔵されたとある。同書にはまた「神仙伝曰、宮崇者琅邪人也。有文才。著書百余巻、師事仙人于吉」とあって、先の神書と著作巻数が同じなのを見ると、この書はあるいは宮崇の自著かも知れない疑いもある。ただ「漢・元帝時、随吉于曲陽泉上、遇天仙授吉青縑朱字太平経十部。吉行之得道。以付崇。後上此書。書多論陰陽。否泰災祥之事。有天道・地道・人道云。治国者用之。可以長生、此其旨也」（同前）ともあって、神書が太平経を指している可能性もないわけではない。『義門読書記』二二には「前者、宮崇所献神書。観注所引太平経典・帝王篇、語神書、乃若此。其鄙而楷方信其説。是亦夏賀良之流也」とあって、この書は前漢の夏賀良の思想の流派に近接する内容を持つものともいう。この夏賀良という人物は『漢書』七五に「初成帝時、斉人甘忠可詐造天官歴包元太平経十二巻。以言、漢家逢天地之大終、当更受命於天。天帝使真人赤精子下教我此道。忠可以教重平・夏賀良、容丘・丁広、東郡・郭昌等」とあるように、甘忠可に教を受けて、漢の再受命を主張した一派に属する。『漢書』七五によると「初成帝時、斉人甘忠可詐造天官歴包元太平経十二巻。以言漢家逢天地之大終、当更受命於天。天帝使真人赤精子下教我此道。忠可以教重平・夏賀良、容丘・丁広世……」とある。甘忠可は斉の人であって、于吉・宮崇はいずれも琅邪の人である。その系譜は異なるが双方、陰陽術を基礎理論としていることには変わりがない。

こうして、前漢の終わり頃から生じてきた天道に重点を置く太平経に依拠する思想集団が徐々に広がって来る。これにたいし儒家の正統派の人々は「中累校尉劉向奏忠可仮鬼神、罔上惑衆、下獄治服、未断病死」（同前）と述べ、彼らは鬼神によって人を惑わせるものとして糾弾し、それを批判した。また、哀帝の時「司隷校尉解光、亦以明経、通災異得幸。白賀良等所挟忠可書、事下奉車都尉劉歆。歆以為不合五経、不可施行。而李尋亦好之。光曰、前歆父向奏忠可下獄。歆安肯通此道。時郭昌為長安令、勧尋宜助賀良等。尋遂白賀良等。皆待詔黄門。数召見陳説。漢歴中衰、当更受命。成帝不応天命、故絶嗣……遂従賀良等議。……以建平二年為太初元年……賀良等復欲妄変政事。大臣争以為不可許。賀良等奏言、大臣皆不知天命、宜退丞相・御史。以解光・李尋輔政。上以其言亡験。遂下賀良等。……賀良等反道惑衆姦態当窮竟皆下獄……皆伏誅。尋及解光減死一等、徙敦煌郡」（同前）とあって、司隷校尉解光が甘忠可の書を夏賀良が所持しているとして、弾劾文を上奏している。劉歆もまた、この書が五経に合致しないとして、認可すべきでないと批判した。別に李尋らもこの書を好んだけれども、解光は劉向が甘忠可を下獄させたのだから、本来、劉歆がこれを認めるはずはないといった。ただ長安令郭昌が李尋にたいして、夏賀良を救うよう勧めたため、その結果、良は救済されて、やがて待詔黄門に任命されるに至る。そこで哀帝に召見されて、漢歴中衰を再受命をもって対応する旨の意見を述べ、帝はその議を用いて太初元年と改元し、それに応じた。夏賀良はまた、今の政治を改変すべしとし、上記、解光・李尋を政治に参与させようとする。しかし大臣たちはこれにこぞって反対したため、帝は結局、夏賀良らを下獄させた。従って、この一件は劉歆ら人道派である儒家側の天道派にたいする政治的勝利であるといえる。

前漢末に登場した王莽の場合を見ると、彼は儒服を着用して朝廷に臨んだというように、儒家としての自覚があった。しかし、彼はその地位が上昇して、皇帝位に近接すればするほど、劉氏の伝統的重圧を自覚し、その圧力を避けるため天命を信じ、それに依拠するようになる。まず「奏武功長孟通、浚井得白石。上円下方、有丹書著石文曰、告安漢公孟為皇帝、符命之起自此始矣。……以白太后。太后曰、此誣罔天下、不可施行」（『漢書』九九上）とあって、符命を皇太后に伝え、その支持を求めたが、太后はこれを拒否した。次いで「劉京、車騎将軍千人扈雲、大保属蔵鴻奏符命……京言斉郡新井。雲言巴郡石牛、鴻言扶風雍石。莽皆迎受」（同前）「劉京上書云、七月中、斉郡臨淄県昌興亭長辛当、一暮数夢曰、吾天公使也。我告亭長曰、摂皇帝当為真。即不信我、此亭中当有新井。亭長晨起視亭中、誠有新井。入地且百尺……冬至、巴郡石牛、戊午雍石文。皆到于未央宮之前殿……。臣与太保・安陽侯舜等視天風起塵冥風、止得銅符帛図於石前。文曰、天告帝、符献者封侯、承天命用神……」（同前）と天より符命があった。そのため、「莽居摂、即作銅匱為両検署、其一曰、天帝行璽金匱図。其一署曰、赤帝行璽某伝予黄帝金策書、日者高皇帝名也。書言、王莽為真天子」とあり、重ねて「即日昏時、衣黄衣。持匱至高廟……御王冠謁太后」（同前）とあって、彼は真天子に就位する。このように、王莽は帝位獲得を目標とした時期に天の符命を尊重したが、この行為は人道に依る儒家思想では天子を克服出来ないため、天道を利用すると言う政策的策略が働いていたと考えられる。彼は新朝を建てると、それ以後は王田などの政策を採り、往年のように儒家的理念を掲げているところから見て、政治的手段としての天命利用が窺えるのである。

三

後漢当初の三代の皇帝は図讖を信じ、桓譚・尹敏ら正統派の儒家の批判を受けた。既に先掲の拙文で論じたように、こうした天・人の矛盾を貫逵という人物が双方の折衷を考案して、これを乗り切った。以後、後漢官僚の思想はかかる折衷主義の流れに沿うものとなった。この天道優位の傾向は先述のように、伝説的な始祖である于吉の得たとされる太平経を基とする道教風な教義と、この頃、流入し始めた仏教的思想が相まって一層広まっている。于吉については、『芸林彙考』六に「按三国志注引江表伝曰、于吉来呉立精舎、焼香読道書、製作符水以療病」とあり、『実賓録』一一に「道士于吉」とあって双方で同文を示している。別に『法苑珠林』七九に、「漢・沙門于吉能祈雨」とあって、ここでは沙門と記しているのである。

『後漢書』六〇、襄楷伝に桓帝の時代であるが、「又、聞、宮中黄老・浮屠之祠、此道清虚、貴尚無為、好生悪殺、省欲去奢……或言老子入夷狄、為浮屠」とあって、黄老・浮屠を宮中で祀っていたという。すなわち朝廷の内朝において両教が信仰されているのである。『西山読書記』三六にも「桓帝時、襄楷言。仏陀・黄老道、以諫欲令好生悪殺、少嗜欲、去奢泰、尚無為」とある。この流れが霊帝代、黄巾の張角の反乱時、「奉事黄老道、蓄養弟子、跪拝首過、符水呪説以療病、……訛言蒼天当立……大方馬元義……数往来。京師以中常侍封諝・徐奉等為内応約。以三月五日内外倶起、未及作乱。而張角弟子済南唐周上書告之。於是、車裂元義於洛陽。霊帝以周章、下三公司隷使、鉤盾令周斌将三府掾属、案験宮省直衛。及百姓有事角道者、誅殺千余人……」とあるように、黄巾の徒の馬元義が宦官らと内応を約束した思想的理由は、その結節点に黄老道があったためであろう。古く前漢の竇太后が黄老道を信奉して、儒家的官僚と争ったことがあるように、内朝にはそうした伝統が存在していたのである。『後漢書』八に「桓帝即位十八年、好神仙事。延憙八年、初使中常侍之陳国苦県、祠老子於濯龍」とあって桓帝自身もまた、神仙事を好んだと言われる。

四

後漢晩期、内朝に天道思想が浸透する傾向の中で、それを反映して、外朝の儒家官僚たちの思想に変化は見られるだろうか。『後漢書』七九上「儒林列伝」に「梁太后詔曰、大将軍下至六百石、悉遣子就学……自是遊学増盛、至三万余生。然章句漸疏而多以浮華相尚。儒者之風蓋衰矣」とあって当時、学生の数は三万余人と増加したが、その学問内容は「浮華」に流れたといわれる。すなわち、この時期に儒家思想の思想的深まりは見られなかったのである。同じく孔僖伝には「延光元年……召季彦……（安）帝親問……今貴臣擅権、母后党盛。陛下宜修聖徳、慮此二者。帝黙然、左右皆悪之」とあって、次子・季彦が儒家思想によって、母后党などの内朝の党派的権力を批判している。同伝には「二子、長彦・季彦……長彦好章句学、季彦守其家業［恵棟曰、連叢子云、長彦頗随時為今学。季彦壱其家業、兼修史漢、不好諸家書。孔大夫昱謂季彦曰、今朝廷以下、四海之内、皆為章句内学。而君独治古義。治古義則不能不非章句。非章句内学則危身之道也。棟謂以図讖、説経、謂之章句内学。何休之於公羊、鄭元之於三礼、是也。光武信図讖。故四海之内、皆為内学。方術伝云、光武信讖。士之赴趣時宜者、皆争談之。自是、習為内学。尚奇文、貴異数、不乏於時。章懐注云、其事秘密、故称内］門徒数百人」とあるように、孔家の兄弟はそれぞれ信奉する学問の内容が異なっていた。長彦の方は今学としての章句学を学び、季彦では古学の尚書・毛詩を採っている。孔昱という人の季彦にたいする意見を徴すると、今は多くの学者が章句内学を学んでいて、その中で貴君のようにあえて古学を択ぶというのは、まさに「危身之道」と憂慮を表明している。従前、正統派であった人道中心の儒家思想は後漢のこの時期に限定すると、むしろこのように異端視されてきているのである。恵棟の注解では今学たる章句学を「以図讖説経、謂之章句内学」と定義しているとおり、図讖で経典を解釈するものであった。この章句学が思想界の主流になっており、旧来正統であった古学者は政治的には孤立するだけでなく、異端視されているのである。

『後漢書』七九「儒林伝・上」で、この点を検証してみると、景鸞伝では「能理斉詩・施氏易、兼受河洛図緯、作易説」とある。ここに見る施氏易を図緯を用いて解釈した結果が易説であったと思われる。薛漢伝では「世習韓詩。父子以章句著名……漢少伝父業、尤善説災異・讖緯。教授常数百人」とある。また趙睡伝を見ると「時山陽・

張匡……亦習韓詩、作章句」とある。鍾興伝では、明帝の時、「詔令定春秋章句……又使宗室・諸侯従興、受章句……程曽……作孟子章句」とあって、春秋・孟子を新しく解釈して、その章句を作っている。更に同伝下によって見ると、保咸伝では建武年間に、彼は皇太子に論語を講じたが、「又為其章句」と記す。伏恭伝には「湛弟黯……明斉詩、改訂章句、作解説九篇……初父黯章句繁多。恭迺省減・浮辞、定為二十万言」とあるように、父子相伝で章句学に関わっているし、また「杜撫……少有高才。受業於薛漢。定韓詩章句……建初中為公車令」と杜撫は韓詩章句を作成している。

他方、衛宏伝には「少与河南・鄭興、倶好古学……時済南・徐巡師事宏、後従林受学。亦以儒顕。由是、古学大興。光武以為議郎」とあり、同伝で「季育……頗渉猟古学。嘗読左氏伝……以為前世、陳元・范升之徒……而多引図讖不拠理体。於是作難左氏義四十一事」とあって、李育は古学を基に、陳元・范升等の学者が図讖を用いるのは理に合わないとして今学を批判する。同じく張馴伝には「能誦春秋左氏伝、以大夏侯尚書教授……奏定六経文字……光和七年徴拝尚書、遷大司農」とあって、古学の方を尊重している。これは霊帝の末期であるが、古学も一応、今学に対峙しつつ、後漢期を経過していたことが分かる。

五

前漢の哀・平帝期、楊宝は欧陽尚書を教授し、その子の震も「少好学受欧陽尚書於太常桓郁……諸儒為之語曰、関西孔子」（『後漢書』「列伝」四四）と欧陽尚書を修めた。後、陳留の楊倫を推挙した時、「師事司徒丁鴻、習古文尚書」（同「儒林列伝」）とあるので、この学問系列は古学に属するものであろう。順帝期、「楊倫前後三徴、皆以直諫不合、閉門講授」（同前）とあって倫は古学を講じたが、その系列には牟融・王良・桓栄がおり、「栄世習相伝授、東京最盛。扶風杜林伝古文尚書……由是、古文尚書、遂顕於世」（同前）と、この時に古文尚書が最盛期を迎えたと言われる。これは「女主」としての鄧太后専権期、太后の儒家的外朝重視の状況に照応したものであろう。冒頭の楊震は「延光二年、代劉愷為大尉」とあって、三公の立場から宦官専権を批判した人物である。桓栄の子、郁の伝によると、「帝（顕宗）自制五家要説章句、令郁校定於宣明殿」とあって、既に顕宗の時期に、今学の発端があることは確かであるが、この期、なお充分の展開を見せていなかったのである。

古学派の桓栄も一方では「初栄学朱普、学章句四十万言、……及栄入授顕宗、減為二十三万言。郁後刪省定成十二万。由是有桓君大小太常章句」（『後漢書』三七、桓栄）とあって、今学たる章句を整理・策定する作業も行っている。すなわち、光武帝が図讖を信じたのを契機として、古学を改訂して章句とし、今学化する試みが次第に展開してくるのである。

前代、章帝期に竇憲は上記の桓郁が代々帝の師であったので、これを推薦して禁中で経典を講義させた。ただ憲の部下の班固の場合は「所学無常師、不為章句、挙大義而已」（『後漢書』四〇上）とあって、今学の章句は学ばなかったとある。憲の部下は多く武弁であったので、憲自身の学問も見るべきものはなかったと思われる。しかし、彼は車騎将軍になって崔駰を辟召したが、この駰は「年十三、能通詩・易・春秋、通古今訓詁。博学有偉才」と博学で著名であった。このように当時、官僚になるのには儒家的学問が必須であったので、有力者もこれを好んで招請した。その場合、古学か今学かの選択は当時、必ずしも一定ではなかった。駰の中子の崔瑗では「好学尽能伝其父業……遂明天官・歴数・京房易伝……後復辟車騎将軍閻顕府、時太后称制」（『後漢書』八二）とあって、車騎将軍府に召されるが、閻顕の失脚とともに排斥される。彼の学問は父業を継ぐ上で、見られるとおり天道に向かって傾斜していく様子が見られる。

六

「初中興之後、范升・陳元・李育・賈逵之徒、争論古今学。後馬融答北地太守劉瓌及玄答何休義、拠通深。由是、古学遂明」（『後漢書』六五）とあって、後漢初に古・今学についての議論が展開される。ここで古学が明らかになったが、賈逵が「讖」によって経を解釈する方法を考案し、以降、それが経の「章句」として流行した。『後漢書』儒林列伝六九上に「梁太后詔曰、大将軍下至六百石、悉遣子就学。毎歳輒於郷射月、一饗会之、以此為常。自是、遊学増盛、至三万余生。然章句漸疏而多以浮華相尚。儒者之風蓋衰矣」とあって、この時期に学生こそ増加したが、実質は「章句」学に疏（うとく）なり、代わって「浮華」を尊ぶ風潮が生まれたため、儒者の伝統的気風は衰えたと言われる。当時、党人たちは権力によって誅殺され、党に関わった高名の善士は多く流配されていた。従って、新たに生じた「浮華」の思想の潮流は以後、魏晋時代まで継続するに至る。一体、この「浮華」の内容とは何か。

『魏志』巻三に「其郎吏学通一経、才任牧民。博士課試、擢其高第者、亟用其浮華、不務道本者、皆罷退之」と見えて、郎吏選抜に内容の変化があったことを言っているし、『呉志』巻一六にも「今則不然、浮華者登、朋党者進」と「浮華・朋党」の人たちが官吏に登用されたとある。少し時点が下るが、「晋氏以来、文章競為浮華、魏丞相泰欲革其弊」（『資治通鑑』一五九）とあるように、文章に経義が用いられず、代わって「浮華」が競われたと言う。思うに曹操父子を中心とする建安文学の華美が官途にも反映してきたものであろう。『史伝三編』一九には「老荘浮華非先王之法、言不可行也」とあって、「浮華」は老荘思想と結び付けられている。こうして見ると、少なくとも「浮華」とは儒家思想に反する性質の思想内容であった。『経義考』一四〇にも「王邵史論曰、魏晋浮華、古道夷替、……士大夫恥為章句」とあって、後漢時に盛んであった儒家の「章句」さえもが排除され、「浮華」が主流になったと記述される。亦、『史纂通要』九に「初（何）晏好老荘書与夏侯玄、荀粲、王弼之徒、競為清談、祖尚虚無、謂六経為聖人糟粕。由是、天下士大夫争慕効之、遂成風俗。不可復制。明帝悪其浮華抑而不用……」とあるが、こうした老荘を主とする清談の徒は儒家の経典を聖人の糟粕とけなし、「浮華」にそれを代えたのである。この学を「漢魏之季、何晏・王弼始好老荘、尚清談、謂之玄学、学士大夫翕然景嚮、流風波濤不可防制。於是、稽康・阮籍……皆一時名流跌宕……竹林七賢蔑棄礼法」（『郝氏続後漢書』四八）とあって、「玄学」と称する。『歴代通略』一に「自魏以来、何晏・王弼之徒、祖尚浮虚、敗棄礼法。士大夫靡然一従之。武帝曽不之止。君臣上下其弊如此。凡此皆晋之所以亡也」とあり、武帝・司馬炎がこの弊害を抑えなかったので、晋朝は滅亡したと論ずるほどである。『郝氏続後漢書』八三下に「竇太后好黄老術……太后不悦下綰・蔵吏、皆自殺。故漢政之不能追還三代。皆老荘之術誤之也。終漢四百余年、而道術不復于正。及何晏・王弼再尚老荘為清談、宗虚無。為魏晋膏肓之疾云」とあって、前漢期まで遡って、その起源を論じているが、その当否はともかくとして、この思想の流布が魏・晋期の弊害となったといっている。ただ魏朝では明帝・曹叡が清談の士を排除し、「明帝以其浮華、皆抑黜之。及爽秉政。乃復進叙任為腹心。颺等欲令爽立威名於天下」（『魏志』九）とあって、一旦彼らを退けるが、明帝が崩じ曹爽が政治を執ると、彼らは復権した。しかし嘉平元年になって、「太傅司馬宣王奏免大将軍曹爽、弟中領軍羲、武衛将軍訓、散騎常侍彦、官以侯就第。戊戌、有司奏収黄門張当、付廷尉、考実其辞、爽与謀不軌。又尚書丁謐・鄧颺・何晏、司隷校尉畢軌、荊州刺史李勝、大司農桓範、皆与爽通姦謀夷三族」（『魏志』四、斉王）とあって、司馬懿が爽を排除するとともに、浮華の党人は総て排除される。司馬懿は「博学洽聞、性深阻……尤善孫呉兵法」（『郝氏続後漢書』七五上）とあって、軍略に長じていたが、思想的に浮華の徒とは本来相容れない人物であり、「自是、政帰于懿父子」（『蕭氏続後漢書』二）とあるよう、魏朝に替わって晋朝を立てることになる。

結　語

前漢の晩期に漢朝の命運が衰えると、再受命のため、天の意志を窺う思想が出現する。甘忠可・夏賀良に始まり、その系列と思われる前漢・元帝期、于吉が太平経を提示したが、儒家・劉歆がこれを妖妄として排撃した。ただ、これが宮中にあった黄老思想と共鳴して、やがて後漢末、黄巾の乱に繋がって行く契機となる。遡って後漢初期、光武帝が図讖を信奉したため、儒家と対立した。この天・人の矛盾を貫逵が折衷し、章句学を構成することによって、その対立を回避した。以後、古・今学として儒家思想は展開していく。

外戚・梁太后がその詔で太学生を増加し、三万余人となってから、章句学が疏になって、代わって「浮華」が流行する。文章の華美は文学の流行からであろうが、その思想内容は老荘であるという。この浮華が曹操父子による建安文学によって一層、盛行することになる。他方、曹操の後継を巡って、曹丕と曹植をめぐって、その側近同士が激しく争う。前者は儒家系の思想によるもので、後者は老・仏系の思想を背景とするという相違があった。魏の明帝は「浮華」を抑制し、曹爽は逆にそれを推奨して対抗した。そのうち、爽は司馬懿と覇権を争って敗れ、彼の側近も排除されて、儒・老荘の思想闘争はここにおいて終結した。

注

（1）拙稿「後漢期、皇帝・皇太后の政治と儒家思想」（『史学研究』第二五六号、二〇〇七）。

9 「浮華」論考

序

「浮華」の語の、後漢・三国時代に出現するもので見ると「浮華は無用の言なり」（『後漢書』魯丕列伝第一五）背き末を逐い、以て浮華に陥る」（『三国志』巻二七、王昶伝）等とあるように、基本から外れた役に立たないという言葉を指しており、根本に反し末端を追うものの謂なのである。同前に「人若し至行に篤からざれば、本に背き末を逐い、以て浮華に陥り、以て朋党を成す。浮華なれば則ち虚偽の累有り、朋党なれば則ち彼此の患有り」とあって、先の引用文と同様の意味を表わしている。ただこの文章では「浮華」はそれ自体、用法として単独で使用されているのではなく、朋党を形成する契機となる存在と理解している。このように「浮華」が個から離れて人と人とを繋ぐ観念作用を持つとなると、それは一種、社会現象と化するであろう。とりわけ後漢末から曹魏の時期へと時代が移行するに従って、「浮華」の人士はその時代の政治と深く関わって、やがて無視しえない勢力を作り出していく。本章では主流の儒家思想と対峙する「浮華」の思想を、その時代の社会現象として扱うこととしたい。

一

既に前漢代、董仲舒は「重ねて文学を禁とし、書を挟するを得ず」（『漢書』巻五六）といい、後漢代に中央政府は「刺史は所部を挙げ、郡国の太守と相は墨綬を挙げ、隠親して心を悉くし、浮華を取ること勿かれ」（『後漢書』安帝紀第五）とあるように、郡国の太守にたいして「浮華」なる傾向を抑制するよう戒めている。降って後漢代になって、梁皇太后が太学制度に力を入れて、学生増を推進する策を採ったことを契機として、

是れ自り遊学するもの増ます盛にして、三万余生に至る。然れども章句、漸く疏かにして、而して多く浮華を以て相い尚び、儒者の風、蓋し衰う。（『後漢書』儒林列伝第六九上）

とあるよう、京師に遊学する者が増加した。しかしその中で、後漢の儒学の要たる「章句」の学問が衰微するに至って、それに反する「浮華」を尊ぶ傾向が重視されたため、儒者の風気は衰えてきたと言われる。『同書』文苑列伝第七〇下、酈炎伝には「浮華を崇び、賢才は抑えて用いず」とあり、同様、「浮華なる者登り、朋党なる者進む」（『三国志』巻六一、陸凱伝）とあるように、こうした「浮華」重視の傾向は全国的な趨勢となってきた。

以上のように「浮華」は儒学の「章句」に対置される存在であり、この時期の流行となるが、その「本」に背く「末」とは一体、どのような内容を指すのであろうか。

官吏登用の場合、先掲『後漢書』安帝紀第五の注には「皆な隠審して心を尽くし、浮華にして実ならざる者を取ること勿からしむ」とあって、「浮華不実なる者」を採用しないよう言っている。「浮華」の指すところについて、『後漢書』蔡邕列伝第五〇下に、

六世の祖の勲、黄老を好み、平帝の時に郿の令と為る。……邕……少なくして博学、太傅の胡広に師事す。辞

章・数術・天文を好み、妙みに音律を操る。……建寧三年……召して郎中に拝し、東観に校書す。議郎に遷る。邕以うに、経籍は聖を去ること久遠にして、文学は多く謬り、俗儒は穿鑿して、後学を疑誤せり。……初め帝、学を好み、自ら「皇羲篇」五十章を造る。因って諸生の能く文賦を為る者を引く。本は頗る経学を以て相い招くも、後、諸もろの尺牘を為り及び工みに鳥篆を書す者、皆、加えて引き召す。遂に数十人に至る。

とあり、蔡邕が「辞章（詩歌・文章）」を好み、他方、経籍は聖を去ること久しいと批判しており、とりわけ俗儒の語句の穿鑿は後学を誤らせていると論じる。彼が儒学を批判し辞章を好むところは、後の「浮華」に類するであろう。

霊帝もまた学を好んだが、諸生で文賦に長けた者を招き引いて、吏に用いている。更に筆跡の良好な者も皆、官に召して、その数が数十人にまでに至ったと言われる。こうした皇帝の意志に応じて、侍中祭酒の楽松・賈護がこの方針をなお推進し、

侍中祭酒の楽松・賈護、多く無行・趣勢の徒を引きて、並びに鴻都門下に待制せしめ、憙んで方俗閭里の小事を陳ぶ。帝甚だ之を悦び、待つに不次の位を以てす。（同前）

とあるように、鴻都門において儒家を除外した「無行・趣勢の徒」たちの人事を行ったのである。その始めは「（光和元年二月）始めて鴻都門学生を置く［鴻都は門名なり。内に於いて学を置く］」（『後漢書』霊帝紀第八）とあって、霊帝の光和元年に該当する。先掲『後漢書』蔡邕伝に拠れば、当初は経術と合わせて文賦をなす者を招いたのであるが、後になると経学に全くかかわりのない尺牘・鳥篆を為す者を召したと言う。すなわち字の上手な者、篆書の巧みな者を官吏の対象者としたのである。そして先述の侍中祭酒・楽松・賈護・江覧ら三二人（『後漢書』酷吏列伝第六七、陽球伝）によって、礼教の学問から離れた選挙を実施したため、一段とその「俗化」が進められたとされる。彼らは、

皆な微蔑より出で、斗筲の小人なるも、世戚に依憑し、権豪に附託し、……或は賦一篇を献じ、或は鳥篆をば簡に盈たし、而して位、郎中に升る。（同前）

とあって、大凡卑賤の階層から出仕しているが、前漢・武帝代の金馬門の人事とは異なって、鴻都門出身者は封侯され高い爵も得ていたのである。

ところで、『文献通考』巻四〇、学校一に、

太公曰く、……太学は公学なり、鴻都学は私学なり。学は乃ち天下の公、而して以為らく人主の私は、可なるや。是を以て、士君子の与に列を為さんと欲する者は、則ち以て恥と為す。公卿州郡の辟を挙ぐるや必ず勅書して、之を強う。人心の公、豈に誣う可けんや。

とあり、また、

武帝の時、文学の司馬遷……東方朔の輩の如きと雖も……固より未だ嘗て任ずるに要職を以てせず。而して霊帝の時、鴻都門学の士、封侯・賜爵を有するに至りては、士君子皆な、与に列を為すを恥ず。則ち其の人品、知る可し。（同前）

とあるように、言うまでもなく太学が公学なのに対して、この鴻都学は天子の私学とみなされているのである。従って、士君子らはこの私学の士と同列となるのを恥としたと言うのである。『歴代名臣奏議』巻一六七に、

熹平中、詔して諸生の文賦を能くする者を引きて鴻都門下に待制せしむ。蔡邕力争し以て辞賦を為るも、小才は益無し。治に於いては経術に如かず。魏晋より以降、始めて文章を貴び、而して経術を賤む。詞人を以て英俊と為し、儒生を以て鄙樸と為す。

とあって、文章に長けた蔡邕でも、一方では伝統の経術をも軽視せず、また「浮華」にもならず、双方のバランスをとっていたのであるが、それが魏晋以降になると、こうした漢代とは異なって、「文章・文学」の方が経術を遥

かに凌駕しており、経術を無視するほどの高い評価を得るに至ったのである。

霊帝自身は「書を好み、天下に徴して書を求む。鴻都門においては数百人に至る。八分は宜官を称して最と為す」（『記纂淵海』巻八二）とあって、元もと書を好んだと言われる。ここに見える宜官とは、『分隷偶存』巻下に、

南陽の人なり。霊帝書を好み、天下の工書者を鴻都門に徴して数百人に至る。八分は宜官を称して最大と為す。則ち一字の径、丈にして、小なるは乃ち方寸。千言、甚だ其の能をほこる。性、酒を嗜む。或時、空にして酒家に至る。其の壁に書して以て之を售る。観者、雲集し、酤者售ること多し。則ち之を鏟去す。……師宜官の書は鵬翔の如く、未だ息わず翩翩として自ら逝く。師宜官、鴻都の最能たり。大は能く小允、上の中たり。妙品八分、九人、師宜官。

とあるように、師宜官の謂であって、この人の書が当時、最も優れているとの評判であった。『同書』にまた、

梁鴻字は孟皇……霊帝、之を重んず。亦、鴻都門下に在り。幽州刺史に遷る。師宜官、書する毎に輒ち削りて、而して其の柎を焚く。梁鵠乃ち益すに板を為す。之が酒を飲むに、其の酔を候い而して、その柎を窃む。梁、卒に書を以て選部尚書に至る。……武帝、帳中に懸著し、釘を以て壁土に及んで之を玩す。以為らく宜官に勝れりと。宮殿題署をして多く是れ鴻の書なり。師宜官、小字を善くし、梁、大字を善くす。梁鴻の書の如きは太祖寝を忘れて、之を観る。

とあって、梁鴻と言う書家がいたのであるが、魏の曹操は梁の書を先の師宜官より秀れていると評価していたそうである。

当時の書家が使った筆先は、

王羲之の「筆経」に曰く、漢時の諸郡、兎毛を献ず。鴻都門に書す。惟だ趙国の毫有りて中用す。時人咸な言う、兎毫に優劣無し。管手に巧拙有りと。（『太平御覧』巻六〇五）

とあるように兎毛であった。

「広志」に曰く、漢の諸郡、兎を献ず。鴻都門題に毫書す。惟だ趙国の毫は中用す。「論衡」に曰く、兎、雄毫を舐め而して孕み、其の生子に及んで、口中従り出す。（『同書』巻九〇七）

とあるのも同様で、これは諸郡から献納させていたものである。こうして鴻都門で選抜された学士たちは儒家の素養こそないが、文章を善くし、詞賦に優れていた。そして、その作品を兎毛を用いた筆を使って書き上げた。文章の素養のあった曹操は先述のように優れた書家の作品を身近に置いて常時、観ていたのである。こうして後漢末期から文章・書道が鴻都門を中心に発展し、その場所で各人の才能が評価を受け、官途に選挙されていた。先に見た蔡邕は、

張澍曰く、『北堂書鈔』を按じて引きて云う、蔡邕、自ら能書を矜り、兼ねて斯籀の法を明かにす。紈素を得るに有らざれば妄りに下筆せず。工、其の事を善くせんと欲するに、必ず先ず其の器を利す。（『同書』）

とあって書を良くしたが、また『墨池編』巻三に、

飛白なる者を按ずるに、後漢左中郎将蔡邕の造る所なり。王隠・王愔並に云う、飛白は楷を変ずるの法なりと。本と是れ宮殿の題署にして、勢い既に丈字に径る。宜しく軽微にして満たざるもの、名づけて飛白と為す。王僧虔云う、飛白は八分の軽者なり。此の説有りと雖も起こる由を言わず。漢の霊帝・嘉（熹？）平年の詔を按ずるに、蔡邕、聖皇篇を作る。篇成り、鴻都門上に詣る。時に方に鴻都門を修飾す。伯喈待詔門下、役人の堊帚を以て字を成すを見る。心悦ぶ有り。帰りて飛白の書を為す。漢末魏初、並に宮闕に題署するを以てす。其の体、二あり。創法、八分に於いてす。小篆に窮微し、自から蔡公、妙を設くるに非ず。豈に能く此に詣らん。冥通に勝寄すると謂うべし、縹緲たる神仙の事なり。張芝の草書に簡易流速の極を得たり。蔡邕の飛白は華艶飄蕩の極を得たり。字の逸趣、復た此の二途に過ぎず。

とあるように、書法としての「飛白」を考案したのである。彼の娘、蔡文姫によると、

臣の父、隷字の八分を割きて二分を取り、李の篆字の二分を割きて八分を取る。故に八分と名ず。其の体を為す、篆多くして、隷少なし。所謂、漢篆なる者なり。（『名義考』巻七）

とあり、「飛白書なるもの者は蔡邕に肇り、代りて好尚を為す、伝世すること無窮なり」（『六芸綱目』付録）とあり、飛白は当時、華艶飄蕩の極致とみなされたのである。

先述のように、書には筆を使用したが、既述のように漢代では、筆に兎の毛を用いたとある。そして書の善し悪しは腕の巧拙によるので、毛の質にはとりわけ関係がないと言っている。別に鴻都門では、

霊帝は鴻都門の売官を開く。又、私かに左右に令して公卿を売る。公は千万、卿は五百万。崔烈は銭を入れて三公を得たり。子の鈞に問いて曰く、「我、三公為り。人以て何と為す」と。鈞曰く、「論者は其の銅臭を嫌う」と。烈、怒りて之を撃つ。（『錦繡万花谷』後集・巻二〇）

とあって、この場所はまた、銭を出して官を買う場所にもなっていた事が注目される。そして「（崔）烈……得て司徒為り。是において声誉、衰減す。……今、その位に登る、天下失望せり」（『古今事文類聚』新）とあって、士大夫らは金銭で官位を買った人に対して、それが高位であっても、金銭の「銅臭」を嫌ったと言うのである。以上のように見てくると、後漢・霊帝の頃から、大きな社会的変化が生まれて来ていることが分かる。すなわち、従来の儒家的素養の比重が軽減し、それに代わって文章・辞賦の能力が高い評価を得ており、それに伴って書法もまた、尊重されるに至っている。更に社会経済的な側面で重大なのは、朝廷が官・爵を販売するに至ったことである。こうして始まった鴻都門出身の学士たちは「「続漢書」に曰く、霊帝、鴻都門諸生を置く。能く尺璧賦を為り、及び工みに鳥篆を書すを以て、相い課試し千人に至る」（『太平御覧』巻七四九）とあるように、合格者は長い賦を作り、優れた書を書き、巧みに篆字を記す能力のある者たちであった。『冊府元亀』巻五三八に拠ると、

今、妾媵・嬖人・閹尹の徒は共に国政を専にし、日月を欺罔し、又、鴻都門下に群小を招会し、賦説を造作し、虫篆小技を以て、時に寵せらる……旬月之間、並に各おの抜擢され、楽松は常伯に処る。

とあって、国政を壟断する宦官らが、鴻都門下の下吏の賦や書の優れたのを誉めて、彼らを上位の官職に抜擢したのである。これより少し時代が下るが「晋氏以来、文章競いて浮華を為す。魏の丞相の泰、その弊を革めんと欲す」（『資治通鑑』巻一五九、大同一一年（五四五）五月の条）とあって、「文章」の内容に「浮華」的な表現が競って使われたとしている。そして『史伝三編』巻一九に「老荘・浮華は先王の法に非ず、言、行うべからざるなり」とあり、『経義考』巻一四〇に「故に王邵の史論に曰く、魏晋の浮華、古道は夷替……士大夫、章句を為すを恥ず」とある。これらで見ると「浮華」は「老荘」思想と連語されると共に、魏晋代では、それが「古道」になり代わって、儒家の「章句」を学ぶ事自体が士大夫の恥じる所になったとさえ言われるようになっている。『史纂通要』巻九に、

初め晏、老荘の書を好む。夏侯玄・荀粲・王弼の徒と、競いて清談の祖たり。虚無を尚び、六経を謂いて聖人の糟粕となす。是に由り、天下の士大夫、争いて之を慕効す。遂に風俗と成り、復た制すべからざるなり。明帝、其の浮華を悪み抑えて用いず。

とあって、「浮華」思想の発展と共に、それが仲間たちを結集する「清談」として結晶して以来、いよいよ著名になり、儒家の経典を「聖人の糟粕」と卑視し攻撃する武器にまでなったのである。勿論、「古道」に拠る儒教派からは、「此の浮華文士は人主の左右に在りて使うべからざるなり」（『義門読書記』巻一八）とあるようになお、先王の法を守り、「浮華」の文士を君主の側近に置くのには真っ向から反対している。しかし『経義考』巻二三に、

独り魏の王弼と鍾会は同学、尽く旧説を去り、之に雑うるに荘老の言を以てす。是に於いて、儒者、専ら文辞を尚び、復た原を推さず。

とあるように、王弼・鍾会の両人は儒家の旧説を排除して、老荘の言を用いたと言う。『同書』同巻の陳振孫の注に「其の学は専ら王弼を以て尽く旧説を去り、雑うるに荘老を以てし、専ら文辞を尚ぶは是に非ずと為す」とあり、『同書』巻三一に「呉の蕭公曰く、王弼、老荘虚無の学を以て、道の論を害す。経文を淆乱するに至る」ともある。こうして儒家の経文を老荘思想で以て解釈するのが流行するようになった。『同書』同巻に、

胡一桂曰く、漢儒の変乱を始めるより、古易流れて術数の帰せらる有るに至りて、卒に大いに乱れたり。王弼に於いて且に雑うるに虚無の論を以てす。吾が易は遂に晦にして天下に蝕ばまれ、寥寥なること千載なり。

とも言っており、易を虚無思想で解するのを批判しているのは後代になってからである。

二

後漢代は一般的には、儒家による経典の「章句」が学問の主流であったが、それとともに、「文学」による選挙もあった。既に前漢・武帝代に「賢良・文学」の科があったけれども、ここに言う後漢の「文学」と言う内容はどのようなものであったのか。

まず前漢で見ると「孝武皇帝……建元元年冬十月……賢良・方正、直言極諫の士を挙げしむ」（『漢書』巻六、武帝紀）とあり、同年の記事として「武帝初めて即位し、賢良・文学の士を招く。……元光五年、復た賢良・文学を徴す」（『漢書』巻五八、公孫弘伝）とあって、後者に「文学」の語が見える。さらに『同書』巻六五、東方朔伝には、

武帝初めて即位し、天下に徴めて方正・賢良・文学材力の士を挙げしむ、待つに不次の位を以てす。

とあり、ここで「文学」の語が使われている。また『史記』巻一二一、儒林伝には、

郡国県道邑に、文学を好み、長上を敬い、政教を粛み、郷里に順い、出入は聞く所に悖らざる者有らば、令相長丞、上げて所二千石に属む。二千石は謹察して可なる者、当に計偕を与にすべし。太常に詣り、業を受くるを得たること弟子の如し。一歳皆な輒ち試す。能く一芸に通じる以上は、文学掌故の欠に補う。其の高弟以て郎中と為る可き者は、太常籍して奏せん。……礼を治め次いで掌故を治め、文学礼義を以て官と為し、留滞を遷し、其の秩比二百石以上、及び吏百石一芸に通じる以上を選択し、左右の内史・大行の卒史に補うを請う。……若し足らざるは、乃ち掌故を択び、中二千石の属に補う。文学掌故は郡属に補い員に備えん。功令を著わすを請う。佗れ律令の如しと。制して曰く、「可なり」と。

とある。また「丙科四十八、文学掌故に補う」（『漢書』巻八八、儒林伝）とあり、『同書』巻八一、匡衡伝には、「衡、射策甲科なり、令に応ぜざるを以て、除して太常の掌故と為り、調して平原の文学に補す」とあり、『同書』巻五八、兒寛伝には、

兒寛……郡国の選を以て博士に詣り、業を孔安国に受く。……射策を以て掌故と為り、功次もて廷尉文学卒史に補す。

とあり、また『漢書』巻七、昭帝紀には「（始元五年）詔して曰く、……其の三輔・太常をして賢良各二人、郡国の文学の高第各一人を挙げしむ」と見え、同じく昭帝即位六年の詔に「郡国の挙げる所の賢良・文学に民の疾苦する所を問わしむ」とある。これは『塩鉄論』における「文学」を指している。

上記の諸例でみると、「文学」の内容について触れるものについては、必ずしも明確な分析は施されていないけれども、「博士弟子」の項に見るように、「文学を好む」人が太常で授業を受けて、文学掌故に補せられるケースがあった。太常は礼楽・祭事を扱う官であるから、ここで習得する文学とは儒家的性格の礼・楽であろうし、それに伴う祭事がその内容であるとするのが妥当であろう。すなわち前漢の語句「文学」とは儒家的性格のものであり、

或いは法律を指す場合もあったのである。『漢書』巻四〇に「周勃、文学を好まず……臣瓚曰く、令、直言、経書を称するなかれ」とあって臣瓚の註では文学は経書を指すものという。

後漢の光武帝代に、

王隆……建武中、新汲の令と為る。文章を能くし、著す所の詩・賦・銘・書は凡そ二十六篇。初め王莽の末、沛国の史岑子孝も、亦、文章を以て顕わる。（『後漢書』文苑列伝第七〇上、王隆伝）

とあるように、後漢初に至って、「文章」に優れた人が注目されてきた。次いで章帝代になって、

黄香……遂に博く経典を学び、精を道術に究くし、文章を能くす。京師号して曰く、「天下無双、江夏の黄童」と。……粛宗、香に詔して東観に詣らしむ。（同前、黄香伝）

とあって、ここでも「文章」の能力を基準にして、黄香が評価されている。また、『同書』同列伝、傅毅伝によると、

章句を習い、因りて「迪志の詩」を作る……建初中、粛宗、博く文学の士を召し、毅を以て蘭台令史と為し、郎中に拝す……是に由り文雅は朝廷に顕わる……班固を中護軍と為す。憲の府の文章の盛なること当世に冠たり。

とあって、三代目粛宗、章帝の時期になり、大将軍竇憲の幕府中の官職として、「文学」の士が徴召された。この「文学」は内容が「文雅」と表現されているので、明らかに先代の礼楽風・或いは法家風の儒家的「文学」の用法とは区別されたもので「文章」の意味を持つ内容の「文学」に外ならない。それまでは『同書』同列伝、杜篤伝に「篤、後に郡の文学掾に仕う」とあり、また、『後漢書』儒林列伝第六九上、楊倫伝に「司徒の丁鴻に師事し、古文尚書を習い、郡の文学掾と為る」とあって、地方の郡に文学掾があったけれども、その「文学」は当然、儒家の思想を内容とするものである。そして、この時までは中央官庁においても「文学」・文章を専門にする官職はみら

れなかった。更に『同書』文苑列伝第七〇上、崔琦伝に「少くして京師に遊学し、文章博通を以て称せらる。初め孝廉に挙げられ郎と為る」とあり、また『同書』同列伝、李尤伝に、

少くして文章を以て顕わる。和帝の時、侍中賈逵尤には相如・楊雄の風有りと薦め、召して東観に詣らしむ。

とあって、司馬相如・楊雄のように、文章に優れ、それに拠って東観に召され、図書を扱う官職に就く。しかし、李尤の場合は、このように書籍を扱う職に就いているものの、なお文学・文章を専門とする朝廷の官職名は見あたらず、そこには就任していないから、かかる官職はなお、中央政庁に設置されていなかったのであろう。『同書』同列伝に見える辺韶の場合では「文学を以て名を知られ、教授すること数百人。……桓帝の時、……徴せられて太中大夫に拝す。東観に著作す」とあって、太中大夫の職につき東観の仕事も兼ねていたが、これも「礼教」の書籍を取り扱う意味での「文学」に外ならなかった。先に掲げた『後漢書』傅毅伝によれば、粛宗の時代になって以来、従来の「文学」概念と分離した「文雅・文章」が盛んになっていく状況を窺う事ができる。このように見て来ると、後漢代に用いられた「文学」は始めは、従来どおり礼教の意味を持っていたが、やがて文章・文雅の意味も併せ持つようになって来ており、後漢初の「文学」が何れの用法であるかを個々に区別する必要がありそうである。以上、概観すれば、「文学」は始めに儒家的礼教を指す内容から、時代が降ると共に「文雅・文章」の意味を強めて真の「文学」となる傾向にあったと思われる。

三

『後漢書』左周黄列伝第五一の「論」に「左雄・黄瓊の政事は貞固たり。桓焉・楊厚、儒学を以て進む。崔瑗・馬融、文章を以て顕わる」と記す。ここで儒学と区別された「文章」が、該当するその人物の評価内容として現れ

てくる。崔瑗は「恵棟曰く、世説に駰は文才有り」とあって、彼の父は文章の才能があった。彼自身は、『同書』崔瑗列伝第四二に、

瑗、字は子玉、早くにして孤なり。志を鋭くして学を好み、尽く能く其の父の業を伝う。……其の南陽文学官志は後世に称せられ、諸もろの能く文を為る者、皆な自ら以て及ばずとす。瑗は士を愛して賓客を好む。

とあって文学に優れ、文章を志す者は皆、自分の才能が到底、崔瑗には及ばないと思っていたと評判になった。また、『同書』荀悦列伝第五二には「献帝、頗る文学を好む。悦と彧及び少府の孔融、禁中に侍講す」とあって、後漢代終わりの皇帝である献帝も文学を好んだとあるが、この「文学」は恐らく文章の意であろう。『崇古文訣』巻一七に、

魏晋自り以降、人主始めて通才を貴び、而して守節の人臣を賤む。始めて浮華を尚び、而して儒術に薄くす。先王の礼を以て糟粕となし、而して純固の士を得て、以て鄙樸と為して用いず。是に於いて風俗日に壊る。偷薄に入り、君に叛するも以て、恥となさず。

とあって、とりわけ曹魏代より以降では、儒術よりも浮華（文章の中身）を尊ぶ思想的傾向が強まったと言っている。後漢代では、先掲『後漢書』安帝紀に見たように、朝廷は浮華を抑制する意図もあったが、既述のように梁太后以来、文学に伴う浮華が尊ばれるようになり、曹魏代になると、それが規制の出来ない程にまで発展する。やがて「魏晋の浮華、古道夷替す……士大夫、章句を為すを恥とす」（『経義考』巻一四〇）とある状況までになっていて、儒家の正統である「章句」を学ぶことが恥辱とされる状態さえ現われたと言うのである。後漢・献帝の建安期においては、それに加えて、実力者であった曹操父子の詩文好みもあって、文章の良否こそが学問の核として喧伝されるようになったのである。

四

こうして伝統的な儒家思想と新思潮である「文章・文学」が、とりわけ曹氏の権力拡大の中で、相互に争いを繰り広げるようになる。その典型的事件として注目されるのは嫡子曹丕と次男曹植の何れが太子となるかの跡目争いの一件に関してであった。曹丕・曹植両者の間柄に限って言えば、そこに抗争は無かったという説（伊藤正文『中国詩人全集』第三巻・曹植、岩波書店、一九五八年、「解説」参照）もあるが、しかし、とりわけて両者の側近相互の争いの方が激烈であった。弟の曹植は建安一六年、平原侯となり三年間その地位にいて、同一九年に転じて臨菑侯となっている。兄の曹丕は既にこの時（建安一六年）、五官中郎将（副首相）に就いていた。曹植の側近としては楊修・丁儀・丁廙らが侍しており、「文学」に共鳴する者としては、他に邯鄲淳・楊俊・荀惲・孔桂らがいて、彼らは挙って曹植を支持していた。

一方、曹丕の側には曹真・刑顒・崔琰・桓階・陳群ほか、毛玠・徐奕・何夔ら（『三国志』巻一九）がいたが、これらの人たちは「皆鯁臣、碩輔」（同前）とあるように、儒家的な気風をもち、それ故に強く嫡庶の観念を保持していたのである。ここに見る刑顒という人物は『三国志』巻一二、本伝に、

初め太子未だ定まらず。而して臨菑侯植、寵有りて、丁儀等並に其の美を賛翼す。太祖、顒に問う。顒、対えて曰く、「庶を以て宗に代うるは、先世の戒なり。願わくは殿下深く之を重察せよ」と。太祖、其の意を識る。

とあって、嫡子を尊重すべきを言い、崔琰の場合も『同書』巻一二、本伝に、

魏国初建……時に未だ太子を立てず。臨菑侯植、才有りて而して愛さる。太祖狐疑し、函令を以て外に密訪す。唯だ琰、露板し答えて曰く、「蓋し聞く春秋の義は、子を立つるに長を以てす。加うるに五官将、仁孝聡

明、宜しく正統を承くべし。琰、死を以て之を守らん」と。植は琰の兄の女婿なり。太祖、其の公亮なるを貴び、喟然として歎息せり。

とあり、やはり「春秋の義」を引用して嫡子を評価し、その理念で、曹兄弟跡目の事態に対応しているのである。彼の行った選挙は「琰、嘗て鉅鹿の楊訓を薦む。才好足らずと言えども而して清貞にして道を守る」（同前）とあるように、人物の「才能」評価に拠らず、「守道」を以て人事をおこなうという人柄であった。桓階の場合で見ると、「魏国初建す……時に太子未だ定まらず、而して……階、数ば文帝の徳優、歯長を陳べ、宜しく儲副為るべし。公規、密諫、前後懇至す」（『三国志』巻二二、本伝）とあって、曹丕の人「徳」のある点を評価する。また、陳群は「文帝、東宮に在り、深くその器を敬う。待つに交友の礼を以てす」（同前、陳群伝）とあるように、曹丕の元からの友人であった。

曹植については、

太祖嘗て其の文を視る……甚だ之を異とす……（植）性、簡易にして、威儀を治めず、輿馬の服飾は華麗を尚ばず……特に寵愛を見る……十九年、徙りて臨菑侯に封ぜらる……植、既に才を以て異なるを見る。而して丁儀・丁廙・楊修等、之が羽翼たり［王鳴盛曰く、……丁儀・丁廙、魏に有名］。今、粲伝の附書に云う。沛国の丁儀・丁廙、弘農の楊修、河内の荀緯等、亦た文采あり。又、劉廙伝の附見に云う、丁儀と共に刑礼を論ずること此の如し、亦た足れり。（『三国志』巻一九、陳思王植伝）

とあり、同伝にまた、

植、既に才を以て異なるを見る。而して丁儀・丁廙・楊修等、之が羽翼たり。衛臻伝に云う、太祖久しく太子を立てず。方に臨菑侯を奇として貴ぶ。丁儀等、之が羽翼たり。是れ奪嫡の罪なり。儀・廙、大と為す。（同前）

とあって、曹植の文章の才は父・操も高く評価するところであり、その才能を慕って「文采」のある人士が争い集まり、上記のように彼らは曹植の羽翼となったと言われる。ここに見える楊修の場合では、

世語に曰う、修、年二十五、以て公子と名づく。才能あり。太祖の器とする所為り。丁儀兄弟と与に皆、植を以て嗣と為さんと欲す。太子、これを患う。……修、果して白にして而して人無し。太祖、是に由って焉れを疑う……修と賈逵・王淩並に主簿と為り、而して植の友とする所と為る。……太祖の意を忖度し、予め答教十余条を作る。門下に勅して、教出づれば次を以て答う。教裁かに出づれば、答已に入る。太祖、その捷なるを怪しみ、推問して始めて泄す。（同前、注）

とあって、矢張り曹植を強く支持し、曹操の下問に答える為のテキスト「答教」を作り、これを植に与えたという。しかし曹植を高く評価した曹操も袁氏の甥である楊修を嫌うと同時に、「太祖……遣りて仁を救わんと欲す、呼びて勅戒する所あり。植、酔いて命を受くる能わず。是に於いて悔みて之を罷む」（『同書』巻一九、陳思王植伝）、「太祖既に植を立てんと欲するの意あり。而して儀又、共に之に賛す。太子の立つに及び、儀の罪を治めんと欲す」（同前、注）とあって、曹仁救援の際における曹植の対応にも不満を持ち、折角の太祖の曹植支持の意欲が失われてしまったとある。丁廙の場合で見ると、

少くして才姿有り、博学洽聞たり。……廙、嘗て従容として太祖に謂いて曰く、「臨菑侯、天性仁孝、自然に発して聡明智達なり。其れ殆ど博学淵識に至るに庶幾し。文章に絶倫なり。当今の天下の賢才君子、少長を問わず、皆な其の游に従うを願う、而して之が為に死せん。実に天の福を大魏に鍾める所以なり。而して永く無窮の祚を授くるなり」と。……太祖答えて曰く、「植、吾れ之を愛せり、安んぞ能く卿の言の若し。吾れ之を立て嗣と為さんと欲す、何如」と。廙曰く「此れ国家の興衰する所以にして、天下の存亡する所以なり。……」と。太祖深く之を納る。（同前）

とあって、曹植を強く賞賛しており、その賛辞は一旦、太祖の容れるところとなったと言われる。飛白の書を嗜んだ邯鄲淳の場合では、

淳、文学官属中に在って使いせんと欲す。臨菑侯植も亦、淳を求む……植、初めて淳を得て、甚だ喜ぶ……植の材を歎じ、之を天人と謂う。而して時に、世子未だ立たず。太祖、俄に植に意有り、而して淳屢々、植の材を称す。是に由って五官将頗る悦ばず。（『三国志』巻二一、王粲伝注）

とあるように、曹植の才能を希代の「天人」と称するまでに尊崇しているのである。

以上、曹氏兄弟は何れも「文章」を愛好しているが、兄・曹丕の場合も「文皇帝……武帝の太子なり。飛白の書を善くす」（『書小史』巻二）とあり、伝来の飛白の書を好んだと言う。側近たちの場合は、曹丕の側では儒家的官僚たちが彼を支持しており、曹植の方は文学的官僚からの絶大な支持を得ていた。それは「植、性に任せて行い、自ら彫励せず、飲酒して節せず」（『三国志』巻一九、陳思王植伝）と、植の性格が奔放不羈であり、兄・丕では「文帝、之を御す、術を以て情を矯め自ら飾る。宮人左右、並に之が為に説ぶ。故に遂に定めて嗣と為す」（同前）と、自己規制する性格であったとされる。文学と礼教を奉ずる双方の人柄の違いと言ってよいであろう。こうした事によって、兄は高官らが支持し、後者の支持者では官位は「潘眉曰く、丁儀・丁廙、官は右刺姦掾に過ぎず、黄門侍郎に及ぶ。外、摧鋒接刃の功なく、内、升堂廟勝の効無し」（同前）とあるように、概ね低かったばかりでなく、言動を自己規制するという観念はなかった。また、曹植は思想的には老荘に傾斜し同時に、新たに到来した仏教にも興味を寄せていた。これらの思想は曹魏代における新思潮と言うべきものであり、国家的観点からすると、曹植は既成の官僚たちの思想からは離れた考えの持ち主であった。従って、植は独自の個性を持つと同時にまた、新思潮の代表者でもあったのである。「文学」を好んだとは言え、権力者であった曹操が国家維持の思想を前提として後継者を考慮せざるを得なかったのは当然で、それ故、結局、曹植の側がこの政争に敗れたことは、むしろ必然の

成り行きであったと言えよう。

五

曹丕が漢の献帝の禅譲を受けて、魏国を建て文帝と称した。文帝の在位は七年ばかりで、その後を曹叡が継ぐ。これが明帝である。この時期、曹爽が宗室の故に、

大将軍を拝し、節鉞を仮し、中外諸軍事を都督し、尚書事を録し、太尉・司馬宣王と並に遺詔を受けて少主を輔く。明帝崩じて、斉王位に即す。……剣履を賜いて殿に上り、入朝して趨らず、賛拝して名いわず。(『三国志』巻九、曹爽伝)

とあるよう、臣下として大将軍の高位に就き、太尉には司馬懿が充てられた。やがて、

丁謐、画策し、爽をして天子に白し、詔を発し、宣王を転じて太傅と為さしむ。外は名号を以て之を尊び、内は尚書の事を奏するに、先ず来りて己に由らしめ、其の軽重を制するを得んと欲するなり。(同前)

とあるように、司馬懿は太傅に転じる。これに関しては同前、王懋竑の註に、

曹爽、大将軍たり。司馬懿、太尉たり。太尉は大将軍の下にあり、転じて太傅となる。則ち大将軍の上に在るなり。「陳志」の云う所、宣王、年徳、高恒父と倶に之に事え、敢て専行せず。此れ其の実を正して、外、名号を以て之を尊び、尚書をして奏事せしめんと欲す。己に由る、此れただに晋人の辞のみ。何晏・鄧颺素と司馬師・昭と互相、称誉す。其の進用、亦た未だ必しも尽く爽の意に出ざるなり。其後、権勢相軋み、始めて相い疑弐す。故に「陳志」、その事を五年に叙し、後、八年に接す。宣王、病と謝して政に与らず。「晋書」宣帝紀、八年、帝、是において爽と隙あり。則ち先にあって、此れ固より未だ嘗てと異ならず。何晏・鄧颺、尚書

たり、司馬孚、尚書令たり。爽弟の羲は中領軍たり。懿子の師亦た中領軍たり。爽弟の彦、散騎常侍たり、懿子の昭、亦た散騎常侍たり。固より相い参用さる。爽は能く専制する者に非ず。懿の忮狠、爽・晏の輩、自ら其の掌握の中に在り。然らば其の太傅に転じる時、已に専制の意有り。懿、豈、之を覚らざらんや。豈、遅く十年に至る、而して後に発するか。又曰く、太傅・太尉官、尊卑有り、而して職位は其の答詔に異ならず。劉放・孫資、之を為す。乃ち懿の党なり。故に云う所を知る。尚書をして奏事す、已に由る者恐らくは未だ必しも然らず。

とある。これによると太傅は官僚として形式上は、大将軍よりも上位にあったと言われるが、実情は彼の棚上げを意図するものであった。曹爽の側近、何・鄧らと懿の子・司馬兄弟は始めの頃は互いに誉めあっていたと言われるが、やがて権力把握を巡って双方、軋みあう状態になる。曹爽の側近勢力と司馬兄弟の官位は均衡していたけれども、後者の背後に控える実力者司馬懿は病と称して、この均衡した政治にすぐには介入しなかった。その後、正始八年になって、帝と曹爽が不和になった。爽は本来、政治を差配しうる器の人物では無かったので、彼の徒党は裏面に在った司馬懿の腹中を外から窺う状況であった。懿が太傅に就いたときに、彼は既にその時、国家専制の意図があったと史書は指摘している。

こうした状況下において、

明帝、其の浮華を以て皆、之を抑黜す。爽の秉政に及んで、乃ち復た叙を進め、任じて腹心と為す。颺等、爽をして威名を天下に立てしめんと欲し、勧めて蜀を伐たしむ。爽、其の言に従う。宣王、之を止めるも禁ずること能わず。(『三国志』巻九、曹爽伝)

とあって、明帝は先ず曹爽の友党たちを「浮華」の名目で退けた。『三国志』巻三、明帝紀、太和二年六月の詔に、

尊儒貴学は、王教の本なり。この頃より、儒官、或は其人にあらず。将た何を以てか聖道を宣明にせん。其れ

博士の才、侍中・常侍に任ずる者を高選し、郡国に申勅して士を貢するに経学を以て先と為す。

とあるように、帝は浮華の徒を抑圧して、従来からの伝統である儒学を重視・復活したのである。同前、太和四年二月の詔には、

兵乱以来、経学廃絶し……其の郎吏の学びて一経に通ずるは、牧民に才任す。博士の課試して、其の高第に擢んずる者は、亟やかに用い、其の浮華にして、道本を務めざる者は、皆な之を罷退せよ。

とあり、重ねて浮華の者たちを罷免するよう求めた。しかしこの時に、明帝が死去してしまう。その後、斉王曹芳が即位した際に、

時に曹爽権を秉りて、将に其党を樹てんとす。毓を僕射に徙し、侍中何晏を以て毓に代う。頃之くして、毓を出して廷尉と為す。（『三国志』巻二二、盧毓伝）

とあるように、権力を回復した曹爽が、一旦退けられた友党の人士を再度登用して、彼らを優遇する。そして、吏部尚書の位置にいた盧毓を退けて、自党に属する何晏をそこに補任した。「此より前、諸葛誕・鄧颺等、名誉を馳せ、四窓八達の誚有り。帝、之を疾む」（同前）とあるように、これ以前に曹爽の党人の諸葛誕らが著名になった為、先の明帝はこれを憎み、彼らの官を抑制していたのであるが、明帝に替わって斉王曹芳が帝位に即いた時点で、曹爽は政権を再度握り、「浮華」の党人として抑制されていた彼の側近者の何晏らを大幅に復活し、それぞれ要職に就任させた。諸葛誕も同様、

誕・颺等、浮華を修め……明帝之を悪み、誕の官を免ず。……正始初、玄等、並に職に任じ、復た、誕を以て御史中丞・尚書と為す。（『三国志』巻二八、諸葛誕伝）

とあるよう御史中丞の要職に就く。同じく李勝は「亦、文才有り、東観郎と為る、賦誄頌論数十篇を著す」（『通志』巻一七五）と文才がある人物であったため『華陽国志』巻一〇・中には「李勝は文章士なり。誄方の顔子列画

学宮を作る」とあって、「文章士」と尊称されたとある。そして「李勝は正始の年に、河南尹たり、曹爽に党するを以て誅を被むる」(『同姓名録』巻七)とあって、彼は曹爽の党に属した為に結局、後に誅殺される結末を迎える。こうした浮華の党人は丁謐・畢軌らを含め「四総・八達・三預、凡十五人。帝、浮華を構長するを以て。皆な免官廢職す」(『三国志』巻二八、諸葛誕伝注)と列挙されていて、この一五人が曹爽の党の中心的人材であり、彼らが曹爽の側近を形成していたのである。

「浮華」の内容については、先掲『経義考』巻三二と「易」を例にとって言うならば、王弼が虚無の論を「易文」中に混えたために、その内容が晦渋になってしまったと指摘する。これを浮華と見なす。ここに虚無の論とは「易及び老子に注す」(『三国志』巻二八、王弼伝)とあって、老子の説を指すものであり、

斐徽……弼に問いて曰く、「夫れ無なる者は、誠に万物の資る所なり。……」と。弼曰く、「聖人、体無し、無は又、以て訓う可からず、故に説ばざるなり。老子是れ有なる者なり。故に恒言して足らざる所無し」と。尋ねて亦た侍嘏が為に知る所なり。時に于て何晏、吏部尚書為り、甚だ弼を奇とし、之を歎じて曰く、「仲尼、後生畏るべしと称す。斯の若き人は、与に天人の際を言うべきか」と。(同前、注)

と言い、この答者王弼は何晏も高く評価する人物であった。『郭氏続後漢書』巻四八に、

尤も老荘の言を好む。夏侯玄・荀粲及び山陽・王弼の徒と競いて清談をなし虚無を尚ぶ。六経を謂いて聖人の糟粕と為す。是に由って、天下の士大夫争いて之を慕効せり。遂に風流と成る。復た制すべからざるなり。晏、博学能文にして、早く重名有り。道徳論及び諸文賦を作る。

とあって、老荘を奉持する彼らは儒家を非難して清談を事としたのである。

太傅位の司馬懿とその政敵・曹爽の力は拮抗していたが、

爽……群官要職は皆、親しむ所を置き、宿衛旧人、並に斥黜せ見る。根拠槃互して、縦恣なること日に甚だし

……桓範果して爽に勧むるに、天子を奉じて許昌に幸し、檄を移して天下の兵を徴せんと。爽、用うる能わず。……乃ち曰く、「司馬公、正だ当に吾権を奪わんと欲するのみ。……」と。……乃ち爽兄弟及び其の党与の何晏・丁謐・鄧颺・畢軌・李勝・桓範等を収めて、之を誅す。（『晋書』巻一、宣帝紀）

とあって、曹爽は帝を擁して許昌に行くという桓範による折角の献策を採らなかった。一方、司馬懿は先に、会たま河南の尹李勝、将に荊州に莅まんとし、来たりて帝を候う。帝、疾篤と詐り、両婢をして侍して衣を持たしむ。衣落つ。口を指して渇くを言う。婢、粥を進む。帝、杯を持たずして粥を飲む。皆、流出して胸を霑す。勝曰く、「衆情謂へらく、明公、旧風発動すと。何ぞ意はん尊体乃ち爾らんとは」と。帝、声気をして纔に属かしめて、「年老いて疾に枕し、死、旦夕に在り。君当に并州に屈すべし。并州は胡に近し。善く之が備を為せ。恐らくは復た相い見ざらん」と説き、子の師・昭兄弟を以て託するを為す。……帝曰く、「年老にして意荒み、君の言を解せず……」と。勝退きて爽に告げて曰く、「司馬公は、尸居の余気、形神已に離る。慮るに足らず」と。（同前）

とあるような演戯を見せて、曹爽を謀ろうと試みている。彼のこの詐略に係って、李勝は曹爽に対して、彼・司馬懿を顧慮する必要がない旨の誤報を申達した。その為、曹爽は機を逸した訳である。

一旦は、

（正始八年四月）曹爽、何晏・鄧颺・丁謐の謀を用い、太后を永寧宮に遷し、専ら朝政を擅にし、兄弟并びに禁兵を典り、多く親党を樹て、屢しば制度を改む。帝、禁ずる能わず、是に於て爽と隙有り。五月、帝、疾と称して政事に与らず。（『晋書』巻一、宣帝紀）

とあるように、司馬懿は政事から離れたが、暫くして、

大将軍爽、驕奢にして度無し、……爽兄弟、数しば倶に出で遊ぶ。司農沛国桓範謂いて曰く、「万機を総べ、

禁兵を典る。宜しく並に出づべからず。若し城門を閉じる有らば、誰か復た人を内れん者ぞ」と。爽曰く、誰か敢て爾せんや」と。……嘉平元年、春正月甲午、帝、高平陵に謁す。大将軍爽、弟中領軍羲・武衛将軍訓・散騎常侍彦と皆な従う。太傅懿、皇太后の令を以て、諸城門を閉じ、兵を勒して武庫に拠り、兵を授けて出て洛水の浮橋に屯し、司徒高柔を召し、節を仮して大将軍の事を行い、爽の営に拠らしめ、太僕王観をして中領軍の事を行い、羲の営に拠らしむ。因って爽の罪悪を帝に奏して曰く、「……今、大将軍爽、顧命を背棄し、国典を敗乱し、内は則ち僭擬し、外は則ち権を専らにす。……太尉臣済等、皆な爽を以て君を無みするの心有りと為す。……皇太后、臣に令勅し奏の如く施行せしむ。臣輒ち主者及び黄門令に勅し、爽・羲・訓の吏兵を罷めしむ。……」と。爽、懿の奏事を得て通ぜず、迫窘して為す所を知らず。……懿、侍中高陽の許允及び尚書陳泰をして爽に説かしむ、「宜しく早く自ら罪に帰すべし」と。又、爽が信ずる所の殿中校尉の尹大目をして爽に謂わしむ、「唯だ免官するのみ。……」と。……爽、乃ち懿の奏事を通じ、帝に白して詔を下し己の官を免ぜしめ、帝を奉じて宮に還る。（『資治通鑑』巻七五、正始九年（二四八）秋の条）

とあるように政争の渦中に復帰した。そして司馬懿のこの決起によって、曹爽は容易く政権を奪われてしまう。同党の人士も「有司、奏して黄門張当を収む……爽と不軌を謀ると。又、尚書丁謐・鄧颺・何晏・司隷校尉畢軌・荊州刺史李勝・大司農桓範、皆な爽と姦謀を通ず、三族を夷ぐ」（『三国志』巻四）とあるように、司馬懿に総て捕われる。彼らは、

明帝、其の浮華なるを悪み、皆抑えて而して用いず。曹爽素より与に親善なり。輔政に及びて、驟に引擢を加え、以て腹心と為す。晏は進の孫、謐は斐の子なり。晏等、咸共に爽を推戴し、以為らく重権は之を人に委ぬべからずと。丁謐、爽の為に画策し、爽をして天子に白し、詔を発し、司馬懿を転じて太傅と為さしむ。外は名号を以て之を尊び、内は尚書の事を奏するに、先ず来りて己に由らしめ、其の軽重を制するを得んと欲する

なり。爽、之に従う。（『資治通鑑』巻七四、景初三年（二三九）正月の条）

とあって、曹爽が権力を執って以来、重要な官職に就いていて、爽の党派に属していたのであるが、しかし彼らは皆、浮華なる文学者タイプであり、軍事的才能にすぐれた司馬懿の策謀に抗すべき手段を全く持ち合わせていなかったため容易く敗北してしまった。

結　語

後漢・和帝の永元一一年の条に「説く者、務めて其の義を立て、浮華無用の言は、前に於いて陳べず」（『後漢書』魯丕列伝第一五）とあり、先掲『後漢書』安帝紀および注にあったように安帝・建光年代には、「浮華」はまだ「不実なる者」とする意見が通用していた。すでに後漢末期の戦乱の中、

官渡の戦に、袁紹、陳琳をして檄書を為らしむ。操の罪悪を数え、連なりて家世に及び、其の醜詆を極む。袁氏敗るるに及びて、琳、操に帰す……琳、罪を謝し、操、之を釈す。（『資治通鑑』巻六四、建安一〇年（二〇五）春の条）

とあり、「魏志に曰く、孫放善く書檄を為る。三祖、詔命、招喩、多く為す所を放つ」（『御定淵鑑類函』巻一九七）とあって、敵に送る書檄が多用された事が見え、それが「文章」普遍化の一契機でもあろうが、檄文はなお「文学」とは程遠いと言わねばならない。

さて「文章」の巧拙が詞賦の作成上においては当然、重要になってくる。同時代の崔琰・馬融の両人は文章に優れていると評価されているし、後漢・章帝の時に至り、大将軍竇憲の幕府に「文学の士」（文章の意）が召されるようになって、班固もそこに参画している。降って、梁太后が太学に学生を増募したことにより、太学では儒家の

学問が衰え「浮華相尚」とあるように、従来の儒家の「章句」研究に代わって「浮華」の文章を奉じる士が集まることになったが、彼らは洛陽北部の鴻都門と言う場所で選考されていた。ところで、この「浮華」の思想的内容については、蔡邕の六世の祖である勲が「黄老」を信仰していたと言われるように、黄老思想がその背景を為す。この黄老道については古く前漢の竇太后が信奉しており、彼らが儒家たちと対立したという往年の経緯がある。内朝の黄老信仰には、このように前・後漢を通じて長い伝統が存在した。降って後漢の桓帝も宦官に命じて老子を祭らせている。さらに重ねて、同じ霊帝・献帝の両帝は何れも文学を愛好したため、士大夫たちは儒家の「章句」を学ぶことをむしろ恥とするようになったと言われる。献帝の建安の時期に入ると、文学が一層、尊重されるようになる。とりわけ、曹氏が権力を把握するにつれ、その傾向は更に深まった。中でも曹植は辞賦に長け、才能もまた、抜群であって、既述のように「天人」と尊称されていた。したがって彼の周りには「文学」に優れた人士が多数結集する。先述のように、曹植の文学の背景には老荘・仏教思想が内在していた。彼の周辺の人士によって築かれた建安文学は繁栄の頂点に達するが、儒家的権力者から観ると、この「浮華」の人士たちは政治的には社会の安定には全く寄与し得ない存在であった。例えば、孔融が「忠孝」を否定し、曹操に殺されるなどはその一例である。曹兄弟間は思想面では儒家対老荘・仏道の対抗と見られるが、その争いの勝利は兄の側に挙がった。

曹爽と司馬氏の争いも曹氏兄弟の争いと本質的には同じであり、ここでも浮華・老荘の徒は儒家の支持する司馬氏との政争に敗北したのは前代の再演であった。「浮華」の党人の背景を為す老荘思想なかんずく、虚無の思想は先掲『史伝三編』巻一九にあるように、国家を維持するイデオロギーたり得ないことは今更、言うまでもなかろう。

10　魏朝における曹爽専権の時代

一

景初三年（二三九）正月、「是の日、（曹芳）皇帝位に即く。」（『三国志』巻四、斉王芳伝）とあり、これより先に「燕王宇を以て大将軍と為す。甲申に免ぜられ、武衛将軍曹爽を以て之に代う」（同書巻三、明帝紀）とあって、曹爽は燕王宇に代って大将軍に転じている。この時期は明帝曹叡の後に当たるが、曹叡期では、

詔して曰く、儒を尊び学を貴ぶは王教の本なり。この頃より、儒官或は其の人に非ず。将た何を以てか聖道を宣明にせん。其れ博士の才、侍中・常侍に任ずる者を高選し、郡国に申勅して士を貢するに経学を以て先と為せ。（同前）

とあって、儒家が学問の中心ではあったが、選挙された儒官の実態はその「人に非ず」（適任でない）という状況で、充分には機能しなかったようである。同じく太和四年（二三〇）二月の詔には、

世の質文、教に随いて変ず。兵乱より以来、経学廃絶す。……其の郎吏、学は一経に通じて、才は牧民に任ず。博士課試して、其の高第に擢んずる者は、亟やかに用い、其の浮華にして、道本を務めざる者は、皆な之を罷退す。（同前）

とあって「浮華」なる人々を辞めさせるよう言っている。こうした様子から見ると、伝統的な経学は帝の意志にも拘わらず衰微の一途を辿っており、それに代って「浮華」の士が官吏に登用されていたことを物語る。景初二年

（二三八）に燕王宇が大将軍を免ぜられ、その位置に曹爽が坐し、軍事権力を握ることになる。こうして斉王芳の時代は「大将軍曹爽、太尉司馬宣王輔政す」（『三国志』巻四、斉王芳伝）とあるよう、曹爽と司馬懿の双頭政治となっている。その後、「丁丑、詔して曰く、……其れ太尉を以て、太傅と為す」（同前）とある。郭太后を別宮に移動したうえ、「画策し……宣王を転じて太傅と為す」（『三国志』巻九、曹爽伝）という措置は、曹爽の信任する丁謐の計略によっており、そのため「司馬宣王、是れに由り特に深く之を恨む」（同前註引『魏略』）とあって、双方の間に深い敵対関係を醸成することになった。著名な何晏・鄧颺と並んで、この丁謐は「三狗」と言われている。「狗」と称するのは司馬氏側からの敵意ある仇名であろう。

また、別に畢軌・李勝の両人は曹爽と仲が善く、一方、

咸な声名有り、進みて時に趣く。明帝、其の浮華なるを以て、皆な之を抑詘す。爽の秉政に及びて、乃ち復た叙を進め、任じて腹心と為す。颺等、爽をして威名を天下に立てしめんと欲し、勧めて蜀を伐たしむ。……参軍楊偉……曰く、「颺・勝、将に国家の事を敗らんとす、斬るべきなり」と。爽、悦ばず。乃ち軍を引きて還る。……晏等専政し、共に洛陽・野王典農の部桑田数百頃を分割し、湯沐の地を壊すに及びて、以て産業と為す。（『三国志』巻九、曹爽伝）

とあって、李勝等は権力を把握したうえ典農部桑田を割取し、一派の財政基盤を確保している。魏・曹芳の正始七年（二四六）春に「曹芳、その将曹爽・夏侯玄をして漢中を寇せしむ」（『蕭氏続後漢書』巻二）とあり、曹爽は、

玄は曹爽の外弟たり。本伝に云う、玄、爽の姑子なり。註引『魏書』に亦た云う。曹爽外弟に親しむ。『魏氏春秋』の云う所、玄は大将軍前妻兄と合わず。

とあって縁戚関係内容に認識の相違があるが、それはともあれ、曹爽は親近のこの夏侯玄とともに漢中に出兵した。玄という人物は「風格は高朗にして、宏弁、博暢なり」（『世説』註引『魏氏春秋』）とあって、若くして散騎黄

門侍郎の位置にあった。後の「嘉平元年、黄門張当と曹爽、謀を通じ、誅に伏す。爽の伝に見ゆ」とあるよう、張当も曹爽と共に司馬懿に誅殺された。李豊は、

宿《あらかじ》め大将軍司馬景王の親待する所と為ると雖も、然れども私心は玄に在り。遂に皇后の父、光禄大夫張緝と結び、謀りて玄を以て輔政せしめんと欲す。豊、既に内は権柄を握り、子は公主に尚す。又た緝と倶に馮翊の人なり。故に緝、之を信ず。豊、陰かに弟の兗州刺史翼をして、入朝を求めしめ、兵を将《ひき》いて入らしめ、力を并せて起ちて会さんと欲す。翼、朝するを求むるも、聴かれず。嘉平六年二月、当に貴人を拝すべし。豊等、軒に御臨するに因りて、諸門に陛兵有るに、大将軍を誅し、玄を以て之に代え、緝を以て驃騎将軍と為さんと欲す。豊、密かに黄門監蘇鑠・永寧署令楽敦・冗従僕射劉賢等に語りて曰く、「卿諸人、内に居りて、多く不法有り。大将軍厳毅、累りに以て言を為す。張当、以て誡と為すべし」と。（『三国志』巻九、夏侯玄伝）

とあって、夏侯玄と親しく、曹爽の死後、玄を権力の座につけようとした。

玄は素と貴なり、爽の故を以て廃黜さる。居常に怏怏として、意を得ず。中書令李豊、玄及び后父の光禄大夫張緝と陰かに乱を為さんことを謀る。緝と豊とは同郡なり。（同前、註引『魏書』）

とあって、先に曹爽の失脚で一旦、退けられるが、嘉平六年（二五四）になって司馬景王に謀反する。この件はいわば曹爽事件の余波である。

二

本題の曹爽専権であるが、

時に曹爽、政を秉り、何晏、吏部尚書為り。嘏、爽の弟羲に謂いて曰く、「何平叔、外は静にして内は銛巧、

利を好み、本に務むるを念わず。吾恐らくは必ず先ず子の兄弟を惑わさん。仁人将に遠ざからんとして、朝政廃れり」と。晏等、遂に嘏と平らかならず。微事に因りて以て嘏の官を免ず。（『三国志』巻二一、傅嘏伝）

とあって、爽の腹心の一人何晏は嘏を嫌い、彼の官を免じ、排除したと言う。

嘏、弱冠にして名を知らる。『傅子』に曰く、是の時、何晏、材弁を以て貴戚の間に顕わる。鄧颺、変通を好みて、徒党を合せ、声名を閭閻に鬻ぐ。而して夏侯玄、貴臣の子を以て、少くして重名有り。之が宗主と為りて、交を嘏に求むるも納れざるなり。嘏の友人荀粲、清識遠心有り。然れども猶お之を怪しみ、嘏に謂いて曰く、「夏侯泰初、一時の傑にして、心を虚にして子に交わり、合えば則ち好成し、合わざれば則ち怨み至らん。二賢の睦ならざるは、国の利に非ず。此れ藺相如の廉頗に下る所以なり」と。嘏、之に答えて曰く、「泰初の志、其の量を大にし、能く虚声を合せるも、実才無し。何平叔、言は遠にして情は近く、弁を好みて誠無し。所謂る利口、邦国を覆すの人なり。……」と。」（同前、註引『傅子』）

とある。また「何晏・阮籍素より世に高名有り。浮虚を口談して礼法に遵わず」（『晋書』巻三五、裴頠伝）とあって、曹爽の臣下の両人は「口談浮虚」の徒とされて、当然、礼法には従わなかった。口談の内容は、

魏の正始中、何晏・王弼等、老荘を祖述し、論を立てて以為らく、「天地萬物は皆な無を以て本と為す。……」と。（『晋書』巻四三、王衍伝）

と言うように、老荘思想に基づくものであった。そして「正始中、何晏を任じて以て選挙し、内外の衆職は、各おの其の才を得たり」（『同書』巻四七、傅咸伝）と、官吏の選挙を何晏が専断し、各官職に才能ある者を撰んだという。こうして、

漢魏の季、何晏・王弼始めて老荘を好み、清談を尚ぶ。之を玄学と謂う。学士大夫、翕然として景嚮し、流風波蕩たること防制すべからず。皆な一時の名流、跌宕、太行の阿、竹林七賢と号して、礼法を蔑棄す。

（『郝氏続後漢書』巻七三上上）

とあって、「玄学」が士大夫の間で流行する。そしてそれに伴い「虚無の論、朝野に盈つ」（同書巻一〇）とあるように、虚無思想が盛行したのである。

『三国志』巻一四、蔣済伝に「是の時、曹爽専政し、丁謐・鄧颺等、軽しく法度を改む」とあり、『晋書』巻一、宣帝紀に、

八年夏四月……曹爽、何晏・鄧颺・丁謐の謀を用い、太后を永寧宮に遷し、朝政を専擅す。兄弟並に禁兵を典り、多く親党を樹つ。屢しば制度を改む。帝、禁ずる能わず。是に於いて爽と隙有り。五月、帝、疾を称し、政事に与らず。時人、之が為に謡いて曰く、「何・鄧・丁、京城を乱す」と。

ここに「軽しく法度を改」めることと「制度を改」めるとは具体的に何を指すのか。皇帝もこれを禁じることが出来なかったというから、それは従来から継承されてきた法度・制度の変更であることは大凡推測できる。『三国志』巻二一、王粲伝註引『文章叙録』には、「曹爽、政を秉りて、多く法度に違う。璩、詩を為りて、以て焉れを諷す」とあって、曹爽は既成の法度を守らず、それに違う事が多かったらしい。

河南尹……前尹の司馬芝、其の綱を挙げて、太だ簡なり。次尹の劉静、其の目を綜べて、太だ密なり。後尹の李勝、常法を毀りて、以て一時の声を収む。嘏は司馬氏の綱統を立て、劉氏の綱目を裁して、以て之を経緯す。李氏が毀る所、以て漸く之を補う。郡に七百吏有り、半ば旧に非ざるなり。河南の俗党、五官掾功曹、選職を典るに、皆な其の本国の人に授け、異邦の人を用うる者無し。嘏は各おの其の良を挙げて、之を対用す。官曹は職を分かちて、後に次を以て之を考核す。其の治は徳教を以て本と為す。然れども法を持つこと恒に有り、簡にして犯すべからず。理を見て情を識り、獄訟は檟楚を加えずして、其の実を得たり。小恵を為さず、薦達する所あり。及びて大いに民に益有る事、皆な其の端迹を隠して、己由り出でざるが若し。故に当時、赫

赫の名無し。吏民久しくして後に之に安んず。（『三国志』巻二一、傅嘏伝註引『傅子』）

とあり、河南地方でいうと、曹爽一派の李勝が河南尹の任に就いて、これまた常法を毀したとある。対して傅嘏は司馬氏の綱統を立てる事によって、この李勝を批判していた。曹爽が司馬懿に敗北すると、李勝のおこなった措置の変更が徐徐に行われ、復旧し修正されてゆく。河南の地の官吏のうち、七〇〇人の半分は李勝の採択した者であり、司馬一派は彼らを排除していったわけである。修正基準となったのは浮華を否定する儒家の「徳教」であったと言う。

『三国志』巻二四、孫礼伝に見る土地境界の論争も司馬懿と曹爽の争いの一端である。

太傅司馬宣王、礼に謂いて曰く、「今、清河・平原、界を争うこと八年、二刺史を更めるも、能く之を決する靡し。……」と。礼曰く、「……当に烈祖、初めて平原に封ずる時の図を以て之を決すべし。何ぞ必ずしも古を推し故を問いて、以て辞訟を益さん。……今、図は蔵めて天府に在り。便ち坐上に於いて断ずべきなり。豈に州に到るを待たんや」と。宣王曰く、「是なり。当に別けて図に下す」と。礼到り、図を案じ宜しく平原に属すべし。而るに曹爽、清河の言を信じて、下書して云く、「図は用うべからず。当に異同を参ずべし」と。礼上疏して曰く、「……今、二郡は界を争うこと八年、一朝にして之を決する者、解書図画有りて、得たりて尋案摘校すべきに縁るなり。平原は両河に在りて、東上に向う、其の間に爵隄有り。爵隄は高唐の西南に在り。争う所の地は高唐の西北に在り。相い去ること二十余里。長く歎息流涕する者と謂うべきなり。解と図とを案じて奏するも、鄃、詔を受けず。此れ臣、軟弱にして其の任に勝えず。臣、亦た何の顔ありて尸禄素餐せん」と。……爽、礼の奏を見て、大いに怒る。……太傅司馬宣王に見えて、忿色有るも言うこと無し。宣王曰く、「卿并州を得ること少しとするか。分界を理めて分を失うを恚るか。今当に遠別すべし、何ぞ懽ばざるや」と。礼……因りて涕泣横流す。宣王曰く、「且つ止め、忍ぶべからざるを忍ばん」と。爽の誅せられて後、入りて司隷校尉と為る。

と、その経緯を述べている。この争いは曹爽が一日、勝ちを収めたが、それは司馬宣王の側が隠忍したためであり、この時点では曹爽が朝政を握っていたという背景がある。

孫礼は烈祖（魏・明帝）が平原に初封された時（黄初三年（二二二））に地図で境界を決めているとし、今、判断に当たっては、その図を案ずるのが善く、州に行き実地に検討するには当たらないと述べている。司馬懿も孫礼のこの意見に賛意を表している。

前掲『三国志』巻二四の史料に「鄃堤は高唐の西南に在り。争う所の地は高唐の西北に在り。相い去ること二十余里」とあり、また、

後世因りて、鳴犢を以て河に名づく。漢元の朝自り、河、霊縣に決す。魏武の世、地は平原に属す。是を以て永嘉の年を紀し、之を霊鳴犢口と謂う。清河の限を争い、詐りて鳴犢河界と為すは、聖徳の言を記すなり。

（『古歓堂集』巻四四）

とあって、問題の「争地」は平原郡高唐県の西北二〇余里に位置していた。前漢・元帝期に鳴犢河が霊県で決壊したとの記録が見えるが『困学紀聞』巻一六、考史、漢河渠考に、

清河の霊県、鳴犢の河口なり。「地理志」にいう、「清河郡霊県、河水は別に出でて鳴犢河と為り、東北、蓚に至りて、屯氏河に入る」と。

とあって、清河郡霊県とはこの河の出口に当り、ここから東北、蓨県に至って屯氏河に合流する。上記、両史料で、曹操期に霊県は平原郡に属し、『困学紀聞』の記事では清河郡に属している。『太平寰宇記』巻五四、河北道三、魏州夏津県の記事を見ると、

本と漢の霊県の地にして、漢初、鄃県と為る。『漢書』を按ずるに、「高后、呂佗を封じて鄃侯と為す。田蚡の

奉邑も亦た鄃に在り」と。即ち此れ、地理志に、鄃県は清河郡に属すと云う。故城は今の徳州西南五十里に在り。是れ漢の鄃県の理むる所なり。後魏、省く。

とある。ここで霊県は漢初、鄃県と言い、清河郡の下にあったようである。そして魏晋代になって平原郡に属している。こうして見ると、高唐西北二〇余里の「争地」そのものが何処であるか、文献史料ではなお明らかにするを得ないが、この霊県・鄃県の接点のあたりが両者の「争地」となっているようである。曹爽が一旦、この県を清河郡に帰属させたが、後、司馬懿が権力を奪うに及んで、孫礼の主張の如く平原郡に帰属するに至る。

三

曹爽が政権を把握した時、所謂「浮華」の徒が周囲に配置されていた。何晏・鄧颺・丁謐・夏侯玄・畢軌・張当・張緝・李豊・阮籍・王弼・傅嘏等である。政権の性格を知るために、彼らの軌跡を一覧しよう。

先ず〈何晏〉。

『魏略』に曰く、晏は南陽・宛人。漢の大将軍進の孫なり。或は云う、何苗の孫なり。何晏別伝に曰く、晏、小時に魏宮に養わる。七八歳便ち慧心大悟す。衆、愚智となく、之を貴異せざるなし。魏の武帝、兵書を読み、未だ解せざる所あり。試みに以て晏に問う。晏、疑う所を分散し、氷釈せざる無し。『語林』に曰く、何晏、主爵・駙馬都尉を以て、姿儀美なり。帝毎に其の傅粉を疑う。後、夏月、賜うに湯餅を以てす。大汗出で、朱衣を以て自拭するに、尤も皎然たり。（『三国志補注』巻二）

とあって、才能に優れていただけでなく、兵書をも解した。その形姿は美しく、帝は彼が化粧していると疑ったが、本来彼は色白であったのである。ただ、『晋書』巻二七、五行上、服妖に「尚書何晏、好みて婦人の服を服す。傅玄曰く、「此れ妖服なり……」と」とあって、婦人の服を好んで着ていたという。職務としては、「正始中、何晏を任じて以て選挙す。内外の衆職は、各おの其の才を得たり」（『晋書』巻四七、傅咸伝）とあり、その選挙内容は、

時に浮虚を以て相扇し、儒雅日に替る。甯、以為えらく其の源は王弼・何晏より始まる。二人の罪、桀紂よりも深しと。（『晋書』巻七五、范甯伝）

とあって、儒家思想系の人を用いず、それに代わって「浮虚」を以て選挙判断の基準とした。

次いで〈丁謐〉。

丁謐画策して、爽をして天子に白さしめ、詔を発し、宣王を転じて太傅と為す。外は名号を以て之を尊び、内は尚書の奏事をして、先ず来りて己に由らしめ、其の軽重を制するを得んと欲するなり。（『三国志』巻九、曹爽伝）

とあるよう策謀によって、司馬懿を太尉から太傅に転任させた。同前註引『魏書』には、

爽、弟羲をして表を為らしめて曰く、「……猥りに太尉懿と倶に遺詔を受く。……凡そ此の数者、懿、実に之を兼ぬ。臣、空名を抱えて其の右に処る。天下の人、将た謂うに臣は宗室を以て私せられ、進むを知りて退くを知らず。……臣、以為えらく宜しく懿を以て太傅・大司馬と為し、上は陛下の賢を進むるの明を昭らかにし、中は懿の文武を身にするの実を顕わし、下は愚臣をして誚謗より免かれしむべしと」と。是に於いて、帝、中書監の劉放、令の孫資をして詔を為らしめて曰く、「……太尉の体は正直を履み、功は海内を蓋う。先帝、本より前後を以て、其の位を更めんと欲する者、輙ち弥久しからず、是を以て遅遅として施行せざるのみ。今、大将軍、太尉を薦めて宜しく大司馬と為すべし。既に先帝の本旨に合す。……」と。

とある。同前巻一四、蔣済伝に「是の時、曹爽専政し、丁謐・鄧颺等、軽しく法度を改む」とあって、従来の法度

をあらためる爽の政策を推進する。『晋書』巻一、宣帝紀に、
多く親党を樹て、屡しば制度を改む。帝、禁ずる能わず。是に於いて爽と隙有り。五月、帝、疾を称し、政事に与らず。時人、之が為に謡いて曰く、「何・鄧・丁、京城を乱す」と。
とあって、爽一派の行為は帝と爽の不和の原因を作ったとされる。
〈鄧颺〉については『晋書』巻一、宣帝紀に魏の正始五年（二四四）のこととして、
尚書鄧颺・李勝等、曹爽をして功名を建立せしめんと欲し、勧めて蜀を伐たしむ。……八年……曹爽、何晏・鄧颺・丁謐の謀を用い、太后を永寧宮に遷し、朝政を専擅す。兄弟並に禁兵を典り、多く親党を樹つ。屡しば制度を改む。帝、禁ずる能わず。是に於いて爽と隙有り。五月、帝、疾を称し、政事に与らず。時人、之が為に謡いて曰く、「何・鄧・丁、京城を乱す」と。
とある。『三国志』巻九、曹爽伝註引『魏略』には、
時に於いて謗書して謂く、「台中に三狗有り。二狗は崖柴にして当たるべからず。一狗は黙に憑りて疽嚢を作る。三狗は何・鄧・丁を謂うなり。黙は爽が小字なり。其の意の言うこと、三狗は皆な人を噛まんと欲するも、謐、尤も甚だしきなり。
とあって、丁謐の害が最も甚だしいと評されており、また、「何・鄧の徒を見るに、朋党し浮華たり」と評された。傅嘏とその友人荀粲の対話中に、
嘏に謂いて曰く、「夏侯泰初、一時の傑にして、心を虚にして子に交わり、合えば則ち好成し、合わざれば則ち怨み至らん。二賢の不睦なるは、国の利に非ず。……」と。嘏、之に答えて曰く、「泰初の志、其の量を大にし、能く虚声を合せるも、実才無し。何平叔、言は遠にして情は近く、弁を好みて誠無し。所謂る利口、邦国を覆すの人なり。鄧玄茂、為すこと有りて終り無し。外に名利を要め、内に関鑰なし。同を貴び、異を悪

み、多言にして前むを妬む。言多くして釁多く、前むを妬みて親しむ無し。吾を以て此の三人の者を観るに、皆な徳を敗るなり。之を遠ざけて禍の及ぶを恐る。況んや之に昵じんや」と。（『三国志』巻二一、傅嘏伝註引『傅子』）

とあり、夏侯玄・何晏・鄧颺三人を挙げて、その短所を指摘している。姜宸英の註記に依れば、

夏侯泰、初め何・鄧を非とす。比べて嘏、概ね之に劣る。縁って蝦は是れ司馬の党なり。故に爾、言う、公論に非ざるなり。（同前註）

とあって、これを傅嘏が司馬の党である故の三名に対する酷評であると言っている。同書にまた「晏等、遂に嘏と平かならず。微事に因りて以て嘏の官を免ず。……曹爽誅されて、河南尹と為る」（『三国志』巻二一、傅嘏伝）とあって、曹爽の死後、彼は河南尹に昇進している。

〈諸葛誕〉の場合は、

御史中丞・尚書に累遷す。夏侯玄・鄧颺等と相い善くし、名を朝廷に収む。京都は翕然たり。言事する者、誕・颺等の浮華を脩め、虚誉を合するを以て、漸く長ずべからず。明帝、之を悪み、誕の官を免ず。（『三国志』巻二七、諸葛誕伝）

とあり、浮華の徒であったために、明帝から免職された。同書巻二一、盧毓伝に、

此より前、諸葛誕・鄧颺等、名誉を馳せ、四窓八達の誚有り。帝、之を疾む。……毓対えて曰く、「……今、考績の法廃れて、毀誉を以て相い進退す。故に真偽は渾雑として、虚実は相い蒙う」と。帝、其の言を納れ、即ち詔して考課法を作らしむ。

とあって、誕らの選挙は「毀誉褒貶」、すなわち評判で人を進退し、ために真偽が混在する故に、良くないやり方だとし、明帝はあらたに考課法を作るように命じている。このことについて、同書巻二七註に、「或いは曰く、晋

代の風尚、此に萌芽す。魏・明、之を禁ず。禍乱の端を杜ざすと謂うべし」とあり、明帝からすると、四聡・八達・三予の一五人を禍の本源とみなし「帝、浮華を構長するを以て、皆な免官す」（同書巻二八、諸葛誕伝註引『世語』）と彼ら総てを免官したとある。

〈夏侯玄〉『郝氏後漢書』巻七〇中に、「正始の初、曹爽輔政す。玄は爽の姑子なり。散騎常侍・中護軍に累遷す」とあって、玄は曹爽と縁戚関係にある。そこで、

曹爽輔政し、夏侯玄をして、指を宣べしめ、臻を引きて入りて尚書令を守らしめんと欲す。及び弟の為に婚を求むるも、皆な許さず。固く遜位を乞う。（『三国志』巻二二、衛臻伝）

とあるように、玄を介して衛臻を尚書令に招いたが、臻はそれらを拒否した。『三国志』巻九、曹爽伝註引『魏略』に、

畢軌……正始中に至りて、入りて中護軍と為り、侍中尚書に転じて、司隷校尉に遷る。素より曹爽と善くし、毎に爽に言い、多く之に従うを見る。李勝……少くして京師に游び、雅にして才智有りて、曹爽と善くす。明帝、浮華を禁ず。而して人、勝を白すに、堂に四窓八達有りて、各おの主名有りと。是を用て収めらるるに、其の連引する所の者の多きを以てす。故に原さるるを得て禁固数歳。帝崩じて、曹爽輔政し、勝、洛陽令と為る。夏侯玄、征西将軍と為り、勝を以て長史と為す。玄、亦た宿ねて勝と厚し。駱谷の役、議は勝より出ず。是に由りて司馬宣王、勝を悦ばず。……桓範……前に台閣に在り、号して事を暁ると為す。……曹爽輔政し、範は郷里老宿なるを以て、九卿の中に於いて特に之を敬す。然れども甚だしくは親ならざるなり。宣王起兵に及びて、城門を閉じるに、範を以て事を暁ると為す。乃ち指して之を召し、中領軍を領せしめんと欲す。範、召に応ぜんと欲するも、其の子、之を諌めて、以為えらく、車駕は外に在り、南出するに如かずと。範、疑うこと頃く有りて、児又た之を促す。範、去らんと欲するも、司農丞吏皆な範を止む。範、従わず。乃ち突出し

て平昌城門に至る。城門已に閉じたり。門侯司蕃、故と範の挙ぐる吏なり。範、之を呼び、手中の版を挙げて以て之を示し、矯りて曰く、「詔有りて我を召す。卿、促やかに門を開け」と。蕃、詔書を見せんことを求めんと欲す。範、之を呵めて言う、「卿は我が故吏に非ずや。何を以て敢えて爾かる」と。乃ち之を開く。範、城を出て、顧みて蕃に謂いて曰く、「太傅、逆を図る。卿は我に従いて去れ」と。蕃、徒行するも及ぶこと能わず、遂に側に避く。範、南して爽に見え、爽兄弟に勧むるに、天子を以て許昌に詣り、四方に徴して、以て自ら輔けよと。爽、疑い、義も又た言うこと無し。……爽等既に免ぜられ、帝、宮に還る。遂に範をして随従せしめ、洛水浮橋の北に到りて、望みて宣王に見ゆ。下車叩頭して無言なり。宣王、範の姓を呼びて曰く、「桓大夫何為れぞ爾なるや」と。車駕入宮して詔有り。範、還た位に復す。範、闕に詣り章を拝し謝して、報を待つ。会たま司蕃、鴻臚に詣りて自首し、具さに範の前に出るに臨みて道う所を説く。宣王乃ち忿然として曰く、「人を誣いるに反を以てす。法に於いて何ぞ応ず」と。主者曰く、「科律、反りて其の罪を受く」と。乃ち範を闕下に収む。時人、範を持すること甚だ急なり。範、部官に謂いて曰く、「之を徐やかにせよ、我も亦た義士なるのみ」と。遂に廷尉に送る。

とあり、桓範は天子を擁して許都に趣き、司馬氏に抵抗するよう勧めたが、曹爽は従わなかった。この文章の中に、範以外には畢軌・李勝・桓範・鄧颺の名が見える。とりわけ勝と颺を挙げて「浮華の友」と言っている。「初め倹と夏侯玄・李豊等、厚く善くす。揚州刺史・前将軍文欽、曹爽の邑人なり」（『三国志』巻二八、毌丘倹伝）とある。夏侯玄は征西将軍として出兵していて、曹爽の誅の際、京師に居なかった。そして曹髦の正元二年（二五五）に「遂に太后の詔を矯りて、大将軍・司馬景王を罪状し、諸郡国に移して、挙兵して反す」（同前）とあるように、後になって、司馬氏に反している。

〈李勝〉『三国志』巻二一、傅嘏伝註引『傅子』に、

河南尹、内は帝都を掌り、外は京畿を統ぶ。……前尹の司馬芝、其の綱を挙げて、太だ簡なり。次尹の劉静、其の目を綜べて、太だ密なり。後尹の李勝、常法を毀りて、以て一時の声を収む。嘏は司馬氏の綱統を立て、劉氏の綱目を裁して、以て之を経緯す。李氏が毀る所、以て漸く之を補う。郡に七百吏有り、半ば旧に非ざるなり。

とあり、河南尹の李勝が常法を毀したという。また『三国志』巻四、斉王芳伝に、

嘉平元年春……太傅司馬宣王奏して大将軍曹爽、爽の弟の中領軍羲、武衛将軍訓、散騎常侍彦の官を免じ、侯を以て第に就かしむ。戊戌、有司奏して黄門張当を収めて廷尉に付す。……又た尚書丁謐・鄧颺・何晏・司隷校尉畢軌・荊州刺史李勝・大司農桓範、皆な爽と姦謀を通ず。

と、曹爽一派の名が挙げられていて、ここにも李勝の名が見える。同様、爽を殺すの時、一朝にして集まる者は三千人。李豊・張緝・夏侯玄を族す。曹芳は亦た踵を旋らさずして廃立さる。（『史纂通要』巻一〇）

とあって、李豊以下三名を加え、曹芳の名もまた、挙げられている。

（李）勝少くして京師に遊び、雅にして才知有りて、曹爽と善くす。明帝、浮華を禁ず。而して人、勝を白すに、堂に四窗八達有りて、各おの主名有りと。是を用て収めらるるに、其の連引する所の者の多きを以ての故に原さるるを得て禁固数歳。帝崩じて、曹爽輔政し、勝、洛陽令と為る。夏侯玄、征西将軍と為り、勝を以て長史と為す。玄、亦た宿ねて勝と厚し。駱谷の役、議は勝より出ず。是に由りて司馬宣王、勝を悦ばず。

（『三国志』巻九、曹爽伝註引『魏略』）

とあって、李勝は司馬懿とかねてから不和の仲であった。そして曹爽とは「勝、字は公昭……亦た爽と善くす」（『蕭氏続後漢書』巻三七）とあるように、勝は爽の善き友人だったようである。以上に見られるように、曹爽の党

人たちは「浮華」の気風を有し、共に司馬懿に敵対するという共通性を持っていたことは明瞭である。

四

曹爽の党は、前節〈三〉で見たように、所謂「浮華」の風、及び老荘の思想を共有する人材の結集体であった。これに対し反曹爽の人々は儒家思想を保持する点で共通性を持っていたのであって、漢代以来の守旧派と言えるメンバーである。老荘派の曹爽派に言わせれば、儒家の経典は聖人の糟粕にしか過ぎないとけなしており、儒術を軽視したことは既述したとおりである。しかしながら、魏晋時代を風靡したこうした新思想の持ち主は反面、政治の実務にはうとく、従って司馬懿の政治的策略に抗すべくもなかった。『書小史』巻四によると、劉伶は草書を善くし、山濤は行書を、阮籍・阮咸は草書を、王戎・向秀は行書を、それぞれ善くしたという。全体として、このような技芸のある文人が世間に尊重され、かかる書の技法までが高く評価され選挙の条件となったのである。「少帝曹髦……幼くして学を好み、書画を善くす」（『歴代名画記』巻四）、「魏・曹髦に「卞荘刺虎図」有り」（『図画見聞誌』巻一、「叙図画名意」）等とあるように、皇帝にいたるまで、かかる文人の趣味を持っていたし、「書」が官吏登用の手段にもなった。当世の風潮を示す好例である。

嘉平元年（二四九）、司馬懿によって曹爽は殺されるが、次いで嘉平三年（二五一）に王淩が「太尉王淩、帝を廃して、楚王彪を立てんことを謀る。太傅司馬宣王、東して淩を征す。五月甲寅、淩、自殺す」（『魏書』巻四、斉王芳伝）とあって、帝を廃して楚王彪を立てんとした。その理由について、

淩・愚、謀るに、帝の幼きを以て、彊臣に制せらるるは、主為るに堪えず。楚王彪は長じて才あり。迎えて之を立て、以て曹氏を興さんと欲す。淩、人をして広に告がしむ。広曰く、「凡そ大事を挙ぐるに、応に人情に

本ずくべし。今、曹爽、驕奢を以て民を失う。何平叔は虚にして治まらず。丁・畢・桓・鄧、並に宿望有りと雖も、皆な専ら世に競う。加うるに朝典を変易し、政令は数しば改まる。存する所は、高と雖も事は下に接せず。民は旧に習いて、衆く之に従うこと莫し。故に勢は四海を傾け、声は天下を震わすと雖も、同日に斬戮され、名士は半を減ず。而して百姓、之に安んじて、或は之を哀れむこと莫し。民を失うの故なり。今、懿の情は量り難しと雖も、事は未だ逆有らず。而して賢能を擢用して、広く己に勝つを樹つ。先朝の政令を修め、衆心の求むる所に副う。爽の悪為る所以の者は、必ず改めざる莫し。夙夜、懈るに匪ず、以て民を恤うを先と為す。父子兄弟、並に兵要を握り、未だ亡び易からざるなり」と。淩、従わず。臣松之、以為えらく、此の言の類の如きは、皆な前史の載せざる所にして、猶お習氏に出ず。且つ制言・法体は昔に似ず。疑うらくは悉く鑿歯の自ら造る所の者なりと。(『三国志』巻二八、王淩伝註引『漢晋春秋』)

とあり、帝が幼年で司馬懿に抑えられたので、彼に君主としての威儀がなかったためとする。そこで帝を退け才能ある楚王彪を立てて、曹氏を復興せんとしたのが王淩の企てであった。この文章で注目されるのは曹爽・何晏一派が民心を失い、政治の実がなかったと指摘する点である。丁・畢・桓・鄧らも朝典・法令を変更したため、民望を失ったと述べている。ここからすると、司馬氏に反対する王淩でも曹爽派の「浮華・老荘」を信用していなかった事が解る。しかし、

事、露われ、懿自ら軍を率いて之を収む。淩計の出だす所無し。面縛されて懿に見ゆ。即ち淩を以いて京師に帰る。道すがら賈逵廟を経る。淩、呼びて曰く、「王淩は大魏の忠臣なり。惟だ爾るのみは、神有りて之を知る」と。都に至り鴆死す。(『実賓録』巻一三、忠臣)

とあるよう王淩もまた、司馬懿の策略に抗すべくもなく、やがて自殺に追い込まれたのである。

結　語

斉王曹芳の時代（二四〇～二五四）は建て前としての儒学が依然、教学の中心に置かれたが、儒官の実態は「其人に非ず」と評されるように、儒家的行政能力をも欠如していた。その為に「浮華」仲間に拠る官吏が多く選抜され、博士や侍中の要職に就くようになっていた。既に明帝の太和四年（二三〇）一月の詔で、帝は「浮華」の官吏の排除を命じていたのであるが、新思想の趨勢から、詔の効果はあがらなかったようである。

帝深く浮華の士を疾む。吏部尚書盧毓に詔して曰く、「選挙、有名を取る莫れ。名は画地作餅の如し、啖らうべからざるなり」と。……散騎常侍劉卲に詔して考課法を作らしむ。卲、「都官考課法」七十二条を作る。（『資治通鑑』巻七三、景初元年（二三七）の条）

とあって、帝は有名の故に就官させるのは、地に書いた餅のようなもので役に立たないと断言している。

毓対えて曰く、「……今、考績の法廃れて、毀誉を以て相い進退す。故に真偽は渾雑として、虚実は相い蒙う」と。帝、其の言を納れ、即ち詔して考課法を作らしむ。……毓、人及び選挙に於いて、先ず性行を挙げて、後に才を言う。（『三国志』巻二二、盧毓伝）

と、現今の選挙は毀誉褒貶を以て基準とするために、人物の真偽虚実が明確でない。よって盧毓の選挙では性行を先にし、才を後にしたのである。ところで、しばらく中央政界には大将軍曹爽と太尉司馬懿が双頭政治を行う状況が出現した。そして曹爽一派の策略によって、司馬懿は太傅に移された。それは位階こそ上位であるが、彼の軍事権は奪われてしまった。結果は曹爽の独裁である。そこで盧毓は「侍中何晏を以て毓に代う。……司隷畢軌、又た枉奏されて免官さる」（同前）とあるように、朝廷から排除される。『三国志』巻九、曹爽伝に、何晏等、廷尉盧毓と素より平らかならざる有り。毓の吏の微過に因りて、文を深め毓を法に致す。主者をして先ず毓の印綬を収めしめ、然る後に奏聞す。

とあって、元々彼は爽一派の何晏と不仲であったらしい。

今、曹爽、驕奢を以て民を失う。何平叔は虚にして治まらず。丁・畢・桓・鄧、並に宿望有りと雖も、皆な専ら世に競う。加うるに朝典を変易し、政令は数しば改まる。存する所は、高と雖も事は下に接せず。民は旧に習いて、衆く之に従うこと莫し。故に勢は四海を傾け、声は天下を震わすと雖も、同日に斬戮され、名士は半を減ず。而して百姓、之に安んじて、或は之を哀れむこと莫し。民を失うの故なり。(『三国志』巻二八、王淩伝註引『漢晋春秋』)

とあり、曹爽の補佐としては何晏ら五人の名が見える。上記、引用文は爽敗北後の記事であって、彼らの評価についてはまた、別途、考えなくてはならないが、注目されるのは民が旧に習い、曹爽らに従わなかったという部分である。民衆は本来、保守的性質の存在であって、曹爽や何晏らの新しい思想(老・荘)と、その政治には馴染まなかったのである。かかる民衆の支持が失われた原因は、慣れ親しんだ「朝典・政令」が曹爽らによって、大幅に変えられたためとされる。具体的には、朝廷の規則と政令の度重なる変更を指すものである。河南地方のことであるが「後尹の李勝、常法を毀りて、以て一時の声を収む」(『三国志』巻二一、傅嘏伝註引『傅子』)とあって、曹爽一派の李勝が常法を毀して、一時的に評判を取ったといわれる。朝廷でもまた、同じような事が曹爽一派によって実行されていたのであろう。すなわち伝統的慣行の廃棄・変更である。

曹爽の敗北は既述のように、司馬懿の意図を充分知悉せず、朝廷の位階の高下に両者の政治の焦点があるとしか見なかった錯誤に原因があった。曹爽らの本質が浮華・老荘思想であり、文学的感性で政治を判断するという点に甘さがあり、対して司馬懿は冷徹な合理主義者であったために、政治の舞台では勝敗の帰趨は初めから明らかであったのである。曹爽のこの政治的敗北は結局、魏王朝の衰滅に結果することになった。

第二部　社会史研究

1　楽戸以前

序

中国で『山西楽戸研究』[1]、『楽戸』[2]が出版された。その中の冒頭部分に双方、楽戸に関わる歴史を概略、記述している。楽戸の成立は「有司奏立厳制、諸強盗殺人者、首従皆斬、妻子同籍、配為楽戸、其不殺人及贓不満五匹。魁首斬、従者死、妻子亦為楽戸」（『魏書』巻一一一、刑罰志）とあるように、北魏の時代に刑罰を科せられた人の妻子同籍が楽戸に陥されたのが始めであると言われる。以後、各王朝において宗廟・郊祠の祭祀を中心として、楽戸が舞・楽に使役される。近世、地方での楽戸も婚礼・喪礼の際、音楽を奏したが、別に理髪・廃品回収等の職業にも従事していた。彼らは中央・地方に拘わらず、同じ様に被差別の位置に置かれ、住居・衣服・歩行など多くの面で厳しい規制を受けている。降って清の雍正帝の時期になり、勅令[3]によって一部、賤民の籍を除いたが、「四世清白」を経ないと平民になれない[4]と言われるように、在地における平等は、とりわけ平民との通婚の点において甚だ困難であった。そのため所謂、「行内婚」が強いられ、その結果、障害者の生まれる事態まで招くことになった。孫文に因る解放政策を経て中華民国期になると、漸く平民との通婚も行われてくるが、一九一二年以前では三五・八八%、一二〜三七年で三七・五四%で猶、低く、やがて共和国成立時になって五六・三四%、と上昇し、一九七八年以後は九七・八三%[5]になって、さしも長かった結婚差別の存した時期はここにおいて、殆ど解消したといって良い状況になった。

上記の著書において中国の研究者が採る視点は北魏以前については、「楽工」は奴隷的存在であったと前提している。[6]その根拠として、引用される一史料は『史記』巻二四、楽書に「子貢見師乙而問焉。曰、賜聞声歌、各有宜也。如賜者宜何歌也。師乙曰、乙賤工也。何足以問所宜、請誦其所聞而吾子自執焉」とある文章で、これが立論の根拠となっている。ここに「賤工」と、師乙が自称しているのを捉えて、これを文字通り奴隷的身分と見なしているのである。しかし、「嬰北方之賤臣也」（『晏子』、問・下）、「今賤臣之遇愚計、使人使荊」（『韓非子』存韓第二）、「上令陛下有幸私之譏、下使賤妾獲不知足之謗」（『後漢書』巻一〇、皇后上、和熹鄧皇后紀）などと、上下の関係の中で下位である自らを謙遜して賤臣・賤妾などを称する例は多々存在するので、自称する賤の語そのものは必ずしも「低い・卑しい」という階級・身分に本人が即、所属すると言う事にはならない。では楽人（工）は古代中国社会において、どのような身分からスタートを切ったのかを、検討するところから本稿を始めたい。

一　伝説時代とそれ以後の楽工

『荀子』巻三、非相篇に「伊尹之状、面無須麋。禹跳。湯偏、……人曰、禹歩。堯・舜参牟子」とあり、古の聖人たちは通常人の相貌・姿態と全く異なっていた。彼らは「当堯之時、舜為司徒、契為司馬、禹為司空、后稷為田疇、夔為楽工、倕為工師、伯来為秩宗、皐陶為大理……堯為君而九子為臣……」（『説苑』巻一、君道）とあって、堯の時代の異形・異姿の高官は分野別に配置されていた。この中に音楽管理者として夔がいる。「帝舜命夔曰、女典楽、教冑子」（『漢書』二二、礼楽志）とあり、夔も他の聖人同様異姿、片足の障害者であったと言われる。この片足か否かについては議論があり意見も分かれているが、舜や禹という異形の聖人に並ぶ夔であってみれば、彼が片足であっても何等不思議ではない。障害者は健常者とは明らかに異形の存在であるが、中国古代では万物は天から生ずると言う観念があるので、聖人の異相・異形は正に天与のものに他ならない。従って彼ら聖人のその能力は天授であり、それ故、天と同様の畏敬と服従の念を人々に起こさせたのである(7)。夔はその能力を発揮し「於是正六律和五声、以通八風而天下大服」（『呂氏春秋』巻二一、察伝）とあるように音楽によって天下の人を服従せしめたのである。しかし時代が降って、「故書序、殷紂断棄先祖之楽、迺作淫声、用変乱正声、以説婦人。楽官師瞽抱其器而犇散、或適諸侯、或入河海」（『漢書』二二、礼楽志）とあるように、殷の紂王は夔の作った五声＝正楽を廃して淫声を採ったため、楽官の師瞽はそれを嫌って楽器を持ち、王のもとから逃げ去ったと言う。こうして聖人の作った正楽は殷末に至り変化して、淫声と言われる俗楽が婦人を楽しますものとして登場してくる。

周代では「周監於二代、礼文尤具」（同前）とあり、師古注に「監観也。二代夏殷也。言周観夏殷之礼而増損之也」とあって、周の礼楽は夏・殷のそれを継承しつつ、更に増損したものだと述べている。勿論、正楽としての継承に他ならない。

『荀子』の楽論篇に「故楽在宗廟之中、則君臣上下同聴之、莫不和敬、閨門之内、則父子兄弟同聴之、莫不和親。郷里族長之中、則長少同之、莫不和順、故楽者審一以定和者也。……故楽者天下之大斉也」とあって、楽は宗廟において演奏し、それによって君臣が和し、父子・郷里も同様、その構成員が相和する効果を期待するものであった。『墨子』の場合で言うと「周・成王因先王之楽、命曰、騶虞。周成王之治天下也、不若武王。武王之治天下也不若成湯、成湯之治天下也不若堯・舜。故其楽逾繁者、其治逾寡。自此観之、楽非所以治天下也」（巻一、三弁第七）とあって、統治力が弱化すると、それに比例して、楽は煩雑になって来ると述べつつ楽の存在やその効用を否定している。墨家は儒家と思想的に対立しており、音楽の効用を認めないからである。

『史記』巻二四、楽書に「魏・文侯問於子夏曰、……而聴古楽、則唯恐臥、聴鄭・衛之音、則不知倦、敢問古楽之如彼何也、新楽之如此何也。子夏答曰、今夫古楽……文侯曰、敢問溺音者何従出也。子夏答曰、鄭音好濫淫志。

宋音燕女溺志、衛音趣数煩志、斉音驁辟驕志、四者皆淫於色、而害於徳、是以祭祀不用也」とあり、春秋・戦国の頃には、古楽乃ち正楽と鄭・衛の楽とが既に並存し、魏の文侯に依れば、後者を聞く方が楽しいと感想を述べている。子夏はそれを評して、鄭音などは淫なる音楽であり、徳を害する楽に他ならず、為に祭祀には用いないものだと批評する。『漢書』二二、礼楽志に「孔子……故曰、吾自衛反魯、然後楽正、雅頌各得其所」とあって孔子は魯国で雅楽を定めたと言う。別に「是時、周室大壊……桑間濮上、鄭・衛・宋・趙之声並出」（同上）とあってこの頃、各国の俗楽が多く現れてきた。一般に封建諸侯の国では「風俗通、師。楽人瞽者之称。晋有師曠。魯有師乙。鄭有師悝・師蠲・師茷・師薬・師慧。宋師頏為翰林学士……」と楽人の姓は多く「師」であり、彼らは亦、同時に瞽者であった。彼らは古代の伝統を受け継いで音楽を管掌するが、多くの場合、障害を持つ人々であったことが解る。亦、「師延：宋有大夫師延宜、其先掌楽職、軒轅氏之時人、官司楽。師曠：春秋、晋之楽師。師涓、商之楽官、為紂作靡靡之楽」（『通志』巻二八、民族略）とあり、各国で師氏は楽を司る官の位置にある。そして、師涓のように君主の求めに応じて俗楽も手がけたのである。舞について見ると「優孟者故楚之楽人也」とあり、優施は「曾在頬谷之会的時候、舞於魯君的幕下、……可知優施也是一個侏儒」[8]とあって、矮人の舞踊家であった。楽に伴う舞者も優姓であり、そこに障害のある人もいたのである。このように楽・舞は臣・民の教化・親和のために支配者にとって必須の手段であって、彼らは伝説時代の聖人から始まり、殷周―春秋・戦国代の間、障害者ながら君主の側近に侍し、官位を占めていて、音楽のみならず、政務にも参与する役割を受け持ったのであった。

二　秦代の音楽と楽士

秦国については「鈞天之楽：碧厳大乗注云、秦・穆公夢饗於帝庭、得鈞天広楽而下。其後穆公因作鈞天之楽」

（『七国考』巻七、秦音楽）とあり、鈞天の楽を作ったと言われる。この楽は天帝より得たものだから、俗楽でなく当然、正楽である。『宋書』巻一九、志第九、楽一に「及秦焚典籍、楽経用亡、漢興楽家有制氏……・周存六代之楽、至秦唯余韶武而已」とある。六代の楽とは堯・舜・禹・殷・周と秦の六代のそれを指すが、秦では昭虞と武象、すなわち舜の楽と周の武王の楽を継承したと伝える。これは祖先を祭る廟楽であるから、当然正楽である。そして、始皇の二六年に「改周大武曰、五行。房中曰、寿人。衣服同五行楽之色」（『文献通考』巻一二八、楽一）と周代での名称を五行と寿人にそれぞれ変更している。ここに見える五行は漢代まで受け継がれる。亦、「秦始皇滅斉、得斉韶楽」（『隋書』巻七五、何妥伝）と言うから、斉に伝わっていた舜の音楽の昭虞も採り入れたのである。『史記索隠』に「昭一作韶」とみえるから、これは舜の楽と全く同一の楽といえる。

秦の音楽に関しては亦、次の史料がある。すなわち「秦・咸陽宮中、有鋳銅人十二枚。坐皆高三尺、列在一筵上。琴筑笙竽各有所執、皆組綬華采、儼若生人。筵下有二銅管、上口高数尺出筵後、其一管空、一管内有縄大如指。使一人吹空管、一人紐縄。則琴瑟竽筑皆作、与真楽不異。有琴長六尺、安十三弦、二十六徽、皆用七宝飾之、名曰璠璵之楽」（『秦会要訂補』巻九、引『西京雑記』）とある。ここに咸陽宮の豪華な楽器の配置を示し、秦の咸陽宮における音曲が派手であった様子を窺い知れる。正楽の器として本来、鐘の位置は重要であるが、「秦・廟中、鐘四枚、重十二万斤」（『太平御覧』五七五、引『古今楽録』）「始皇収天下之兵、銷以為鐘鐻、簴高三丈、鐘小者千石」（『太平御覧』五七五、引『三輔黄図』）などとあるように、秦では積極的に鐘が作製されている。朝廷内には楽器も多く、壮大な正楽が奏せられたと思われるが、民間においては「李斯諫逐客書曰、夫撃甕叩甄弾筝搏髀而歌呼嗚嗚、快耳目者、真秦之声也」（『七国考』巻七、筝）とあるように丞相・李斯は瓦製の器物を叩いて素朴な音を出すのが「真の秦声」だと評しているから、壮大な音曲は彼の考えに合わなかったようである。楽工の身分については「応侯与賈午子坐、聞其鼓琴之声。応侯曰、今日之琴、一何悲也。賈午子曰、夫張急調下、故使之悲耳。張急者良材也。調下者官卑也。取夫良材而卑官之、安能無悲乎。応侯曰、善哉」（『説苑疏証』）とあるように秦代、彼らはなお官吏の位置にはあるものの、既に下級官吏へと位置付けが降下していく傾向にあることが文意から窺える。

秦の二世皇帝・胡亥は「秦二世尤以為娯。丞相李斯進諫曰、放棄詩書、極意声色、祖尹所以懼也。……趙高曰、五帝三王楽各殊名、示不相襲、……亦各一世之化、度時之楽、何必華山之騄耳而后行遠乎」（『史記』巻二四、楽書）とあって、父の始皇と違い娯楽としての音楽を好んだ。その音楽とは「二世尤以鄭・衛之音為娯。丞相李斯進諫曰、放棄詩書、極意声色、祖尹所以懼也。……恣心長夜、紂所以亡也。趙高曰、五帝三王楽、各殊名、示不相襲、朝廷下至人民得以接歓喜、合殷勤非此和説不通解、沢不流。亦各一世之化、度時之楽、何必華山之騄耳。而后行遠乎。二世然之」（『文献通考』巻一二八、楽）とあるように、鄭・衛の楽に他ならず、殷の紂王の「靡靡の楽」の延長線上にあった。ともかくも、彼は始皇と異なり正楽よりも俗楽を好んでこれを公的に承認した。もとよりこれには丞相李斯の批判のある所以である。

三　前漢初から武帝までの音楽

漢初に「漢興、楽家有制氏、以雅楽・声律、世世在大楽官。但能紀其鏗鎗鼓舞、而不能言其義」（『漢書』二二、礼楽志）とあり、制氏という宗族が雅楽を主どる大楽官を勤めていた。彼らは奏楽はできたが、音楽の持つ意味を解することは出来なかったらしい。そこで「高祖時、叔孫通因秦楽人、制宗廟楽。大祝迎神于廟門、奏嘉至、猶古降神之楽也」（同前）と高祖は秦の楽人の音楽を継承した宗廟楽を儒家の叔孫通に作らせた。かかる公的音楽策定の一方で高祖は「又有房中祠楽、高祖唐山夫人所作也。周有房中楽、至秦名曰、寿人。凡楽、楽其所生、礼不忘本。高祖楽楚声、故房中楽楚声也」（同前）とあるように、その房中すなわち高祖の寝所において唐山夫人作の音楽を聞いたと言われる。この楽は周代に始まり、秦代、寿人となったのを更に承けたものである。ここに「楚声」の語がみえるが、「有趙・代・秦・楚之謳」（同前）と一括される中に含まれるから、この楚声も亦、正楽であろう。只、「桑間濮上、鄭衛宋趙之声並出」（同前）とある部分の補注に「王念孫曰、漢紀、趙作楚是也……此以楚従疋、趙従走。二形相似而誤」と、先の趙は楚の誤りと解している。王先謙は「鄭衛宋斉」と趙は斉であるとし、亦、「北魏志・鄭宋斉衛流宕不反。於是正楽虧矣……唐以前本尚不誤、王抝誤本漢紀、改趙為楚、失之。呂覧、楚衰作巫音、是侈楽、非淫声也」とも言う。これらを総括してみると、楚声は矢張り正楽と見るのが妥当のようである。そして漢の楽は「大抵、皆因秦旧事」（同前）とあるから、漢朝の初期では宗廟楽と房中楽とが府中・宮中の分野に一応、分けられるものの、双方とも正楽の範疇内と見なされよう。

高祖の時の永安之楽は恵帝代、安世楽と名を変えて行われ、景帝代では武徳・文始・五行之舞、文帝代では昭武・文始・五行之舞とそれぞれ名称を変える。ここに文始舞は「本舜招舞也」、また五行舞は「五行舞者本周舞也」と見えるから、いずれも正楽に伴う舞踊であった。景帝期の武徳舞は「以為昭徳以尊太宗廟」とされ、文帝の廟前で行った舞踊であった。こうして楽に伴う舞が公式に定められたが、それは総て正楽の系譜の音楽に随伴し位置付けられた舞踊である。

さて、次の武帝期は音楽史の上で画期的な時代となる。先ず、中央官署である「楽府」の設立を明らかにしなくてはならない。『資治通鑑』巻一九には「是年、得神馬于渥洼水中。上方立楽府、使司馬相如等造為詩賦、以宦官李延年為協律都尉、佩二千石印、絃次初詩以合八音之調。詩多爾雅之文、通一経之士不能独知其辞、必集会五経家相与共講習読之、乃能通知其意。及得神馬、次以為歌。汲黯曰、凡王者作楽、上以承祖宗、下以化兆民。今陛下得馬、詩以為歌、協于宗廟、先帝百姓豈能知其音邪」とあり、（1）神馬を得たこと、（2）楽府を立てたこと、（3）李延年が協律都尉となったこと、（4）汲黯が宗廟歌を批判したこと、などの総てが「是年」乃ち元狩三年と言う年に懸けられている。『通鑑』のこの部分について、その根拠として使った史料は『史記』楽書と『漢書』礼楽志との二つを参照したと思われる。前者、『史記』楽書では「至今上即位、作十九章。令侍中李延年次序其声、拝為協律都尉。……漢家常以正月上辛祠太一甘泉。以昏時夜祠、到明而終。……又嘗得神馬渥洼水中。復次以為太一之歌………中尉汲黯進曰、凡王者作楽、上以承祖宗、下以化兆民。今陛下得馬、詩以為歌、協于宗廟。先帝、百姓豈能知其音邪。上黙然不悦。丞相公孫弘曰、……黯誹謗聖制、当族」と記していて、(1')即位後、一九章を作ったこと、(2')侍中・李延年をして一九章に曲を付けたこと(3')それより前に神馬を得たので太一の歌をつくったこと、(4')汲黯がこの歌を宗廟で奏することを批判したこと、(5')そのため公孫弘が彼を厳罰にする旨、上奏したこと、等を内容としている。まず右の『通鑑』と『史記』楽書、双方の記事・描写を比較すると、李延年・汲黯の「肩書き」について、『通鑑』では延年は宦官、『史記』では侍中とあり、黯について『通鑑』は記さず、『史記』では肩書きに中尉と記す。ここに些かの差異があり問題がある。(1)については(3')が照応するが、「楽書」には太一の歌とあり、「太一况天馬下」の注に「師古曰、言此天馬乃太一所賜故来下也。沈欽韓曰、楽書云復次以為太一之歌。歌曲曰、太一貢兮天馬下霑赤汗兮……」とある。次いで「元狩三年、馬生渥洼水中」と記すので、この天馬とは水中より出た馬を指すものと思う。沈氏の解はこの文の続きの所にある「天馬徠従西極」と関連させているのであるが、これは武帝が大宛を征討した時点になるので、太初元―三年(B.C.一〇四―一〇二)に当り、水中から馬を得た時点、元狩三年(B.C.一一九)乃至、元鼎四年(B.C.一一三)と比べると時代をかなり降るから、これは不合理であって、天馬とは西極より得たそれでなく、当該、渥洼水から得た馬とみなして良いのではなかろうか。

次に(2)・(3)は(1')(2')に概ね対応する。『史記』楽書には楽府を立てたことは明記していないが、李延年が司馬相如らの一九章の詩賦に曲を付けたのはこの時点であり、楽府の長官たる協律都尉に任じられたのもほぼ同時である。（4）は（4'）（5'）に対応する。先ず引用した『通鑑』の冒頭の「是年」は元狩三年と記載されているが、倪其心「漢武帝立楽府考」[9]によると、『漢書』を引いて、「得神馬時間原有二説、元狩三年与元鼎四年」と元々から二説があり、神馬を得て泰畤を甘泉に立てたのが元鼎五年であるから、『通鑑』のこの年は元鼎四年とみなす。この考証は正しいと思う。そうすると、元鼎五年には汲黯が死去しているから、彼の批判は時間的には間に合うけれども、『史記』楽書にある彼の肩書きは中尉であり、この時、淮陽太守であるとする彼の伝記と異なる。これに対応する公孫弘は早く元狩二年三月に死去している（『漢書』一九下、百官公卿表下）。そうすると、この元鼎四年の時点においては両者の対立は先ずあり得ないことになる。「汲黯批判」について、王叔民は『史記斠証』[10]第四冊で「拠漢公卿表、太初四年得大宛馬時、公孫賀為丞相。則弘字当賀字之訛。史記汲黯伝云、上以黯故官其弟汲仁、至九卿」と言い、馬を得て、その頌歌が宗廟で奏せられた件についての対立は汲仁と公孫賀のそれであると解している。また「史記考証」では『困学紀聞』や『通鑑攷異』を引いて、「愚按、拠漢公卿表、太初四年得大宛馬時、公孫賀方為丞相、則弘字当賀字之訛」とあって、公孫弘は公孫賀の誤りと見なし、汲黯については『史記』を引いて、「上以黯故官、其弟汲仁至九卿、……而譏武帝者知不汲仁乎」と、これもまた汲仁の誤りと解する。只、大宛馬を得たのは太初四年であるが、『漢書』礼楽志に依ると、「太初四年誅宛王獲宛馬作」とあり、其の注に「先謙曰、武紀云、西極天馬之歌」とあり、その時の歌は西極天馬の歌なのであって、元鼎四年では宝鼎天馬之歌（『漢書』武帝紀）或は太一之歌（『史記』楽書）とあるので、異なっている。この年、汲仁の存在は可能だが、公孫賀はなお丞相位には就いておらず、その位置にあったのは趙周と言う人物であった。このように見てくると、両人に代って前記の何れの人名を挿入してもそこには矛盾が生じるから、思うにこの件の記述は楽歌を巡って官僚間に対立があり、象徴的に汲黯・公孫弘の両者が史書に記載されたものと考えるしかないであろう。では、この対立は何を問題の焦点としていたのか。この事を理解する為には、官署たる楽府が何時立てられたかを明らかにする必要がある。『通鑑』では神馬を得たフレーズに続いて、「上方立楽府」と見え、『史記』楽書の方には楽府の語そのものが見あたらない。『漢書』礼楽志には「至武帝郊祠之禮、祠太一于甘泉、……祭后土……乃立楽府。采詩夜誦、有趙・代・秦・楚之謳。以李延年為協律都尉。多挙司馬相如等数十人、造為詩賦。略論律呂、以合八音之調、作十九章之歌」とあるので、『通鑑』と同じく郊祠の祭祀時において楽府を立てたものとする。対比しながら『漢書』武帝紀を検索すると、先ず元鼎四年「条」にはその一一月に「甲子立后土祠于汾陰脽上」とあり、そしてその後の六月に、水中から馬を得たとして、宝鼎天馬の歌を作っている。そして、同五年の一一月に「立泰畤于甘泉、天子親郊見」とある順序で推移するのであるが、「礼楽志」では「定郊祠之礼、祠太一于甘泉……祭后土于汾陰……乃立楽府」と天・地祭祀の礼を郊祠一本に纏めたため誤解を生じているが、太一の祭と后土の祭との間には丁度、一年の開きがある。「乃立楽府」は元鼎五年なのである。[11] 宝鼎天馬の歌の作製はそれ以前のことであるから、この歌の扱いは太常管轄下の太楽官に置かれた筈である。所謂、汲黯・公孫弘論争はこの太楽官乃ち宗廟楽を取り扱う役所の分野において、此の宝鼎天馬の歌を奏する事の是非を争ったものである。尤も、元狩元年に「冬十月、行幸雍祠五時、獲白麟、作白麟之歌」とあるから、この白麟の歌が太楽官に始めて新楽として取り扱われたとすれば、それはこの時点に遡るかも知れない。ともあれ両者の論争の結果として、楽府の官署設立が計られ、新楽はこの新官署の楽府で扱う措置が執られることとなり、ここに初めて雅楽と俗楽の区別が明確にされたのであった。こうして武帝期、内朝に属する后土祠の音楽は楽府官が扱い[12]外朝に属する宗廟の音楽は太楽官が扱ったのである。[13] こうして、宝鼎と馬を得て報恩の郊祠を行うとともに楽府官署を立て、李延年をその長官・協律都尉に任じた時点については、前者は元鼎四年、後者は五年と確定したが、では「楽書」中に見た汲黯の行っている批判は何に対するものなのか。先掲『史記』楽書では「馬を水中に得、詩歌を作り」、それを「協於宗廟」とあるが、これを彼は批判していたのであった。既に元狩元年において「白麟の歌」が作られたが、楽府官署が未だなかったこの時期、詩歌の管理を行ったのは外朝官の太常しかなく、直接にはその属官の太楽が掌握していた筈である。そして、太楽官の本務は宗廟に捧げる音楽の管理である。そのため新楽の「白麟の歌」もこの太楽官に所属せざるを得なかった。従って、上記の新歌も場合によっては、太楽による宗廟の演奏に使用される可能性が生じた訳である。宗廟楽は正楽を用いるはずであったので、この新歌はもとより規格外である。これこそが「汲黯」の批判した理由である。郊祠が盛んとなり、詩歌の多く作成された武帝期には、こうした批判に対応するため、別の官署を設立してそれらを太常の管轄から外す必要が生じたことになる。ともかく「汲黯上奏」は楽府官署成立の重要な契機をなしたと思われる。

さて、この上奏に対して公孫弘が批判したと記すが、弘の卒年は元狩二年であり、問題の元鼎四年には既に生存していない。一方、汲黯の卒年は元鼎五年であって、死去一年前であって、この上奏は時間的には可能であるが、その官位の肩書きは淮陽太守であり、先の文章に見る中尉の肩書きではない。従って両人ともにこの問題に関わるのは先述のとおり矢張り、不自然であると言わざるを得ない。「史記考証」は『困学紀聞』や『通鑑攷異』を引いて「愚按、拠漢公卿表、太初四年得大宛馬時、公孫賀方為丞相。則弘字当賀字之訛」として公孫弘は公孫賀の誤りと言い、汲黯については『史記』を引いて「上以黯故官、其弟汲仁至九卿……而譏武帝者、知不汲仁乎」と弟の汲仁であるとする。しかし『史記斠証』の注にみる余嘉錫の言い分は「余嘉錫云。滝川資言立説頗巧。然汲仁之名不見於百官表。太初四年、中尉無姓名。蓋班固時已不可考、未必即是汲仁……公孫弘・汲黯之名、縦為後人所改……」と述べるのであるから、この汲仁についても疑義が生ずる。ともあれ、上奏者・批判者ともに『通鑑』と『史記』楽書にみる人名の記載は誤っているとしなければならない。

さて楽府の長官の協律都尉となった李延年について、『楽戸』の著者、喬健氏は奴婢身分から出身したと記述しているが「李延年、中山人也。父母及身、兄弟及女、皆故倡也。（師古曰、倡・楽人也）延年坐法腐、給事狗中。而平陽公主言延年女弟善舞。上見心説之、及入永巷而召貴延年。延年善歌為変新声、而上方興天地祠、欲造楽詩歌弦之。延年善承意、弦次初詩、……号協声律、与上臥起……」（『史記』巻一二五、佞倖列伝）とあるように、彼は顔師古のいう倡＝楽人であって、それが直ちに奴婢身分とは断定できない。漢・太楽律に「卑者之子不得舞宗廟之酎。除吏二千石到六百石及関内侯到五大夫子、取適子、高五尺已上、年十二到三十。顔色和、身体修治者、以為舞人」（『後漢書』二五、百官志注）と舞人でも官位の高い者の子弟があてられている。その李延年は武帝に登用されてからは天地祠の為の詩歌を基に新楽を作曲する。『史記』楽書第二の「作一九章」の陳仁錫の注に「曰、一九章、乃武帝郊祠楽也」とあるから、一九章は司馬相如らの詩賦であり、それに李延年が曲を付したものである。武帝自身も「又曰、武帝思念李夫人不已……為作詩、令楽府諸音家、絃歌之曰、是耶非耶、立而望之……」（『芸文類聚』巻四三、歌）と早逝した李夫人を偲ぶ詩を作り、これを楽府の楽士に絃歌せしめたとあるから、こうした新楽は総て楽府官で管理し、帝を始め李延年らが詩賦を作曲・演奏したことが解る。

これとほぼ同時に「河間献王有雅材、亦以為治道、非礼楽不成。因献所集雅楽、天子下太楽官、……常御及郊廟、皆非雅声……今漢郊廟詩歌未有祖宗之事、八音調均、又不協於鐘律。而内有掖廷材人、外有上林楽府、皆以鄭声施於朝廷……」（『漢書』二二、礼楽志）とあり、新楽流行の一方で、雅楽を集める事も河間献王に依って行われ、それが朝廷に献ぜられたために、天子はこれを太楽官に付与する措置を講ずる。こうして郊祠における「非雅声」つまり鄭衛の俗楽と、宗廟で奏する正楽乃ち雅楽とがこの時、内・外の朝廷に両存し、総ての音楽は明確に新・旧両方に区分・整理されたのである。『史記』巻一二孝武本紀に「其年既滅南越。上有嬖臣李延年以好音見。上善之。下公卿議曰、民間祠、尚有鼓舞之楽。今郊祠而無楽、豈称乎。公卿曰、古者祠天地、皆有楽、而神祇可得而礼。或曰、泰帝使素女鼓五十弦瑟。悲。帝禁不止。故破其瑟為二十五弦。於是塞南越、祷祠泰一、后土。始用楽舞。益召歌児作十五弦。及箜篌、瑟自此起」とあり、『容斎続筆』巻第七に「劉昭・釈名箜篌云、師延所作靡靡之楽……弾安節・楽府録云箜篌乃鄭・衛之音、以其亡国之声」ともあり、李延年は郊祠に際して従来、楽曲のなかったのを改め、瑟による音曲を創作し演奏したと言われる。この瑟は往年において鄭・衛の楽を奏する楽器であった。ここに於いて嘗て亡国の声と言われて排撃されてきた鄭・衛の楽が天子の行う郊祠の際に公的に吹奏されることになった。

四　儒家思想優位の時代の音楽

武帝時代が終わり、昭帝・宣帝が継ぎ、元帝時代になると、元帝は自ら儒家の経義を信奉していたため儒家思想の影響力が帝の権威を背景に広く深く社会に浸透していく。そうした状況の中で漢朝の音楽政策にはどの様な変化が見られるであろうか。『漢書』八、宣帝紀に「本始四年、春正月詔曰、……今歳不登、……楽府減楽人、使帰就農業……」とまず楽府の楽人を減らして帰農させる政策が採られる。ただ減員をしてはいるが、「是時、宣帝頗修武帝故事」（『漢書』七二、王吉）とあるように、楽府管轄の鄭衛の楽の吹奏は武帝期のそれを変更してはいない。この宣帝は王道・覇道を交えて統治するのが漢家の採るべき政治であることを宣言しているので、覇道の一環として武帝が立てた楽府を維持するのは当然のことであった。しかし、次の元帝代になると「遷諫大夫、代貢禹為長信少府・御史大夫。広徳……及為三公、直言諫争。始拝、旬日間、上幸甘泉、郊泰時……広徳上書曰、窃見関東困極、人民流離、陛下日撞亡秦之鐘、聴鄭衛之楽。臣誠悼之」（『漢書』七一、薛広徳）とあって、薛広徳が天子の郊祠の際に「亡秦の鐘を突き、鄭衛の楽を聞いた」事は正しくないとして、これを批判している。大儒として著名な蕭望之が彼を「薦広徳。経行、宜充本朝。為博士論石渠、遷諫大夫」とその経学に長けた才を評価して、高官に推挙した人物なのであるから、儒家の立場によって彼の批判はなされたと思われる。上の文章は、百官表の元帝の初元五年六月に貢禹が御史大夫に就任したとあるので、この五年と言う時点においておこなった薛広徳の諫言の内容であったことが解かる。この時にも未だ郊祠の礼楽を楽府が管掌し、そこで鄭衛の楽を奏していたことが知れる。同じ頃、王吉も「外家及故人可厚以財、不宜居位。去角抵、減楽府、省尚方、明視天下以倹」(『漢書』七二、王吉)と楽府員を減じるよう上奏したし、同様、貢禹伝にも禹が「放出園陵之女、罷倡楽、絶鄭声……」(『漢書』同巻)と提案していたことが記録されている。元帝代にはこのように儒家的官僚が楽府員の削減を次々と上奏した事実があある。ただ、これらは楽府の減員をいうのであり、楽府官署そのものの廃止は猶、俎上にのぼっていない。そして一方で「是時、鄭声尤甚。黄門名唱・丙彊、景武之属、富顕於世。貴戚五侯、定陵・富平外戚之家、淫侈過度。至与人主争女楽」(『漢書』二二、礼楽志)とあるよう貴戚・外戚達が新楽を愛好し、奢侈な生活に伴ってこの鄭声が大いに流行していた事実が知られている。この貴戚・外戚を批判しつつ、儒家的官僚は上記のように楽員削減を言うが、それでも楽府廃止までは猶、提案し難い政治状況があったのである。

成帝は「為太子、壮好経書、寛博謹慎」(『漢書』一〇、成帝紀)と言われるが、「其後、幸酒、楽燕楽、上不以為能」と後には酒楽に耽溺したので、父・元帝の彼にたいする評価は低下した。燕楽とは師古注に「論語称孔子云損者、三楽、楽驕楽、楽逸、遊楽、燕楽損矣。燕楽燕私之楽也」とあって、私的な宴会における娯楽のための音楽である。永始四年の詔に「方今世俗奢僭罔極、……或酒奢侈逸豫、務広第宅、治園池、多畜奴婢、被服綺縠、設鐘鼓、備女楽、車服嫁娶、葬埋過制……」と奢侈の横行する現状を述べる中に、女性の奏する音楽、乃ち俗楽の盛行に論及している。これは元帝以来、継続されているものであろう。こうした状態を打破しようとしたのが、次代の哀帝であった。綏和二年三月に成帝が崩じ、四月丙午、哀帝が即位した直後の六月に「鄭声淫而乱楽、聖王所放。其罷楽府」(『漢書』一一、哀帝紀)とあって、詔命によって武帝以来の楽府官署が一気に廃された。『漢書』礼楽志にはこれを「哀帝自為定陶王時疾之。又性不好音。及即位下詔曰、惟世俗奢泰文巧而鄭衛之声興。夫奢泰則下不孫而国貧。文巧則趨末、背本者衆。鄭衛之声興則淫辟之化流。豈不難哉。孔子不云乎放鄭声、鄭声淫。其罷楽府官。郊祭楽及古兵法武楽在経非鄭衛之楽者、條奏別属他官」と説明している。定陶王在位の時代から、哀帝は鄭声を憎み、即位後、直ちに楽府官を廃止し、郊祭の際の楽と古兵法武楽のうちの経典に見え、鄭衛の楽でないものはこれを他官に属さしめる措置を執った。他官とは従来、正楽を担当してきた太常官属の太楽官であろうと思われる。かかる詔命に応じて丞相の孔光・大司空何武は廃止された楽府員の処置を次のように決定した。

「奏。郊祭楽人員六十二人給祠南北郊。大楽鼓員六人、嘉至鼓員十人、邯鄲鼓員二人、騎吹鼓員三人、江南鼓員二人、淮南鼓員四人、巴兪鼓員三十六人、歌鼓員二十四人、楚厳鼓員一人、梁皇鼓員四人、臨淮鼓員三十五人、茲邡鼓員三人。凡鼓十二員、百二十八人。朝賀置酒、陳殿下。応古兵法外、郊祭員十三人。諸族楽人、兼雲招給祠南郊、用六十七人。兼給事雅楽、用四人、夜誦員五人、剛別柎員二人、給盛徳、主調篪員二人、聴工以律知日冬夏至一人。鐘工・磬工・簫工員各一人、僕射二人、主領諸楽人皆不可罷。竽工員三人、一人可罷。琴工員五人、三人可罷。柱工員二人、一人可罷。縄弦工員六人、四人可罷。鄭四会員六十二人、一人給事雅楽、六十一人可罷。張瑟員八人、七人可罷。安世楽鼓員二十人、十九人可罷。沛吹鼓員十二人、族歌鼓員二十七人、陳吹鼓員十三人、商楽鼓員十四人、東海鼓員十六人、長楽鼓員十三人、縵楽鼓員十三人。凡鼓八員百二十八人。朝賀置酒陳前殿。房中不応経法。治竽員五人、楚鼓員六人、常従倡三十人、常従象人四人。詔随常従倡十六人、秦倡員二十九人、秦倡象人員三人、詔随秦倡一人、雅大人員九人、朝賀置酒為楽。楚四会員十七人、巴四会員十二人、銚四会員十二人、斉四会員十九人、蔡謳員三人、謳員六人、竽瑟鐘磬員五人、皆鄭声可罷。師百四十二人、其七十二人、給大官挏馬酒其七十人可罷。大凡八百二十九人、其三百八十八人不可罷。可領属大楽。其四百四十一人不応経法、或鄭衛之声、皆可罷。奏可」（『漢書』二二、礼楽志）

これに依ると楽府人員の総計、八二九人の内、四四一人を削減したが、その対象は経法に合致しない種類の者か、鄭衛の楽の奏者であった。差し引き三八八人は残留させて、これを太楽官に総て転属させた事が解かる。

平帝代の元始元年二月の条に「班教化、禁淫祠、放鄭声」と見えるのは民間への教化を言うものであるが、そこでも鄭声を排除する措置を述べている。先述したように失職した楽人は帰農させて平民としたために、彼らは民間で自ら持していた音楽を演奏することも出来なかった訳である。それ故、これらの措置は官府のみならず、民間においても鄭声を禁じた事になるのである。

王莽代になって、「正月郊祠、八音当奏。王・公卿・士楽、凡幾等、五声・八音條、各云何其与所部儒生、各尽精思、悉陳其義」（『漢書』九九上、王莽）とあり、音楽について王莽は儒生の意見に従っている。官制も名称等の変更がなされ「太常曰、秩宗。大鴻臚曰、典楽（周寿昌曰、桓譚為莽掌楽大夫殆即此官）」（同書、九九中）とあって、大鴻臚が楽を掌どることになった。『漢書』一九上、百官志に武帝の時、大鴻臚の名称が付けられるが、応劭注に「郊廟行礼讃九賓……」とあり、本来、この職は賓客を掌るもので、郊祭時の来賓を指すものでもあり、そのため王莽はそこに楽員を移したのであろう。この時、九種の祭酒をおいたが、その中に「崔発為講楽祭酒」とあるよう、ここに楽理を掌する分野が設けられている。又、「初献新楽於明堂太廟、群臣始冠麟韋之弁、或聞其楽声曰、清厲而哀、非興国之声也」（同書）と見え、その補注に「先謙曰、胡注新楽莽所作」とあるので、王莽自らも音楽を作曲したようであるが、それも又、経義に依拠していた。こうして王莽時代は儒家思想を尊重したため、音楽は正楽を中心としたものに限定された。

五　後漢の音楽

「世祖・建武十三年四月、耿弇罷益州。伝送公孫述瞽師・郊廟楽器・葆車輿輦。於是、法物始備……明帝永平三

年……十月蒸祭光武廟。初奏文始・五行・武徳之舞……東平王蒼議、以為漢制旧典、宗廟各奏其楽、不皆相襲、以明功徳……前代楽名宜曰、大武之舞（宗文始・五行・武徳之舞、為之）」（『文献通考』巻一二八、楽一）とあり、後漢王朝建立後の一三年に公孫述の居た益州から楽士・楽器などを確保して中央に送付した。それによって「法物始備」とあるから、戦乱の華北には楽工・楽器は見あたらなかったのであろう。そして、後の熹平四年に光武廟の祭祀において文始・五行・武徳の楽舞を行った。これは前漢の文帝代の舞と同じである。その時に旧来からの慣例で、武徳を大武に名称を変更した。更に「永平三年、官之司楽、改名大予。式揚典礼、旁求図讖。道隣雅頌、事邇中和。其有五方之楽者則所謂大楽・九変。天神可得而礼也。其有宗廟之楽者則所謂粛雍和鳴。先祖是聴者也。其有社稷之楽者則所謂琴瑟撃鼓、以迓田祖者也。其有辟雍之楽者則所謂移風易俗、莫善於楽者也。其有黄門之楽者則所謂宴楽。群臣蹲蹲舞我者也。其有短簫之楽者則所謂王師大捷、令軍中凱歌者也」（『晋書』巻二二、志第一二、楽上）とあり、司楽を大予と改名して礼式を行い、図讖を天に求めた。それには雅頌を以てし、和に叶う楽を奏したと言う。その内容の（一）は五方の楽で天神を下し礼するもの、その（二）は宗廟の楽で先祖がこれを聞くもの、その（三）は社稷の楽で田祖すなわち神農を迎えるもの、その（四）は辟雍の楽で民の風俗を善導するもの、その（五）は黄門の楽で群臣が宴会で舞い踊るもの、その（六）は短簫の楽で戦いに勝って凱歌を揚げるものである。天祭・祖先祭・土地祭の内容は大凡、前代を継承しているが、民衆の教化のための音楽のあるのは豪族共同体優位の後漢時代の特徴と言える。黄門の官職は『漢書』百官志によると、中書謁者の属官で、注に「黄門令、宦者主省中諸宦者」とあり、群臣が宦官の居る所に集まり宴会を開き、舞い踊ったものと言われる。崔豹の「古今注」には「曰、漢楽有黄門鼓吹、天子所以宴楽群臣也。短簫鐃歌鼓吹之一曲爾。……」とあるから、これもやはり天子の主宰する宴会であった。その音楽の内容は鐘を鳴らし歌うものであるが、中身は軍楽であったらしく、これ亦、正楽の系譜の音楽と判断される。

後漢代には又「侯瑾箏賦曰、於是、急絃促柱、変調改曲、卑殺纖妙、微声繁縟、散清商、而流転兮。若将絶而復続紛、曠蕩以繁奏、邈遺世而越俗、若乃察其風采、練其声音美哉、蕩乎楽而不淫。雖懐思而不怨、似豳風之遺音。於是雅曲既闋、鄭衛仍修新声……乃上感天地、下動鬼神、亨祠祖宗……移風易俗、混同人倫、莫有尚於箏者矣」（『芸文類聚』四四、楽部四）とあって、音楽は変調・改曲されて、清商（殷）の音は流転しつつも継続し、その声音はより練磨されてきた。楽しく且つ淫でない周公の音曲に似ていると記す。しかし、雅楽が閉ざされ、鄭衛の楽が新声として天地を感動させ、鬼神を動かし祖宗を祀る音楽となったと一方で言うのは如何なる変化を指すのであろうか。思うに古楽の単調さを打破する内容の鄭衛の楽はそれ自体が洗練されてきてその評価が上昇し、従来の枠を越えて祖宗の祭にも用いられたのでもあろうか。前漢の朝廷では公式の楽は伝来の雅楽であるが、それでも宮中では姫妾たちが鄭衛の楽を好み、随時演奏させたとあるので[14]廃棄されては居らず、後漢では上記のように鄭衛の楽が洗練されつつ俗楽を越え、その使途が拡大していく傾向も又、生じていたようである。

六　三国魏の音楽

黄巾の乱によって中原が混乱し、群雄が割拠する時期を経て、魏の曹操が献帝を擁しつつ華北を安定した。そこで「魏・武帝平荊州、獲杜夔。善八音、常為漢・雅楽郎、尤悉楽事。於是使創定雅楽。時又有散騎郎鄧静・尹商善調雅楽、歌師尹胡能歌宗廟・郊祠之曲。舞師馮粛能暁知先代諸舞。夔悉領之。遠考経籍、近采故事、考会古楽、始設軒懸鐘磬、復先代古楽、自夔始也。而柴玉・左延年之徒妙善鄭声被寵、唯夔好古存正」（『文献通考』巻一二八、楽）と見える。『三国志』の魏志、杜夔伝には「以知音為雅楽郎。中平五年、疾去官」と後漢朝廷において既に彼は雅楽郎の位置にあり、そして「荊州牧劉表令与孟曜為漢主合雅楽、楽備、表欲庭観之。夔諌曰、今将軍号不為天子。合楽而庭作之、無乃不可乎。表納其言而止。後表子琮降太祖。太祖以夔為軍謀祭酒、参太楽事、因令創制雅楽」（『三国志』、魏志、巻二九、杜夔）とあるように劉表に属した。彼は雅楽を天子の専有と見なしており、劉表による雅楽の吹奏の要求を批判したという逸話が見える。曹操はこうした彼を軍謀祭酒に任命して雅楽を創作させた。杜夔は元々、鐘の音律に優れた理解を有し、各種の楽器にも知識が深かったのであるが只、歌舞には長じて居なかったので、それを補佐する人を揃えた上、杜夔が彼らを「総統研精」したと言う。黄初年間に至り、彼は太楽令・協律都尉となっている。すなわち音楽の最高責任者である。しかしながら後日、鋳鐘工の柴玉との確執が生じた。その事情は「巧有意思、形器之中、多所造作、亦為時貴人見知。夔令玉鋳銅鐘、其声均清濁多不如法、数毀改作。玉甚厭之、謂夔清濁任意、頗拒捍夔。夔・玉更相白於太祖。太祖取所鋳鐘、雑錯更試、然後知夔為精而玉之妄也。於是罪玉及諸子、皆為養馬士。文帝愛待玉。又嘗令夔与左願等於賓客之中吹笙鼓琴、夔有難色。由是帝意不悦。後因他事繋夔、使願等就学。夔自謂所習者雅。仕宦有本、意猶不満。遂黜免以卒」（同前）と記されている。すなわち杜夔が鐘を柴玉に鋳造させた所、その音色が規定を外れていたので改作を命じ、これが度重なった。柴玉は彼の命令を嫌悪して音の清濁は各人の任意であると主張し、杜夔の要求を拒否した。そこで彼ら双方が曹操に訴えたために、操がその音色を試験した結果、夔が正であり、柴玉が淫であると判定を下し、柴玉とその一党を罪に陥し養馬士という卑職に充てたのである。しかし、次代になって文帝曹丕はこの柴玉を寵愛した。ある時、帝は杜夔や左願に向かい賓客の集まりの中で、笙・琴を吹奏するよう求めたが、夔はこれに難色を示す。為に文帝はその態度を喜ばず、後に他の理由を以て彼を獄に繋ぎ、やがて免職にしたとある。一体この経緯をどう見るか。太祖は雅楽を創制した夔を高く評価していて、柴玉の鋳した鐘の評定も伝統的な雅楽の基準で行ったのであろう。これに反して文学に堪能と言われる文帝は父と異なり、笙・琴の吹奏を好んだとされるように、所謂、鄭衛の楽の方に趣味を持っていたのではないか。夔は先掲『文献通考』巻一二八、楽にある通り、古楽に忠実であり、他方、柴玉・

左延年は鄭声に思い入れをしていたと考えられる。

曹操の時代「……王粲等各造新詩、抽其薄思吟詠、神霊贊揚、饗武皇帝、採漢魏之遺範、景・文之垂、則鼎鼐国唯新、前音不改」(『晋書』巻二二、志第一二、楽上)とあるように王粲らは新詩を作成したが、その内容は前漢の文帝・景帝に近接しつつ、漢・魏の遺範を採り、前音を改めなかったというから、古楽を基に新詩を附したと言うのである。文帝期ではこうした情況に変化があったかどうか明確な史料に欠けるが、文帝の姿質から見ると、新楽への変化を求めていたように思われる。しかし、次ぎの明帝(曹叡)の太和年の初に「詔曰、凡音楽以舞為主。自黄帝雲門以下至於周・大武、皆太廟舞名也。然則其所司之官皆曰、大楽所以総領諸物、不可以一物為名。楽官自如故為大楽。大楽漢書旧名、後漢依讖改為大予楽官。至是改復旧、於是公卿奏、今請太祖・武皇帝……」(『文献通考』巻一二八、楽一)とあって、大予楽官を改名して再び旧名に復したとあるので、ここから見ると先の文帝期においても伝統に依る雅楽の制度的変更までには至らなかったのであろう。

七　晋代の音楽

晋初、「晋・武帝……又令荀勗・張華・夏侯湛……各造郊廟諸楽歌詞」(『文献通考』巻一二九、楽二)と郊廟の楽を作ったが、この荀勗は「又作新律笛十二枚、以調律呂。正雅楽、正会殿、庭作之。自謂宮・商克諧。然論者猶謂勗暗解、時阮咸妙達八音。論者謂之神解。咸常心譏勗新律声高、以為高、近哀思、不合中和。毎公会楽作勗意、咸謂之不調、以為異己、乃出咸為始平相」(『晋書』巻二二、志第一二、楽上)とあって、郊廟の為の音楽を作曲した。それが新楽であったので、阮咸はその音声が高く中和と言えないし、「今声不合雅」(同前)とあって雅楽でないと排斥する。阮咸は正楽派であったようである。郊祠楽においても正楽を奏しようとする彼の姿勢が窺える。次いで

「懐帝・永嘉之末、伶官楽器皆没於劉石至江左。初立宗廟。尚書下太常祭祀所用楽名。太常賀循答云、魏氏増損漢楽、以為一代之礼。未審大晋楽名所以為異。遭離喪乱、旧典不存。然此諸楽皆和之以鐘律、文之以五声、詠之於歌辞、陳之於舞列、宮懸在庭、琴瑟在堂。八音迭奏、雅楽並作、登歌下管、各有常詠周人之旧也。自漢氏以来、依倣此礼、自造新詩而已。旧京荒廃、今既散亡、音韻曲折、又無識者。則於今難以意言。於時以無雅楽器及伶人、省大楽並鼓吹令、是後頗得登歌食挙之楽、猶有未備……」（同前）とあり、永嘉の乱に依って伶官や楽器が南方に移り、中原には失われたが、しかし、懐帝の永嘉末年に始めて宗廟を復活し、尚書が太常に対して、この祭祀に用いる音楽の名称を尋ねた。そこで太常の賀循がそれに答えている。乃ち先代三国魏の場合は漢楽を増損して一代の礼を作ったが、晋代になって、魏朝での楽名ですら詳らかでなくなった。偶々、争乱に遭遇したため、参照すべき旧典が失われた為である。そこでやむなく諸楽を混交して正楽の象徴である鐘律を以てこれを飾り、五声を用いてこれを歌詠したのである。歌詞に舞を添え、宮廷に鐘を懸け、琴瑟を堂に備え、八音を用いて雅楽を奏したがその歌は周人の旧詠に依る。漢代以来このように周の礼に拠るのが通常であり、今はそれに新詩を付するのみである。加うるに社会の荒廃によって音韻が散亡する紆余曲折があり、それを良く知る人も居なくなってしまった。音楽の意味も分からず、雅楽の演奏器もなく伶人もいない。そのために大楽や鼓吹を省かざるを得なかったので、堂上や天子の前で楽歌をするには猶、不充分である、とこのように、賀循は音楽の歴史と現状を説明している。

又、「咸和中、成帝乃復置太楽官、鳩集遺逸、而尚未有金石也。庾亮為荊州、与謝尚修復雅楽、未備而亮薨。庾翼・桓温専事軍旅、楽器在庫遂至朽壊焉。及慕容儁平冉閔、兵戈之際而鄴下楽人亦頗有来者。永和十一年、謝尚鎮寿陽、於是採拾楽人以備太楽。并制石磬、雅楽始頗具。而王猛平鄴、慕容氏所得楽声又入関右。太元中、破苻堅又獲其楽工揚蜀等、閑習旧楽。於是、四廂金石始備焉。乃使曹毘・王珣等増造宗廟歌詩、然郊祠遂不設楽……」（『晋書』巻二三、楽下）という記事がある。これは東晋になってからの事であるが、ここに見る謝尚は「遂知名、善音楽博綜衆芸、司徒王導深器之、……会謂曰、聞君能作鴝鵒舞、一坐傾想」（『晋書』巻七九、謝尚）と音楽だけでなく諸芸に知識のある人物であった。成帝は彼に雅楽を修復させるとともに、これを太楽官に置いて管理させる。しかし猶、金石の楽器は欠けていたらしい。雅楽を治めた庚亮が死んで子の翼が継いだが、彼は軍旅に専念したため在庫していた楽器は見捨てられ朽ち果ててしまった。その後、慕容儁が鄴都を制した時、楽人は多くその下に集まって来たとあり、穆帝の永和一一年には、先述の謝尚が寿陽で楽人を探し集め、これを太楽に備えたともある。かねて不足していた楽器の石磬も得られて、ここに雅楽用の楽器が漸く揃った。次いで孝武帝の太元年間になって符堅の下にいた楽工の楊蜀等を得て、旧楽を彼から伝授され習得したと伝える。こうして何とか四廟の金石が整い、曹毘等によって宗廟の詩歌を作る事も出来た。しかし、郊祠の祭祀において楽を奏することは未だ出来なかったと伝える。

以上、東・西の晋朝期には戦乱による混乱があって、宗廟の正楽さえもままならぬ状況であったのは上述の通りである。それは楽器・楽人の欠損だけでなく、音韻自体の知識さへ知る人が少なくなった為と言われる。郊祠の欠如自体は帝権の弱化に因るものかどうか不明ではあるが、行われることがなく、従ってその音楽についても記述は殆ど見られない。

結　語

北魏王朝において刑罰に処せられた人の妻子・同籍が楽戸に陥されたが、「周人初不知採用工人有音者、並入関中。随例多没為奴婢」（『文献通考』巻一二九、楽二）と北周代でも楽人は奴婢とされていた。以後、清朝の雍正帝の時、楽戸の賤籍が除かれる迄の長期間、彼らは差別に苦しめられていた。そして実態上はこの清朝以来、共和国成立まで楽戸の完全解放は実現しなかったのである。中国の研究者たちが古代、奴婢の位置にあったと見なす楽工が楽戸として身分の固定化したのは北魏王朝においてだと解している。本章では楽戸以前においては実際上、彼らはどの様な身分・位置に置かれていたのかを検討する事から始めて、楽工を伝説時代、更に秦漢期から晋代までトレースしてみた。その結果を纏めると次のようになる。伝説時代には異形・異姿の聖人達の中に並ぶ、楽工の夔がいたが、彼は片足の障害者であったとも伝承されている。すなわち音楽に依って民を教化する聖人つまり天与の高官に位置していたわけである。秦・前漢期では楽工は楽官として扱われた。前漢中期以降、儒家思想の影響で鄭衛の楽が排除される傾向が強まり、官吏としての楽工の一部がやがて農民にされた。そして漢末の動乱で奴婢身分に落ちる者もいたのである。夔は正楽の創始者であるが、暴君の名のある殷の紂王の時代になると正楽は廃されて、婦人を喜ばす淫楽が採用される。周朝の成立とともに正楽が定置されるが、降って春秋・戦国期になると、正楽と並んで淫楽を継承する鄭・衛の楽が現れてきた。秦帝国においては始皇帝が正楽、二世胡亥は鄭衛楽と両帝の採用する音楽が異なる。前漢の高祖劉邦では秦の正楽を継承し、これが景帝まで継続する。次の武帝は天地の祭祀である郊祠を行ったのであるが、文人の司馬相如らが詩賦を創り、それに李延年がそのための曲を付けた。これが鄭衛楽の系譜を持つ新楽であった。しかし、それを宗廟で奏することに一部官僚から強い批判が出たため、武帝は新たに楽府官を設け、李延年を協律都尉に任じ、この新楽を管轄させた。こうして従来、排除されてきた俗（鄭衛）楽が皇帝の内朝で公式に郊祀楽として演奏されるようになる。しかし、宣・元帝期になって儒家的官僚の進出により俗楽は規制され、とりわけ楽府楽員の削減が進んだ。更に哀帝期に、帝が音楽を好まなかったこともあって、遂に楽府官署が廃止される。太楽官下の正楽員はなお官吏としての位置を保ったが、楽府官にいた俗楽員の大方は下野し、平民化することになった。後漢期には儒家的官僚が勢力を持ち、正楽が公式の祭事に位置づけられる事になって、新楽（鄭衛の楽）は表舞台を退いたが、なお宮中の姫妾の愛好の対象ゆえに辛うじて継続・存在していた。ところで鄭衛の音楽の質そのものも改良され、往年の俗流から次第に洗練されて行き、雅楽の領域にまで参入しようとする変化を指向していた。南朝宋で「自宋大明以来、声伎所尚、多鄭衛而雅楽正声鮮有好者」(『南史』巻一八、蕭恵基伝)とあるのは鄭衛楽の変貌を示す一例である。一体、旧音階は五音階であるが、新音階に展開していくにつれ、儒家も認める清商・清徴・清角……を主音とするものとなる。(平勢隆郎「曾侯編鐘の歴史的意義」を引用した越智重明『日中芸能史研究』中国書店、二〇〇一年、七頁参照。)

三国魏の曹操は杜夔を得て雅楽を創らせた。彼は太楽令に就任し協律都尉になったが、その時、鋳鐘工の柴玉との確執を生じる。鐘の音色についての判断の相違である。正楽を固守する夔と「清濁任意」とする柴玉との対立である。ここに「濁」とは鄭音であろう。曹操は前者に軍配を挙げ、柴玉は罰せられた。しかし、次代の文帝曹丕は柴玉を寵愛して夔を退ける。この時点では、旧来の音楽の位置は一旦動揺するが、制度の変更までには至らない。晋代になって再度、正楽が執られ、それを整備する試みがなされた。しかし、止まぬ戦乱のなかで楽工・音律・楽器などが失われがちで、各王朝の再建時に宗廟・郊祠等の祭祀に用いる奏楽のための編成や民間に散逸した楽工の充足に苦労している様子が見られる。やがて華北一帯を支配した北魏王朝が安定した政権を樹立して、混乱していた楽制もここで漸く安定するに至る。そこに見られるのが王朝が糾合した楽工の身分確定の問題であって、所謂、永代楽戸の成立なのである。三国魏において兵戸が永代として成立するが、楽戸は北魏代まで持ち越したと判断するのが正確であろう。以上、伝説時代、聖なる位置にあった楽人はやがて高官に就き、官府にあったが、後漢代、鄭衛の楽人は平民化し、晋代以降、平民の位置からも脱落して、楽戸・奴婢身分に転落した経緯を見てきた。ところで南朝・北朝の音楽が隋・唐時期で如何なる融合の姿を見せるかと言う課題にも興味があるが、これについては後日を期したい。

註

（1）項陽『山西楽戸研究』（文物出版社、二〇〇一年）。
（2）喬健『楽戸』（江西人民出版社、二〇〇二年）。
（3）雍正元年、一七七二年布告。
（4）陝西学政・劉墫は乾隆三六年賤籍を除く処置を執るが、「四世清白」を条件とした。
（5）前掲（1）。
（6）喬健氏は「楽工は古い時代から賤民或いは奴婢身分に属する人」と記す。前掲（2）。
（7）拙稿「中国古代・障害者の変貌」（『アジアの差別問題』明石書店、一九八六年）。
（8）潘光旦『中国伶人血縁之研究』（商務印書館、一九四一年）二・前論の一、近代以前中国的伶人、参照。
（9）『北京大学学報』（哲学社会科学報）一九九一年第五期、参照。
（10）王叔民撰『中央研究院歴史語言研究所専刊』七八。
（11）松本幸男「漢初の礼楽祭祀と楽府の情況」（『学林』二〇号、一九九四年）に「楽府設立を武帝時代と決めてかかった上での議論」（二三頁）と従来の説を批判し、注で釜谷武志「漢武帝楽府創設の目的」（『東方学』第八四輯、一九九二年）を引き、「楽府と言う役所は、おそらく秦の頃に既に存在していたであろう」と自説を裏付けている。嘗てそうした役所があったことも念頭に置く必要はあるが、本稿では雅・俗楽の分野を区別する意味での楽府創立を問題にしているだけである。なお王運熙「関于漢武帝立楽府」（『鎮江師専学報』、一九九八年二期）に一九七六年出土の鐘刻に「楽府」があり、秦代に楽府官署があったとする。この、楽府では娯楽のための音楽を扱ったと述べている。
（12）松本幸男「上林楽府の所在地について」（『学林』一九号、一九九三年、五頁）に、未央宮の後宮の近くに楽府があったとある。
（13）郜積意「論西漢雅楽与俗楽的互動関係」（『福建師範大学学報』哲学社会科学版、一九九八年第一期）には漢以前では

雅楽と俗楽は截然と区別があったが、前漢になると雅楽は名はあるが実はなくなったと解する。そして「都是自制的雅楽」として、「雅俗的混合」を言う。私見では原則としての雅楽はゆるぎなく建てられており、本文のとおり楽府の創設はそのことを裏付けていると考える。

（14）『後漢書』烈女伝の賢明伝に「衛姫為之不聴鄭衛之音」とあり、衛姫のみが淫音を聞かなかったとあるから、宮中では一般に鄭衛の楽が好まれたようである。

2　楽戸をめぐって

一

　中国の賤民階層は世僕・伴当・僕戸・蛋戸・九姓漁戸・丐戸等と、ここで問題にする楽戸がある。彼らは伝統的中国社会の最底辺にあり、過去においてその研究は極めて少なかった。およそ彼らを理解せずして中国の伝統社会と文化の総体を知ることにならないのである。中国では二〇世紀の九〇年代になって、上記の多くの賤民が解放されたが、山西楽戸の場合は残ると同時にそれは極めて少数の例外的存在となっている。しかもこの楽戸は長期に亘る歴史を持つ貴重な存在であって、今、これを研究しなければ他と同様、消失してしまう。一体、楽戸研究の開始は一九九二年春、アメリカから帰った劉貫文氏を香港・中文大学において、喬健氏が面会に行った時に始まったという。一九九三年、両人は始めて山西の上党地区を訪問し、両人以外に、李天生氏を招請して共同研究のメンバーを構成した。こうして本格的に一九九四年から調査が実施され、同九五年八月に報告書の完成に至る。一五一戸の家庭の現況と二二人の自伝を得て、その基礎の上で職業・組織・財産・社会関係・婚姻・宗教伝統・祭祀活動など、一九四九年以後の楽戸変遷に調査活動を拡大した。調査報告書は論述篇と資料篇の両部分を含め、五七八頁であるが、著書としては論述部分だけを内容とした上で、共著者三名が各章を分担執筆した。本格的な「田野調査」は総て山西地域で完了していたので、初稿では「山西楽戸研究」としたが、その中には山西以外の土地の資料も含まれ、文献資料の引用も全国的であったので、あらたな名称として「楽戸—田野調査与歴史追踪」と名付けている。

楽戸の特徴は宗族組織を持たず、家譜も祠堂もないことで、位牌は父母一代のみである。一般に百姓の家では四代の位牌があるので祖先崇拝は当然であるが、楽戸の場合はそれが無い。楽戸の精神の拠り所はどこか尋ねると、それは義であると云う。義とは兄弟の関係を指す。そして、窮困して落魄した人を救済することも亦、義の範疇に入るわけである。一般人でも義を尊重するが、楽戸にとっては此の信条がとりわけ強いのである。後者の救済は乞食が対象であった。彼らは富裕な楽戸に収容される習わしである。社会的低位と義との間に生じる矛盾は楽戸に悲劇的英雄の性格を生じる契機となっており、一般農民の精細な打算と保守の性格とは異なり、楽戸にはとりわけ豪爽放任の気質が認められるのである。

楽戸は一般に階級的内婚を行っているが、同じグループの婚姻を彼らは「行親」と言っている。宗族が欠けるので、父親の子どもに対する血親関係は一般人と同じような性質ではない。楽戸の婚姻関係に就いては上党地区の十県市に横断的に広がり、七二戸の楽戸を包括している情況が見られる。同宗族内の結婚は一般民にとっては禁忌であるが、それを実施してきたために楽戸の生育率は低く、人丁の数は多くないが、そのため却って男丁の風気は頗る旺盛である。そして所謂、「一婿両当」の婚姻比率は農民と比較するとより高い。宗教の関係で言うと、一般とは極めて大きい差がある。楽戸には祖先と言う観念が本来、欠如しており、それに伴う祖先崇拝がないために、重要な祭祀は仕事に関係する神をめぐって行われるだけである。二一世紀に入った現在、楽戸は晋東南地区にいるが、それも消滅しつつあり、その原因は楽戸の農民化によるものである。とりわけ、文革の開始で楽戸がその楽器を没収され、吹奏専業の活動は禁止された。この文革一〇年の洗礼によって楽戸は徹底的に農民化されたと言って良い。賤民の位置もこれに伴って変化したわけである。しかし、改革開放政策時期においては音楽活動は漸く解禁され、多くの分野で音楽の要求が増加した。そのため旧楽戸による音楽活動が復活して、その企業化・商業化が進められて行くが、そこには成功と失敗の事例の両面のあるのが現況である。

二

「中国歴史上の楽戸」では歴史分析の上で、楽戸は奴婢の一種とされるが、その来源について、一つは戦争中の浮虜、二つは罪臣の家属であるとし、それが清末まで継続していたとみられる。そして、楽戸が上記の奴婢から何時分離したかについては『魏書』刑罰志に記されている。春秋時代に遡れば、楽人はまだ独立した職業集団になっていなかった。そして、楽人・師乙について「乙は賤工なり」（『礼記』楽記篇）の例を挙げて、師乙が奴婢の範疇にあると見なすが、この点は中国の研究者に共通している。「漢魏南北朝の楽戸」の項において、前漢時代には「楽人は低賤な奴婢身分で大礼の楽舞に参与できなかった」と言い、武帝の寵愛した楽人の李延年も奴婢身分より出身して官吏となったが、その出世は稀なことである。晋の後期には戦乱の時代となり、俘虜が奴婢に入れられたケースが多く見られる。北魏でも楽舞様式は晋朝のそれを只、踏襲するだけの有様で、音楽の整備は十分ではなかった。「楽人と李隆基」では唐王朝での礼楽文化が盛大になり、宮廷礼も繁栄したことを指摘し、楽人はこの期に独立した職業人となったが、なお奴婢の一種であり賤視されていた。それは楽舞の唱道者であり、推進者である唐明皇・李隆基の政策によるものという。山西の上党地区の老楽戸が尚この李隆基を祭祀しているのはそうした理由があると思われる。唐朝の礼楽は先ず李世民に始まり李隆基に至って大いに盛んになった。既に貞観二年に祖少孫によって雅楽が修定されている。雅楽の一つの来源は教を楽人や民間にも求めて、安史の乱後の古曲・楽工が失われたのを補充する努力を朝廷では重ねた。その中で、盛唐の楽舞文化を愛好し、それに精通し、演奏も卑賤の楽人に伍しておこなったのが李隆基であったのである。只、唐朝でも楽人は先述のように奴婢の一類とされ、唐律の刑法一一種に規定されている。しかし楽戸は法律規定と同じ扱いではない側面もあった。「皇帝弟子」という呼び名がその一つであろう。「古代小説・戯劇中の楽人の形」では、史書に楽人の記事は少ないが、戯劇の中にはその生活・経歴・社会関係等がいきいきと具体的に描写されている。楽戸を研究するには古代小説を捨てるわけにはいかない。宋朝の『太平広記』『緑窓新話』に集められている唐人の作である大量の小説の中に、楽戸の描写が少なくない。『孤本元明雑劇』の中にある「王蘭卿貞烈伝」に挙人が楽戸の娘を娶って妻とした故事がある。これはまさに旧来の陋習を破る大胆な行動であった。楽戸間の通婚は楽戸が厳格に遵守する戒条であり、そのきまりは抗日戦争前の上党地区でまだ行われていた。農民や労働者は彼らを卑賤視して楽戸の女を妻としなかったのである。この陋規は一九五〇年の「中華人民共和国婚姻法」で逐次解決されていく。それにしても、七百年前の挙人が娶妻した故事は非常に興味ある事実であろう。「宮廷楽人と民間楽戸」では隋の煬帝が楽人の子弟を民間から宮廷に取り入れ、唐代では西域の楽舞と融合して新たな楽舞文化が誕生したことを記す。宋代、太祖の乾徳元年には楽工が備わらず、開封からの楽工八三〇人を集めたとあるように、民間の楽戸を集めて、宮廷の楽舞に充てることもあった。宮廷の楽人などは集中管理されているが、民間ではこれと異なり分散的で個人としての楽人であった。この民間楽戸の来源は王朝転覆などで宮廷の楽人が零落して民間人になったのである。或は宮廷楽人が老齢・疾病で野に降った者などで構成されていた。降って清朝の雍正五年に「山西之楽戸、浙江之堕民、皆除其賤籍、使為良民」と楽戸等が賤籍を除かれる措置が採られる。これは空文だとも言われるとおり、三〇数年後の康熙三六年においても上党地区の晋城市府城村の玉皇廟内の碑文に、なお楽戸の組織が明示されているのが文字通り現実である。

三　「上党地区楽戸の分布と遷徙」

遷徙の原因は一つは自然災害、一つは人口増である。前者は上記、玉皇廟の一六九七年の碑文に三三戸の楽戸が記されているが、一九九五年では一七戸である。後者は子弟が増加して衣飯のため、収入のある地域に移動したのである。高平県上沙壁村の李姓の楽戸は清朝の咸豊・同治年間、同輩の男丁が六人いて、食えなくなった。それで一〇㎞離れた晋城県魯村に移った。一八五五年から一八七六年の間には多くの衣飯を得たようで、李氏の子孫がその時の契約文書を保存していることから解った。こうした資料は多く残されている。

四　「楽戸の婚姻と家庭」

調査のなかで行親という言葉が出てくるが、これは楽戸の同業内部での通婚を指している。例えば、陵川県では宋・侯・楊・張の四姓があったが、その各々に婚姻関係がある。楽戸の通婚はまた屡々、県境を越える場合が多い。一九一二年以前では行親の比率は五七・二五％、非楽戸との婚姻は三五・八八％であった。二〇世紀でもこうした行親が多かったのである。婚姻は一八才から二五才が普通である。楽戸の離婚情況は行親の場合、一九二〇―三九年―〇。一九四〇―四九年―三。一九五〇―五九年―二。一九六〇―六九年―一。一九七〇―七九年―〇。一九八〇―八九年―〇。一九九〇―現在、〇。であり、非行親の場合は一九二〇―三九年―〇。一九四〇―四九年―七。一九五〇―五九年―六。一九六〇―六九年―三。一九七〇―七九年―〇。一九八〇―八九年―四。一九九〇―現在―一となっていて、非楽戸との婚姻のほうが離婚事例が多い。楽戸の家庭の類型と規模を見ると、〈1〉核心家庭（夫妻と未婚子女）、〈2〉主干家庭（父母と、婚姻している子女）、〈3〉単身家庭（寡婦）に区分してみると、四〇才から六〇才まで一では四六例。二では三〇例。三では五例となっている。楽戸の経済について。一九四九年以前で見ると、主に音楽活動で収益をあげているが、それは紅白、迎神賽会、祭祖、過寿等において吹奏することに依ってである。それは「衣飯」内で行うが、衣飯とは楽戸の活動の地理的範囲をいうので、農民の土地と同じ意味を持つ。吹奏の値段は仕事の前に決め、時間の長短、距離の遠近、楽戸の参加人員が基準になる。一日・六人で収入は八〇〇―一一〇〇文、一人平均一三〇―八〇文である（清代）。民国では父子三人で一月の収入は二〇〇元である。山西の楽戸は農耕から分離していないので、農業からの収入もあった。明代の「実政録」の「民」条に楽工の土地ある者は「既納粮差」とあって、納税していることからそれが解る。一九四九年以後の経済的来源は（1）一九四九―六六年。この時期楽戸は共和国成立で生活方式が変化してきた。彼らは農民とほぼ一様に互助組・初級社・高級社を経過するなかで、例外なく生産大隊の社員となった。一九六三年壺関県河西大隊三井村の楽戸の収入について、

人名	元	人数
劉胖孩	三六九、三七	五
劉順成	二七〇、七七	三
劉新順	三二三、五八	四
劉仁順	二九六、二六	六
平均	一九四、八八	

と表示できる。八〇年代以降、計画経済から市場経済に国の政策が転換され、楽戸の専業活動の領域もその影響を受けた。亦、八音会・紅衣行などの劇団との競争も熾烈になってくる。壺関県三井村の劉聚は楽戸でないが、巨資

を投じて新楽器の龍子琴・架子鼓などを備え音楽市場に参入する。長治県の楽戸の牛全科は元炭坑夫であって、月収六―七〇〇元であったのが専業活動に従事してからは月収一〇〇〇元を越えた。「楽戸の家庭教育」の項では、調査した七〇才以上の楽戸は学校に行くことを社会が認めなかったという。専業技能は一九四九年以前では楽戸の家庭教育の主要な内容であった。父から教わることが多いが、楽譜もないので多くは口伝である。子どもたちを教える時は厳格で早く習熟する為には、殴打も辞さない。調査では一九四五年以前、楽戸の一七七二人中、音楽の教育をせずに一一三三人がこの職を継続していた。六三・九四％である。現在では楽戸の家庭教育の観念は変化し、多くは専門の音楽学校に入れている。例えば潞城市西北村の楽戸王進文の長男王文波は山東・菏沢の音楽学校で音楽理論を学んでいると云うのが現況である。

五　「楽戸の世系及び姻親、経済と社会関係」

一年間の調査で上党地区の一五一家の楽戸の世系図表を作成した。そのうち姓氏は三三個で『増建咽喉祠碑志』の楽戸姓氏と数量が同じである。王・宋・李の姓氏は三〇〇年前の小戸が当今、大戸に変化している。こうしてみると姓氏の転換していく度合いは相当大きい。今の三三姓一五一家を碑志のそれと比べると三三姓一〇八家であるから、四三家増加している。八〇才の陵川・佳祥村楽戸の侯厳松は元は晋城郜庄の張姓の楽戸であった。元の名は張銀松であって二三才の時、佳祥の楽戸侯保成の名のもと「二婿両当」したので、張姓を侯姓に改め侯厳松となった。三人の子どもも侯姓を自分の家では用いたが、その他の姓氏も転用して使用している。楽戸の人口危機の終息は一九六〇年代であったが、その理由は楽戸が行内婚を行わなくなったことであり、婚姻範囲が空前の広がりをもつ事になったためと言える。彼らは阿片吸引などの生活の悪習を止めて、身体の強健さを得たとされているのである。陵川県の楽戸で宋姓は五戸であるが、百年前は一家であった。もともと家族観念が弱かったのが、ここに至って族長が五家を差配するようになった。一家一〇口が一〇〇年後には、五戸三〇〇百余口の宗族となっていて、楽戸の親族関係が密になった。

六 「姻親関係」

陵川、高平、晋城の三県の交わる所に衆居している楽戸は自分の県にある楽戸と通婚するほか、両県の楽戸と通婚している。例えば、佳祥村の楽戸侯厳松の祖母は高平県沙壁村の李姓の楽戸である。彼の娘は晋城県魯村の楽戸李水業の子の李天肉と婚姻する。こうして三県に亘る姻戚関係ができあがった。そして調査で得た三県一五一家の楽戸の姻戚関係を表示できた。一九六〇年代にこうした行内婚を改変して対象の選択が拡大したので、五〇歳以下の楽戸の中で、行内婚を見出すのは困難になった。

七 経済関係

楽戸の財産は有形と無形の双方がある。前者は家屋・土地・衣飯、楽器と衣装であり、後者は吹奏技術である。有形財産の土地は往古は村外の廃棄された場所にあって、そこに多くの楽戸が住んでいた。門楼・居室には制限が設けられており、それによって平民から差別されていた。少しの農地と賃貸の耕地はあったが、楽戸自身これを耕するのを好まなかった。比較的裕福な楽戸では流民・乞食を収用し保護したが、それは三―五人から一〇数人と言う。光緒五年、李姓の楽戸は兄弟が分家していて、耕地は総計五三畝あった。これは一般農民より遥かに多い。多くは三畝程度が平均である。「衣飯」は楽戸の祖伝の財産で、これを継承し、質に出したり、売りに出したり出来る性質のものである。無形財産は吹奏技術に加えて、知名度も又、主要なものとなる。普通は農村の祭事に当たり、優れた者は祖伝の範囲を超えて大きい行事に参与している。

八　師徒関係

楽戸の子弟は主に父から技術を受ける。従って父は同時に師である。一つには技術の高い師が教えるケース。別の一つは学校で教えるものがあった。老楽戸の記憶では、上党地区では二校があったと言う。一校は東陳丈溝村の咽喉廟内、他は壺関県鴉村に設けられていた。唐・宋時期でも既に太常寺管下に音声人養成学校があったようだ。楽戸が師を求めるときには契約文書が必要である。契約書の末尾に本人の押印の外、中人六名、同族四人、計一〇人が署名押印しているように、かなり丁寧・厳重なものであった。大体、三―五年の習得期間が必要であったらしい。

九　楽戸の存在形態及びその業務活動

楽戸制度の正式の成立は史籍に見るところでは、北魏時代である。そして所謂楽戸は実の所、一種の伎楽を業とする特殊奴隷であった。奴隷の主な来源は捕虜と罪人である。又、良家の子女も生活の困窮で楽籍に墜ちた事例があり、『全唐詩』に「薛濤……本長安良家女……遂入楽籍……」の例がある。考察するところ、山西・雁北一帯の楽戸は元代のそれに来源があり、上党地区の平順県西社村王家楽戸はすでに元代には楽戸になっていたと云うことである。宋・金代、王朝の臣が元朝によって罪人とされ、楽戸に落とされたとも云う。もとは証憑文書があったそうだが、今は失われている。楽戸の結婚は主人が決めた。そして楽戸の産んだ子女は賤籍に入れられ、楽人は牛馬の如く売買されたのである。脱籍の為には主人・主管に金銭財物を出して貰って初めて平民に放良されたのである。しかし、一般に楽戸は低賤の境遇で雍正の法令に拘わらず以後、大きな変化はなく民国まで行内婚が続いた。

十　歴代楽戸の存在形態

「軍籍楽戸」―史籍に記載されている楽戸はそれぞれ、初唐では破陣楽・宋代では迓鼓なるものを軍中で演奏した。軍中の楽戸は楽営に編成され、営戸とも称した。「宮廷楽戸」は周・隋時期にあって、皇宮中には楽戸の記載もあった。唐代に初めて正式に教坊が現れる。唐初は太常官の下にあり、玄宗時期には太常管轄から分出して、宮中の宴楽の際に教坊専司が管理することになった。この教坊の芸人にも等級の別があった。例えば許永新は開元の末に宮中に入り皇帝の寵愛を受けて「就属内人一等」の処遇をされたが、猶も楽籍に帰属させられている。「楽書・教坊雑記」に「唐全盛時、内外教坊近及二千員……太常楽工動万余戸」とあって、宮廷伎楽はなかなか盛大である。明代にも楽戸は教坊司が管理していて、その源は元代の蒙古部落の子孫が編入されたものと言う。こうした宮廷楽戸の体制は清朝でも同じで、教坊は各省の楽戸を選んで入京させるのが慣例であった。

十一　藩王官府の楽戸

『隋書』梁彦光伝の脚注に「初、斉亡後、衣冠士人多遷関内、惟技巧商販及楽戸之家移実州廓」とあり、南北朝の州鎮にも楽戸のあったことが示されている。その州鎮において吹奏の業務を果たしたのである。安史の乱後にも「潞州乃有伎楽」（『新唐書』所載）とある。「明史・諸王三」に藩王に対し、生前、楽戸が分配され死後もこれを供祠されたという。そして、清代では「賜諸王楽戸」（『続文献通考』楽考）又「英宗天順元年五月、加賜襄府楽人二十戸」などと見えるのである。

十二　豪紳顕貴の家畜楽戸

『北史』魏収伝に「文宣末、数有東山与諸優為猕猴与狗鬭」と見え、北斉の時、家畜としての伶人・諸優は賤籍に属して楽戸と称せられた。これは唐代でも同じで『旧唐書』・太宗諸子の条に「常命戸奴数十百人、専習伎楽」とあるとおり、奴婢の位置にあった。宋代の文集に楽戸・芸人は顕貴の家畜と見なす記述も散見される。明代、藩王府の伎楽は皇帝から特賜された家楽であったと言われるのも同様である。現住の壺関県三井村の楽戸の後裔の劉鉄巨が言うには明代、丞相が引退したとき、皇帝は家楽の芸人を杜家の慶典・飲宴・祭祀に当てたが、一般的に民間で業務は出来ないものとされていた。そして、今も麻巷村に劉家の楽戸が存続すると述べている。

十三　散居民間の楽戸

歴代の楽戸のうち民間にいる者があって、後世ではこれを散楽と称した。地位は低く悲惨な境遇で、丐戸と呼ばれる者が此に属する。彼らは「踏救飛弾、呑刀吐火……各種民間的胡舞雑劇」と多彩な芸を行い、散楽・百戯とも呼ばれている。隋代、「従臣奏、括天下・周斉梁陳・楽家子弟皆籍為楽戸」とあるように、この時代でも楽戸の位置に置かれたことには変わりがない。『唐会要』巻三四に「散楽巡村、特宜禁断」とあり、民間に広がる散楽は禁止するとの法令が出ている。北宋代には「沢州・孔三伝首創諸宮調、名動京師、可算散楽芸人的傑出代表」とあって、官府における散楽の評価は高かった。金・元代では散楽は普通、行院と称される。行院とは、もとは芸を売る仲間の、家庭を基礎とする班社組織を指す。明・清代ではこれを衏術と称するのである。楽戸・散楽・行院など、これらはすべて賤籍にある芸人であった。山西地方では農村の廟祭活動において、既に楽舞・戯劇の演出がなされているが、この演劇者も亦、楽戸の芸人である。その活動の様子は洪洞県広勝寺明応王殿の戯劇壁画に見ることが出来る。官府は彼らの演劇公演に対し税をかけ、これを脂粉銭と言った。京師の教坊も地方の官府も同じ扱いである。これが清末・民国まで継続する。

十四　清代雍正以後の遺存状態と活動

楽戸制度が廃止されてから、各官府には旧来、在籍した楽戸は見られなくなったが、その遺存の形は和声署と言う形で残っている。雍正代では名義上だけで、賤籍が取り消されたに過ぎなかった。民間で伎楽を業とする者は実際の扱いでは賤民以外の者ではない。世俗の偏見によって彼らの地位は依然、低いものであった。

（1）民間で執業する範囲の区分

清以前ではその範囲は限定されていない。記録では明代、大同地方の女伎が北京に流寓していたとあり、また先述の広勝寺の壁画に臨汾の散楽と記名されている。そして、雍正以後、民間の楽戸は増加し、婚喪・嫁娶、祭祀・慶典における吹奏に依って生計を維持していた。しかし、官府楽戸の時期よりは低い収入であった。楽戸は自分の領域範囲で民間の紅白喜事や慶典の際の権利を持った。これが世襲的に受け継がれるのである。

（2）相関関係形式と組織

楽戸は家庭を基礎とする伎楽の団体であるが、人数が少なく大きな催しのある時は、楽戸間で融通しあう。楽戸の持つ領域に適当な村を選んで、「官房」を設ける。伎楽の必要時にはこの官房関係を前提として、日期を約定し関連事項を明らかにし、芸人を按配する。一県中の楽戸は少なくとも五―六家があり、大きいときは一〇数家がある。こうして彼此の間に執業関係が結ばれ、その間に矛盾も生じるので官府はそれを管理する。楽戸の間ではまた一種の行業関係があるが、これは業務における信仰活動である。楽戸は咽喉神を業神として崇拝している。これは吹奏のために喉自体を重視しているからである。その祭日は一二月八日である。この日、全県の楽戸が共同祭祀をする。陵川県の陳丈溝に咽喉祠があるが、これは全県の楽戸が資金を集めて建立したものであり、今に至るまで、保存が良好である。そしてこれら楽戸の間の関連は比較的密であって、楽戸間の行内通婚により、一県内の楽戸はすべて婚姻関係を相互に有している。

（3）演劇活動と官差の種々

民間の楽戸は旧来よりの官府に伺いを立てる必要がある。雍正初年、楽戸制度は改められたので、蒲州府志ではそれ以前の情況しか記述していないが、山西通志の歳時の条に雍正以後も官府では迎春などの際の行事に必要で、楽戸でなく雇人を採用したと言う。襄垣県の楽戸老人の陳風遠の話では民国年間に迎春の行事が盛んに行われたと言うし、平順県西社村の楽戸も迎春の行事をおこなっていた。この際もやはり官府の許可が必要であった。清代の劇作家で詩人の孔湯任の作「平陽竹枝詞」の中で、康熙四七年の「打春」の活動を活写している。このように宋代から清末・民初まで、歴代の官府は「打春」の慶典儀礼を行ない、楽戸の伎楽がそこに参与している。雍正以後では雇人がこれを代行した。

(4)「打夜胡」より「討正月」へ

前者は唐・宋の時期には「打夜狐」・「打野狐」等と言われ、芸人は冬日には神に扮して鬼やらいをして、人家の為に祈福攘災する。『東京夢華録』にこのことが記録されている。この行事は民国初まで続く。上党地区の楽戸の老芸人はこれに参加したと云っている。只、当地では「踏凶」「抓凶」或いは「討正月」と別称する。内容は宋代以来のものに類似している。この芸の上演は楽戸自弁であって、雇人のケースは少ない。この際、祝語を唱えるが、その内容は祈福攘災の吉語で成り立っている。この間に鼓を打ち、銅鑼を鳴らす。行事は正月一五日前後まで続く。「討正月」は一般には「打開市」と言い、商店主らがこの時、楽戸の吹奏を依頼する。一曲を吹き終わると多少の賞銭が提供されるが、一般の店舗では四—五〇〇文の値段で、鉄炉・炭坑の経営者ではこれより多少多めになるようだ。

(5)楽戸と迎神賽社

これは古くからある民間の敬神の祭祀で、唐・宋時代から知られている。神に福を賜り災害を祓うことが目的である。清末民初には大いに行われ、特に長治市周辺の平順・潞城・長子・屯留などの県では特に盛大である。官賽というのは地方官府が主宰し、そこで大賽という行事が行われる。例えば、賈村碧霞宮の廟賽は毎年、一小賽があり、四〇年に一大賽を行なう伝統がある。大体、幾らかの村が連合して一つの廟の賽を行う。小賽では楽戸に収益は無いが、賽社の規模の大きい場合は楽戸が三—四〇人以上集められて吹奏するが、その際、賃銭はより多額を支払われる。只、楽戸の減少も見られ絶戸する現象も現れた。賽を行う戸が減って清末・民初で言うと、長子県に残った楽戸の芸を行う範囲が次第に拡大して、元来の楽戸領分が広がり、拡散してきているけれども、物がなくなると値段が上がると言う理窟で、楽戸芸人の賽における報酬金は相対的に高価になった。

（6）紅白喜事の際の業務の具体的状況

楽戸が該当する地域内での紅白行事は金銭収入の主要なものである。既にこれは南宋期から見られ、清末・民初では上党地区で紅白の事を行う際、主人に雇われて業務を行った。紅事では一日目の午前中に来て、午後に「接祖」の活動をする。二日目は「迎親」であるが、それは酒を供え西天を拝礼し、一回戯を吹奏するものである。そして朝飯の後に廟に行く。村内の各廟に焼香して祭祀し祭文を唱え、その後初めて家に行って「迎親」を行う。ここで、福・禄・寿三星を演ずる。三日目は天地を拝し、朝早く起き太陽を拝する。朝飯を終えて女の方の家に行き「接梳頭」を行う。これは嫁取りの表示である。次に白事（葬祭）の場合であるが、これも三日間行われる。一日目は午後に楽戸が行って棺を移動し、墓を掃除する。其の後、「安霊祭」をする。紅事の「三献礼」と似た「三酒・三餞・三献戯」を行い、二日目は朝、焼紙して「哀思鼓」を演奏する。朝飯後、「招亡霊」を演じる。三日目は朝来て「醒晨」三回、「吟晨」三回を行うが、その際、すべて楽戸が鼓楽の吹奏をする。これが民間の紅白祭事の概略であり、各地の習俗は同じではないが家の財力や要求の相違で、その中に繁なるものや簡なるものがあり、伎楽もそれに応じて変化するといわれている。なお上党地区の民間伎楽の活動の中で、楽戸芸人が参加しないときは紅白行と八音会の芸人が行う事もあるらしい。

十五　「楽戸の神霊信仰と相関活動」

（1）咽喉神粗考

楽戸芸人は吹奏・歌唱するので、人の咽喉と関係が深い。従って楽戸は特別に咽喉を大切にする。上党地区の平順県西社村、王双雲の家と沁県南池村の陳二狗の家で咽喉神の泥塑像が見出された。王家のものは単独の塑像で、陳家のは従者が四人、馬を牽き衣・剣を持つ。両家のものは基本的には同類型とみて良いだろう。この神の由来を聞いたところ、答えはなく、只、祖先伝来の像でそれを敬奉してきたと言うだけであった。検討した結果、伝説では、咽喉神は楚国の卞庄という者である。彼は伍員に戦敗して楽戸の中に逃げ込み、そこで死んだ。そのことで楽戸の尊崇するところとなったと伝承されている。この話は上党地区で語られているものの、春秋戦国時代に楽戸は無かったのであるから、矢張り信用しがたい。次に咽喉神は楽戸のみが敬う業神という説話であるが、戦国時、韓と趙とが交戦したとき、襄垣区域は韓に属していた。彼らは趙を破ったことがあり、咽喉師がそれに参与したとの伝承に由来するとされている。何れも伝説にすぎず余り信用は出来ない。陵川県陳丈溝で調査した咽喉師の後裔とされる侯姓の楽戸の廟が残っているが、神像も廟碑も失われていた。しかし、侯家の住宅内に牌匾と木牌の対になったものがあり、その中に書かれている四条の文章は直接、咽喉神と関連している。「昊天上帝欽命都使者。宋帝真宗勅封咽喉祠」とあるのがそれである。宋の真宗は太宗の第三子で、皇帝になってから雑劇詞を創作し、音楽を愛好したと言われる。道教も信奉したので咽喉師を勅封し、正神として公認したとする説は妥当であろう。『宋史』によると、真宗は晩年、咽喉に係わる不治の病に罹ったらしく、咽喉神を祀って加護を求めたというが、それもあり得る話である。杜学徳氏の『燕趙儺文化初探』に示されている「点鬼兵」の底本は固義村西大社の李長生の手に保存されている。ここに述べられているのは白眉三郎神であって、これは上党楽戸の崇拝する咽喉神と同様の性格である。白眉三郎は宋の真宗以前に既に存在しており、民間で神霊として崇められていたのであるが、ただ咽喉と言う点では直接には関係が無く、伎楽活動の方により強い連関があるようだ。しかし、他の多くの別史料を精査して楽戸の敬する咽喉神は明代教坊の白眉神と同一であると推定される。

十六　「楽戸が咽喉神を祭祀する活動」

一二月八日は古俗では駆邪・逐疫の日で咽喉神が咽喉病魔を駆除する作業をする。楽戸自身の解釈では臘八は喇叭であって、そのため、この日に咽喉神を祀るのだと言っている。

(1) 廟祭

陵川県では咽喉祠があるが、明清代の建築である。祠殿中には咽喉神像があり侍者が傍に立っている。碑刻はもう失われて存在しない。侯老人の言うには毎年三大祭があり、五月五日、七月七日と一二月八日である。その祭祀には吹奏劇が行われ、戯班が参加するが、これは楽戸ともとは同宗同源の集団である。

(2) 転祭

各地の楽戸が輪流で咽喉祠を祀る。一応これを転祭と名付けておく。ここで奉ずる咽喉神は余り大きくない銅像で、輪流の主家が保管する。王双雲の家に保存された社物賬一冊が残されていて、その中に咽喉神を祭祀することに関係する具体的記載がある。そのはじめに、「毎年香事序」がある。これは香会の会規であり、それに一二月八日の祭祀の儀程が記される。朝、慶寿、昼、供盞、終わりに太平鼓を打ち神とお別れする。全部の祭祀は一日で完了する。この詳細の手順の記録はないが、神を祀る時の祝文だけが残されていた。そこに「社物開列于後」とあって、また「神像三尊」とあるので、咽喉神像の外に二つの尊像があったようである。

（3）戸祭

一般の楽戸が廟祭・転祭に参与する外、家の中では、すべて咽喉神を奉敬する。それには塑像・挂像・神位を写したものなどがあった。ただこの種の祭祀は焼香して敬神するだけで、具体的な規定はみられない。

十七　「楽戸の広い宗教崇拝の種々」

（1）楽星崇拝

楽星は歴代、民間に流伝しており、一方面では帝王がその完善を唱導しているものである。南宋の陳元靚の『事林広記』の中の「楽星図譜」に「鼓板清星按楽星」とあり、星と楽との相関する記述が見える。又、『周東星図』『唐東星図』などに賽社楽星の規定がきちんと記されている。それに合うように奏楽されるが、そのさい疎漏や誤りがあると神霊を犯すものとして罪になるので、それを楽戸は畏れている。

（2）面具崇拝

楽戸が演奏中は面具を付ける。この面具に対する崇拝には長い歴史がある。宋の朱彧『萍州可談』に「至賽時、張楽弄傀儡。初用楮銭爇香祈祷、猶如祠神……」とある。弄傀儡は人が面具を付けて演技することである。演技を行う前には焚香して礼拝したうえで、祝祠を念ずる。上党地区の廟祭の迎神儀式においてもこのようにされていた。楽戸の面具に対する崇拝は長い歴史を有している。

（3）雉尾の形の持つ意味

伝統的楽戸は仕事を行う時、頭に冠を載せる。そして、頭の上に一本の雉の尾を付ける。一般人はこれを低賤である標しと見なしている。しかし、その実、更に一層深い意味を持っているのである。『中華戯曲』第一五輯に何昌林の論文「楽王・戯祖・拳宗・医経」があり、その中に楽神と翼星の関係が語られている。すなわち楽戸の頭に雉尾を挿すのは翼星と相関関係がある事実を指摘しているのである。翼は雉鳩であって、楽戸はその雉の尾を頭に挿す。これは楽戸が楽を司る星宿神への崇拝と、古代からの神霊信仰を源とする標しとして表現されているのではないか。この雉尾と古代の面具にも亦、一定の関連があるように思われる。西晋の張華の注する神異経に「東南方有人……頭戴鳩父魌頭、朱玄縞帯、以赤蛇繞額、顕然是扮作翼火蛇一宿、即翼星的。……」とある。翼星の形状が雉鳩に類似し傀儡と伎楽に相関連していて、歴史記述の中に斯うした痕跡を見いだせるのである。何昌林の研究では翼の字は羽・田・共三字で、巽・艮・离の三卦の田・竇・郭三位一体の神と推定する。これで見ると、雉尾は単なる装飾でなく、起源は古く、楽と星の信仰に由来するものであった事がわかる。

（4）戯竹が反映する神霊崇拝

使用するのは長さ数尺の竹竿で、上端が分かれて糸で球を付けている。これは既に宋代において記録されている。『東京夢華録』に「参軍色執竹竿拂子、念致語口号……」とある。この戯竹は何のために用いるのか。史書にはその記載はない。別に高平県西李門村の二仙廟碑刻図に「前行分戯竹」の一篇がある。これによると行事は古くから存在していたが、唐の玄宗の時に基本的に決まったようで、これが後来の「人元戯竹」である。伎楽にそれを用いたとされている。この説明は信用出来そうである。

十八　民間迎神の賽社活動

（1）賽社縁起

賽とは報の意味で神福に報いることである。社は土地の神、具体的には后土神である。農耕経済の発展で土地神の賽祭は四季を案じて行われた。人々は各種の神霊に扮して演技をした。民間迎神賽社は古い起源を持つ祠神活動であり、これが普遍化したのは北魏の時代で、仏教の尊崇や楽戸制度の成立と関係が深い。『洛陽伽藍記』には景楽寺の活動の描写があり、そこに楽戸の持つ百戯の表演について触れている。仏事活動は後来の賽社の迎神儀式に類似している。唐初には既に祈報の節文や典制を頒布し、詔命形式で天下に布告しているのが見える。ところで州県では春祈秋報の祠典をおこなっているが、多くの史料は土地の神を祀る賽については北魏に溯り、仏教と楽戸の興起によって民間の「春祈秋賽」を形成する事になったと理解している。道教の盛行も民間祈賽の発展に寄与していたようだ。只、唐代では賽・賽神の語は見られるが、賽社の名称は未だ見られない事は注意さるべきである。

（2）宋代の賽社

民間祠神の祈賽活動は発展して、宋代に賽社の呼称が現れる。『武林旧事』の西湖遊幸の文中に賽社の語がある。北宋では春社・秋社の社日活動が相当に普遍的で、この時に歌唱の人を雇っている。これは村社・里社のそれでなく、社団を意味する社のことである。宋代賽社の普遍化は唐代の祈賽を承けるだけでなく、宋の真宗・徽宗の奉じる道教と関連する。徽宗は大いに神仙降臨の演劇を行い率先して祭祀を指示したと云われる。上党地区に係わる徽宗の「賜神霄宮御筆手詔石刻」に大中祥符の故事を言うが、これは真宗が天書に依って天神を降下させた事柄を指している。そして上党地区では徽宗自身が賽社を興したのだと言い伝えている。宋代以降、南宋の『西湖老人繁盛記』、金代の「独担霊顕王廟碑」、明代の王稚登『昊社篇』等は賽会の情況を具体的に示すものである。これは宋以来の旧風を遺存しているが、賽会に演じられる雑劇の方が注目される。民間の雑劇は元代のそれではなく、宋・金の雑劇を承けていることに注意したい。

十九　後期に見る上党の賽社

雍正初年より楽戸制度は取り消されたので、楽人は大量に民間に流出する。これは一定程度、民間音楽・戯劇を刺激し、賽社の活動に影響した。『山西通志』中の「風土記」は乾隆以後の情況について、「秋穫後、郷賽最盛、弦管之声孟于四境」とある。その後、経済文化の発展に従って、市場と演劇が古い賽社の活動に介入し、元代の賽社は終わりの頃に廟会に変貌することになった。晋南地方は戯劇文化の発展が比較的早い地域であり、明の嘉靖年間、山西吉県竜王辿の石碑に「蒲州義和班在此献演」と言う記載があるのはその一証である。しかし、晋北地方では少し異なっている。農村環境が劣悪で、流入した楽戸芸人はもとの業務活動を放棄してはいなかった。その上、戯劇も遅く現れたので劇団の存在は稀であった。当地では賽賽又は賽と言い、賽社がもと保有していた古い形態が踏襲されている。しかし、上党地区はこれらとは別の情況にあった。此の地の歴史文化の伝統で民俗が「好楽尚古」であり、清末民初に至るまで少なからざる楽戸が遺存した。そのため迎神賽社は比較的整った形で往年の様式が残っていたのである。

二十　楽戸と中国音楽と戯劇

(1) 賽社資料が伝えられた歴史の消息

『唐楽星図』に听命文があり、そこに楽戸が賽社で行う活動の中に歴代承襲の伎楽を伝承しているが、それは音楽・歌舞・戯劇など多方面の分野に亘っているのが知られている。

(2) 楽律・楽曲・楽器

古人は音楽に対して天人感応を重視した。西周ではすでに一二律と七声音階の相関が記載されている。『資治通鑑』の胡三省の注に漢・晋以後、楽律は興替するが、北魏では西域から音楽が入り、これが後世の宴楽・俗楽に大きな影響を与えた。唐代、太宗は「爰命旧工祖孝孫、張文叔整比鄭訳、(万)宝常所均七音八十四調、就在初唐又為考訂楽律作出了貢献」と楽律の考訂に務めた。別に唐代では工尺楽譜が現れている。宋人はこの種の楽譜を「宴楽半字譜」というが、これは当時、教坊で通用していた一種の記譜符号である。唐・宋以来の「太平鼓」は賽社中には必ずあり、民間では今も通用している。楽器については古来の琴瑟箏笛の類は必ずしも喜ばれなかったようである。俗称、管子というものが賽社で細楽に用いられている。北魏以後、亀慈の国楽が流入して唐・宋の宴会に用いられ、それが民間にも広がったと言われる。宋の曽三異の『同話録』に「世俗有楽器、小而用七弦、名軋箏、今乃謂之秦」とある。そして宋・金の後は胡琴類の弓弦楽器が漸く現れた。其の外、先述の上党賽社の『听命文集』の中に孤笛・双韻・夏笛などの特殊な楽器も見える。高平県西李門村、二仙廟にある線刻石碑図に楽工の持つ楽器には柏板・杖鼓、笛、管などが見られる。

（3）大曲と小令

歴代の楽曲は演唱と歌舞の形式を用いており、多種多様である。古代の音楽中の大曲は漢・魏代の蔡邕の『女訓』に見える。賽社の中の大曲は唐宋以来の大曲を受け継ぐものであろう。これに対する小令は民間の小曲のことであるが、唐人は長・短句の楽曲を皆、小令と称している。宋人の場合は詞の短なるものを小令と云っている。従って宋元代に流行した芸術歌曲はすべて小令に属するのである。しかし、民国年間では上党賽社婦女が小令を歌うことは既に見られず、大曲の歌舞も厳格な意味では無くなってしまっていた。

（4）隊舞・隊戯

古く先秦代、祠神の際、大型の隊舞を行った。以来、唐・宋まで影響を及ぼした。明人の王圻在の『続文献通考』巻一五三・楽考に「後周・安楽舞、八十人、唐太宗・破陣楽舞、百二十人……」とある。北宋の仁宗の時、隊戯はすでに普遍化し、南宋になって、『太平清話』と『東維子集』の中に宮廷において隊戯のあることを記述している。雑戯についても宋人は隋・唐より引き継いでいるが、この中に各種の隊舞が含まれている。これらの戯劇は後世の賽社の神を祀る行事の中に保存されている。

（5）比方

賽社の祭祀で演じられるが、内容は二人が互いに相手を嘲弄する演劇形式である。これは宋代からの、文人が隠語で遊戯をしたことに基づくものとされる。元・明の際の瘦詞・陰語・商謎が比方と称せられているのである。賽社での「説比方」は単独ではなく管弦歌唱、或いは戯劇の出し物のなかで行われている。三日賽社では毎晩一回演じられる習わしである。

（6）院本

これは演出用の脚本である。元末の『輟耕録』に「院本則五人、一曰、副浄、古謂之参軍。一曰、副末。古謂之蒼鶻、鶻能撃禽鳥、末可打副浄、故云、一曰引戯、一曰末泥、一曰装孤……」とある。すなわち唐宋以来の参軍戯を承ける内容である。この書に金・元代に見る院本を羅列しているが総数で七〇〇以上ある。民間賽社で楽戸が演ずる脚本は広義では院本と称して良いだろう。清末民初で上党賽社での院本は主要に「土地堂」「老王借担丈」「小放牛」等の題目を持つ。

（7）雑劇

晩唐に既に雑劇はあったらしく、『李文饒文集』巻一二に「雑劇丈夫二人」と記録されている。『夢粱録』「妓楽」にも相似の記事がある。一は宮廷雑劇であり、他は民間の演出であるが、後者は院体の演技は採らないようである。院本では五人で演技する体制を採っている。元代では多くの文人が戯劇創作に従事し、宮廷芸術が飛躍的に発展した。宋元以来の民間賽社の雑劇は宋・金の「詩賛体」の雑劇を踏襲したもので、これは完成した元の雑劇とは異なって、そこに従来からの原始的形態が保たれている。元の雑劇は中国戯曲史上、いち早く成立した戯曲形式であって、関漢卿・王実甫らの巨匠が出て文学上、高い完成度に達していた。劇本も多く保存され、これを今、学者たちが不断に整理・研究しているところである。宋の雑劇・金の院本については資料に欠け、殆ど消え去っているのが現状である。山西洪洞県明応王殿の元代戯劇壁画に「大行散楽」の題記があって、これは大行院の散楽芸人の演技を指している。賽社雑劇の分析でわかったことは宋・金・元以来の雑劇は大体、宋・金雑劇と元の雑劇二種に区分することができる。そして、前者は比較的雑で形式も多様で、主要形式には大曲歌舞があり、後者では規範的な曲牌体の戯曲形態を採っている。

（8）百戯・雑戯

百戯はもとは古代の楽舞・雑伎の総称で、秦漢代では角抵戯を指し、漢代で百戯と称せられたものである。後者は散楽とも云われている。『隋書』「音楽志」に「斉散楽人」が見え、楽戸の万宝常が斉・周を経て隋の宮中に入ったとあり、北史に煬帝のとき「奏括天下周斉梁楽家子弟、皆為楽戸」とあって、斉の散楽人も楽戸となって、百戯を演じたことは疑いのない所である。唐宋代でかかる百戯は流行して、宮廷だけでなく、民間にも及ぶ。上党賽社の『唐楽星図』にも「百戯跳梁、蛮舞丈鼓……」とある。これらは時代によって不断に変化して行き、武術・雑戯はやがて楽戸芸人の主要な演目では無くなってしまう。

（9）詩賛講唱

『唐楽星図』が大小散楽に言及するさい、太古の古伝を案じて、曲は楽府梨園に依ると言う語句がみられる。太平古伝は山西・聞喜県の太平楽府教坊の古伝を指すものだろうと思われる。上党賽社で言うと、一類は祝賛の語で、供盞のときの祝香・祝酒である。祝詞は多く四句七言であった。他の一類は相対的に独立した演目で放生・戯竹・百花盞などであり、「太平鼓」「唐王遊月宮」など、比較的長い詞をもつものである。これは只、唐宋以来の祝賛と相通ずるだけでなく、唐代に見られる説話伎芸と関係があり、又これは俗講にその淵源がある。もとは仏・道両教の宣教のため創った講唱式の通俗の講釈である。伝搬しがたい経文の教義を一種の通俗流行の文学のように変成する。これが変文と言われるもので、今見る『敦煌変文集』がそれらを記録している。仏・道両教の争う中で、俗講は民間説話芸術に吸収されただけでなく、民間説話は自己の表現手段を豊かにし、同時に世俗故事で教義を解釈し、人々の興味を集めた。

二十一　「楽戸の歴史的貢献」

（1）音楽方面

古代、音楽は神に通ずると言う思想があり、帝王は一二律呂を定める事を重視した。『北史』に「開皇中、鄭訳・何妥・盧賁・蘇夔・簫吉等併討論墳籍、撰著楽書、皆為当時所用、至于天然識楽、不及宝常遠矣」とあり、彼らの音楽理論は万宝常という人には及ばなかったと言う。唐代でもこの宝常の七音・八四調を踏襲していた。具体的な楽曲の創造については多く下層芸人に頼っている。唐代を例に採ると、六幼大曲には「本自楽工進曲、上令禄其要者、今以為名」とあって楽工が曲を製作しているとする。宋代では『宋史』「楽志」に「乾道後、北使毎歳両使、亦用楽、但呼市人使之、不置教坊」とあり、宮廷でなく民間在籍の芸人を召請している。宋元以来、市民文化の発展と北方民族が中原に到来するのに従って、時の風潮は民間の曲である小令を流行させた。それが説唱芸術の発展であるのみならず、元の雑劇を生む契機の一つとなった。こうして民間芸人は音楽・戯曲乃至文学創作に作用し貢献をした。元代以降、雑劇は急速に衰退するけれども、民間の小令は衰えず、繁栄を続けた。元代の小令の「駐雲飛」「酔太平」―「寄生草」「羅江怨」「哭皇天」など多くの曲譜は現在、楽戸の伝承する工尺譜本中にすべて存在している。

（2）「広く民間に流布する詩賛体の戯劇」

民間に発生して発展したのは詩賛、吟唱であり、それは戯劇演技の別の一形態である。これは楽戸と関係しており、長い生命を持った。直接の源は唐代の俗講に遡及するのであるが、詩話とそれに関連する説話芸術は隋唐以来の「参軍戯」から直接に伝わり、唐宋以来の歌舞隊劇が民間に流伝することの影響をも受けていた。北宋末、金元の際は四—五人による院本の公演があり、民間では尚、進んで一対の詞話となった。これは元代社会において、普遍的に流行して、良家の子弟も学習したという。しかし『元史』の刑法志ではこれを淫なるものとして禁止している項目が見られる。纏めとして、次のような事項が指摘できよう。〈1〉元代、民間に多くの楽戸芸人があり、散楽と言われた。〈2〉元代の演唱・詞話は宋金の際に興るが、それはやがて雑劇に包括される。〈3〉元一代、楽戸芸人は詞話を演じるのであるが、良家の子弟も亦これを学んだと言われる。官ではこれを禁止したが、詞話は下層庶民に広がり歓迎された。金元代、詞話がどの様に演出されたか詳しい史料はないが、長江南北各地の民間賽社には遺存の文献にその演出形態が窺える。山西上党の賽社の詩賛体の雑劇、晋南の鑼鼓雑戯、晋北の賽戯などから、当年行われた詞話の基本状況を窺うことができる。詞話形式の演伎は貴州地域には見えず、南方に多くの儺戯、例えば安徽の池州のそれなどがある。これが詞話の遺韻と云ってよい。上海嘉定県で発見された詞話本は民間で演じられた詞話の翻刻・流伝したもので、成化刊本の『説唱詞話』は一九六七年、上海嘉定県において、明代の婦人の墓から副葬品として発見されたものである。墓主は陝西で官吏であったので、刊本もそこから持って来た品かも知れない。刊本には北京永順堂用の竹紙刊印が見える。そこに重刊と記しているので、初刊は成化より尚、早いわけである。

(3) 詩賛戯劇より板腔体への過渡

これには長い時間を必要とした。簡単な鑼鼓で伴奏する詩賛吟唱から、板・眼を伴う旋律の声腔に発展するのである。前者のような土曲・土戯の初態については文人の史籍では一顧だにしなかったが、発展して高雅とされた楽曲と並列するに至って、初めて注目されるようになった。しかし、それでも、これは宮廷梨園の戯曲が上から下へ流れて俗化したものとしか認めていない。こうして民間楽戸芸人の貢献を認めないから、詩賛戯曲の発展史が充分理解されていないと云えるのである。清代、山西汾西人・侯七乗が康熙一二年に出した『弋陽県志序』の中で、ここには正統な梨園の子弟はいないと云っている。換言すれば楽戸の弋陽腔は正統の曲牌南戯でないと見ているのである。初期、これに触れているのは明人・凌蒙初『譚曲雑記』において「江西弋陽土曲、句調長短、声音高下、可以随心入腔」と云うのがあるが、彼はその内容を良く理解していると評価出来る。

二十二　上党楽戸の変遷

地方文献中の上党楽戸

この記載は極めて少ない。明の万暦三二年の『隰州志』に「晋之楽戸、不知所自始」「明時、承値王府、後散居各地、其業至今不改云」とある。文献記録としては（一）晋城市郊府城村・玉皇廟・碑刻『増建咽喉祠志』があり、その文から乾隆期、既に楽戸の位置は低位の階層にあった事がわかる。清朝から抗日戦前までの上党楽戸は亀家・王八などと蔑称されており、自らは吹打的、走坡路的、行家などと自称していた。楽戸・楽工とは官からの称呼である。碑陰の施銀の姓名はすべて楽戸で非楽戸は咽喉祠を建てることには参与していない。（二）陵川県附城鎮佳祥村楽戸の侯松の所蔵する家庭档案一〇八件がある。これは各種の契約文書である。売地契、衣飯契、借銭契、典契、婚書、分家契等が見える。これは楽戸が生活する上で必要な社会関係を示しており、学術的価値が高い。契の中の約二〇％が売地契であり、貧困な楽戸が裕福な楽戸に売った土地に関する内容を含んでいるのである。衣飯契は質にいれたり、年限を決めて出売することである。売人契もあるが、それは子弟の売買と云うことである。

二十三　土地改革時期の楽戸

（1）
一九四七―四八年に土地分配が行われるが、楽戸は元々、平均一・一畝しか持っていないので、農業には興味がなかった。従って、土地分配を拒否した者も多かった。しかし、戦争と災害で紅白事が減少して、収入が減少し、差別から解放されたものの、収入はないと嘆いていた。抗日根拠地では楽戸の、従来からの悪い慣習が排除されたので、かれらはやがて旧観念から解放されて、農村幹部や人民軍に参加したり、劇団員として音楽活動に従事したりした。

（2）合作時期の楽戸
一九五三年に互助組が出来、五五年初級の合作社が設立された。そして五八年に高級合作社、それ以後、人民公社に展開する。この時期でも土地から遊離し、封建的迷信の業務に従事する楽戸は批判され続けていて、収入も少なかった。しかしともあれ楽戸が合作社に加入して、農民化する過程が始まったのである。けれども、これは楽戸にとって痛苦であって、強制を伴う性質の作業であった。酒や阿片を日常的に吸引していた境遇も変化を余儀なくされた。あらたな社会規制の下、農業に参与し勤倹に働くことが唯一の安心立命の場となったのである。

（3）改革開放時期の楽戸
九五年までの一五年間、楽戸の「物・心双方」の生活に大きい変化が生じた。農業は勿論として、吹打業務の解禁が行われ、楽戸は富裕化の道を進む。治頭郷治頭村の宋春栄の会計で見ると、土地改革前の収入は三〇〇元、改革後は二〇〇元、五六年は一〇〇〇元、九五年は二〇〇〇元となっている。

(4) 伝統楽戸の消滅

〈一〉八〇%が農業生産から収益を挙げている。〈二〉平等の権利を得て賤民から公民になった。〈三〉婚葬の業務は楽戸一戸から、連合組織に移行した。〈四〉楽戸の古い衣飯範囲は消失した。〈五〉古い曲目は廃れ、電気を使用する楽器使用に変化した。これが差別されてきた楽戸消滅の原因である。

二十四　楽戸の地位と役割

(1) 楽戸の地位

伝統的に楽戸は行内婚で、楽戸・茶房・厨子の間で相互に通婚していた。一般人は彼らを蔑視して亀・亀家・鱉・王八などと称する。なぜ亀なのかについて充分な回答は出せないが、彼らの衣服と関連があるようだ。碧・緑・青が古来、賤人の服であることは知られているが、楽戸だけ亀とされるわけは、ここからだけでは理解出来ない。とりわけ晋東南の楽戸の服装は緑色ではないのである。楽戸が飲食の際、卓でなく蹲って食べる。眠る時も地上の干し草の上で横になる。すべて生活の上で普通人とは違う。蔑称は斯うした生活上の慣習に由来しているようでもある。

(2) 楽戸の役割

既に見たように、仕事は音楽で吹打の演奏を業務とする。楽器の種類は多様である。仕事内容は廟の迎神行事において吹打し、地主の紅白行事でも演奏する。音楽技術も多様に、楽器によって使い分ける。〈一〉迎春行事〈二〉正月行事〈三〉迎神賽社での戯劇〈四〉同所での行事の前段を担任〈五〉地主の子女の為の行事などに招請される。

(3)

こうした吹奏で収入を得るので農民より裕福な楽戸もいるが、社会的地位は最低の階層に属した。古くはこうした情況が普通であった。しかし、共和国の現在ではこうした劣悪な条件については全く解消したのである。

結び

本章で参考にした『山西楽戸研究』及び『楽戸』両著は文献と実態調査を並行して構成された優れた業績である。その特徴は楽戸の居住する山西省でも、特に楽戸の多い上党地区に焦点が充てられている。共和国になり楽戸が解放され、古い時代の記憶が薄れてくるなかで、旧楽戸を経験・記憶している古老の話を採取した資料及び碑文と歴史文献も併用の上で、議論の進められている点がとりわけ出色と言える。楽戸が奴婢に始まり、北魏代に楽戸階級になり、清の雍正帝の楽籍を除去する法令まで、社会の低階級に呻吟したこと、この時、籍は除かれたが、実態的差別は依然残存し共和国になっても、一九八〇年代まで平民との通婚関係には困難があった事実があったと指摘する。両著作を通読しての印象を述べると、喬健氏をはじめとする筆者たちは矢張り全体に進歩史観に立っていて、そのライン上で論議を進めているという印象が拭えない。先ず楽戸が成立するまでの楽人の在り方が奴婢であったとしている認識の是否が問題である。晋・南朝で楽人が転落して奴婢となった記録は慥にあるので、この意見も誤りとまでは云いきれないが、しかし、それ以前の時代を考察して見なければならないのである。まず伝説時代においては優れた音楽家は楽聖として民を教化する高い位置にある存在であり、春秋・戦国から秦漢代においては音楽にかかわる官僚階層にあり、後漢代で平民に下降し、そして晋・南朝で奴婢化するという経緯があったのである。従って喬健氏のように奴婢から楽戸へというように一義的に進歩するという理解は歴史的事実と違っている。著書は楽戸が蔑視されたことについては充分に、史料を探索して論じられているし、家屋・衣服・衣服の色・通行・通婚など平民と異なる厳しい規制の存在も又、観察されている。しかし、それは彼らが階級として最下層に属するための規制だとの認識で理解されている。だが、階級を排除した共和国成立後、楽戸が約四〇年間、なお蔑視されていたのはなぜか。このことは階級論的視角では理解出来ない現象ではないか。日本の場合でも、被差別民の衣・食・住の条件を解消すれば差別はなくなるという考えで、戦後の解放運動は推進されてきた。その環境条件がほぼ充足されても、婚姻等の差別は依然として存続し続けている。それ故、我が歴史学界でも被差別民が差別される原因について、改めて追求され始めている所である。すなわち階級論を以てしては被差別を克服する理論は完成しなかったと云うべきだろう。中国では共和国成立後、約四〇年を経て楽戸は全く解消した結果を得ている。日本では明治以来なおそれが達成されていない。その相違は両国の構造とそれを貫く血縁性に問題の焦点の一つがあるように私は考えている。筆者は別文で、これについて些か論及したことがあるので、ここでは省略したい。ともあれ、両書は現地調査の強みを充分に発揮した好著であって、我々の及びがたい領域にメスを入れられた上で、期待どおりの成果を上げられた。再度、熟読して、今以上の学恩を受けたいと思う。

参考文献

項陽『山西楽戸研究』文物出版社、二〇〇一年。
喬健『楽戸』江西人民出版社、二〇〇二年。
拙稿「楽戸以前」(『史学研究』二四三号、二〇〇四年)。

3　漢籍史料よりみた中国の被差別民

序

私見では日本と同様、中国にも被差別民があると思うが、『アジアの聖と賤』では浄穢観念による差別意識はないとされ、可児弘明説では蜑戸に不浄観が見られるのが唯一の例とされている。しかし、それのみにとどまらない面もあるのであって、この課題は旧来、十分に研究されてきたとは言い難い学界状況にある。最近、アメリカの文化人類学に素養のある研究者が山西省に残存していた楽戸の丹念な実態調査を行い、その結果を二冊の著作に纏めて刊行している。その著の冒頭における楽戸の歴史的側面の描写には問題点もいくつかあるが、現実社会の調査から近・現代の楽戸の様子を復元した部分はきわめて有益であり、中国の被差別民についてはおそらく初めて、学問的な光をあてたものとして評価できるであろう。山西の楽戸についてはかくのごとく、成果が挙ったといえるが、その他の地方及び異種の被差別民については日本の研究成果がいくらか挙例できるものの、中国の歴史学界ではまだほとんど存在していない。この小文では楽戸も含めて、多種の被差別民の概要を正史を主にして、史料的に紹介するだけのものであって、それぞれの賤民についての内容検討は更に幅広い資料の検索を経て後日にゆだねられる。

一　楽戸

宋代では、周の楽舞の名称を変更して、崇徳舞を文徳の舞に、象成舞を武功の舞に変更する。そして、開封府下の楽戸の子弟を舞踊に使用している。すなわち唐代の慣例を踏襲したものだと陳暘の『楽書』巻一七二に記している。音楽に合わせ舞踊をするのは楽戸の成員の仕事でもあった。南北朝時代以来、楽家の子弟は皆、楽戸の籍に入れられたらしいから、この点では北魏とほぼ同じであった。ただ南朝の官制では楽戸は民庶から官位六品までの間に配当されたようで、北魏におけるように被差別の状態にはなかった。音楽・倡優・百戯を行う者で楽官は構成され、太常の官に統括されていた。しかし、それ以外の異技・淫声を行う者は「楽府」官の統率するところであった。既に古く漢の武帝代から雅楽でない鄭衛の楽（淫声）が「楽府」に所属すると言う伝統がこの時代まで継承されているのである。隋代、趙行枢と言う人物が太常の楽戸であったけれども、「家財億計」で且つ驍勇であったというので、抜擢されて折衝郎将に就いたと史料は伝える。同じ時代に「煬帝……括天下楽家子弟為楽戸」とあり、これで見ても楽戸は被差別民ではないようである。その点では北朝系の被差別の楽戸とは異なっている。先に隋の開皇初、沛国公の鄭訳らが音楽を定めた時、公は身分の低い伶人であった万宝常を呼んで朝廷の議に参加させた。しかしながら、その意見は採って居ないのではあるが。こうして公の定める音楽が成立し、これを皇帝に上奏する。帝は上記の宝常を召してそれが可か不可かを問うている。専門家の万宝常の言うには、これは亡国の音楽であるので陛下の聞くものではないと述べた。その楽声は哀怨・淫放であり雅正の音とは到底、言えない。その上で彼は水尺を律として楽音を調整するべきだとする。帝はそれに従ったので、彼はそれに適合する諸楽器を造った。その音声は鄭調二律を下げたものという。彼はそれを体系化して『楽譜』六四巻を撰したと伝えられる。しかしながら、その音声は雅淡であり、時人の好むところで無かったと伝えられる。太常の善声なる者も多くこの音楽を排斥し、公卿らも彼を怨望したらしい。そこで蘇威が宝常をなじっておまえの音楽はどこから伝授されたものかと問うた。その答えによれば、一人の沙門が宝常に、帝は符瑞を好み、祥のある徴を喜ばれる。あなたは胡僧から学を受けたら良い、それは仏家菩薩の伝える音律である。帝はそれを必ずお慶びになろうと。宝常はこれを善として、その方法で作曲した。蘇威にはその経緯を話した。すると威は怒って、胡僧が伝える音楽は四夷之楽であり、中国では行うものでないとなじった。そこで結局、その音楽は取りやめとなった。宝常は太常での奏楽を聞き、涙を流した。人がそのわけを聞くと、宝常は言う。楽声が淫奔で哀しい。これが流行すれば、まもなくお互い殺し合うようになる。それはまさに時の終わりということだと。しかし、多くの人はそうではないと宝常の言葉を否定した。やがて大業の末年になって、宝常の言葉は現実のものとなったのである。そのとき、宝常は貧乏で妻は病床に伏し、飢餓のため飢えて死んだと伝えられるが、その際、自らの著書を火中に投じた。この中から或人が、その残巻のうち数巻を探し出し世に伝えたと言われる。この挿話から見ると、宝常は雅楽を尊重したが、当時それは容れられず、鄭楽が中央政府の太常官においても奏せられていた事が知られる。亦、彼は伶人身分であったとされるから楽人にほかならないが、帝に召されたのを見ると、被差別の賤民でなく、楽に携わる下級官人であったと思われる。

さて、宋に続く元代では、太祖の初年に西夏の旧楽を採用し一〇年には金の楽人を用いている。それは金・元交代期に「近畿楽戸多逃亡」したためである。そして憲宗の一九年には宋の楽器を京師に集めて演奏に備えている。明代になり、建文末年、茶辱に遭い「編為楽籍、世世子孫不得自抜為良民」(『欽定大清会典則例』三三)とあって、このころ楽戸は初めて被差別身分に転落したとされる。そして「奴僕及優人皂隷、準用狐狢・沙狐皮帽、楽戸準用、本色黄鼠皮帽・涼帽用緑絹裏、緑絹縁辺」(『欽定大清会典則例』六五)とあるよう一般と区別するため特殊な色の帽子を冠るように決められた。なお楽戸の分布については、開封府楽戸、近畿楽戸、河東郡楽戸、山西楽戸、山陝楽戸、宜令・長呉二県楽戸、などが挙げられる。この中には官・民双方の楽戸が混在している。

二　棚民

この棚民は浙江・江西の各州県に居住する。おおむね無業の民人であって集散常無く、往来・移動して定住しない。その中には良も頑もいて一つでないから、この中から姦民を生みやすい。放っておけば彼らが村落を脅かすことにもなる。一体、棚民居住の地方はその地の地主・山主が一応の責任を持ち、官員も年の終わりに自ら赴いて彼らの検査をする。もし姦犯あって地主・山主が検挙しなければ同罪となる（『世宗憲皇帝上諭内閣』一五八）。たとえば上西郷地方の民の課税総額は一四〇〇〇余両であるが、その居民は散在し、遠きを恃んで言うことを聞かない。おまけに流寓の棚民が荒山・窮谷に雑居しているので、県令にとっては思わざる虞れがある。そこで両地区を併合して一県にしたら、うまく治められるのではないか。永新県の連化地方をみると、旧同治年代の官の空署が残っており、そこに県治を改設する事が出来るだろう。ただ思うに、県治を設けるには大きい費用を要する。そこで県令を移動させて同治年代の連化の駐箚署に置き、彼ら棚民を教戒すればよいのではないか、と或人が提案している。大体、遠隔の地は一般の頑民が多い上に棚民も居て治め難い様子である。また言うのに、これらの姦民は閩広地方や江西の荒山にいて、棚田で種を蒔く労働に従事している。そのため、これらの人たちは棚民と名付けられて、そこには良と匪が混在していて、悪の根っこが取り払われて居ない状態である。『世宗憲皇帝朱批諭旨』には「自瑞州府之新昌県棚民・龔永錫等、南昌府之寧州棚民楊龍友等、聚衆槍劫」とあって、両府に武装反乱があった。そのため対応措置として土着の居民と「一体編甲」し、棚頭と里保が連携して保甲の実を挙げるようにすべきだと述べている。また、江西棚民との関連でいうと、瀏陽県は寧州一帯の棚民を管轄しているので、これも保甲で把握する処置をしようと、その為の事前調査をしている。また李衛の上奏では常山県で麻を植えている棚民の多くは福建・江西人であって、山郷租地の搭棚に居住して近辺を墾作していた。その者たちは皆、種麻・種菁・栽煙・焼炭・造紙・香菰などを作る業務に従事している。この棚民は江閩両省と浙江の寧台・温処・金衢・厳などの二七県に居住していて、ただに常山一県のみでない。そのため、従来から、稽察防範の法を設けていたようである。

棚民の状態は「硃批諭旨」によると、彼らは姦良混在であって、その墾する所は麻山であり、数年経って此処の地力が尽きると、新土を翻墾するようになるが、その際、塚墓を損傷したりする事が多い。棚民は性情が一般に粗頑で衆を恃んで争闘するばかりか、収穫の時には他地の成果を窃盗して、ついには匪賊になってしまう。一体、福建・江西の貧民は、その地が狭く人が多いので、家族を養ないがたい。そのため皆で他の地方に食を求めて移動するのである。それから約三〇年を経過した今日では、住居も持ち田地も購買して、本地民との間に婚姻を結ぶ者も出てくるが、彼らはそれであっても皆、籍を持たない（不回籍）。しかし、中には室家のない者もあり、年の終わりにはここを去り、数人を留めて棚田を守る。そして翌年又、此処に帰って来る。出発するときは乾糧を持参し徒歩で行くのを常とする。官の許可など、無知の愚民であるから求めることはなく、勝手に境界を越える。法の規制があっても彼らには全く意味がない。浙江に到着して許可状の無い者は一〇人のうち八―九人である。もし誰かが保護しないと、墾種もできず、無籍のままで資本の無い者は飢寒に迫られ、集合して他人を槍奪するに至る。そうでなければ、窃盗をするのである。一体、これらの棚民のその来歴を尋ねると、既に長く、人数も多くて一旦問題が起こると厄介な事態になる。そこで造冊して保甲に編成して、新地に再租をするのを許さないようにした。こうした措置のため数年来、この地方は安静無事であったという。

雍正元年に江西の万戴県で温上貴が反乱し、別動隊の龔永錫は未だ逮捕されていない。そこで棚民に重い懸賞を出すとともに、彼らを兵役に徴した。調査では、寧州の山間地域と瑞州府に属する新昌県、袁州府に属する万載県は地続きであるが、ここに棚民が雑居する。彼らは温上貴に対する遊撃隊として使役されたらしい（雍正一一年、朱批諭旨）。同三年には江西棚民の内に「有膂力技勇与読書向学之子、入籍年例相符者、令入義学読書、五年後其応試、額外取進、由是棚民子弟読書愈衆」（『江西通志』一四五）とあり又、「雍正九年、荷蒙皇恩准其額、外考試入学在案……臣思棚民入籍既久、又復急公完糧、即属良民……」（硃批諭旨）とある。この文章でみると、賤民であった棚民が良民籍に入れられて、税糧を完納しているため、そのため良民扱いになったことを示している。その子供の入学者の枠数で言うと、例えば棚童で言うなら、一般民五〇名の内、一名を採用、一〇〇名では二名、二〇〇名で三名、それより多い場合は四名を限度としているとある。このように、この時期に棚民は漸く良民の扱いを受けるようになったのである。

棚民の居住地域についてみると、省としては浙江・広東・江西であるが、その中で、永新県の連化地方、瑞州府の新昌県、袁州府の万載県、南昌府の寧州、瀏陽県の寧州、温州府の常山県、福建・江西の棚戸、江閩両省及び浙江の寧台・温処・金衢・厳に所属する二七県、衢州もまた棚戸が多い、寧州十数州県、金華府永康県、宜春、分宜諸県、江山県、龍遊県、開化県などが漢籍史料から見出される。

三　寮民

上記、棚民と関わりのある寮民は『皇朝文献通考』一九に「定棚民・寮民照保甲之例」に合わせて保甲人に編せられているので、寮民も同じ地方にいて、棚民同様に扱われた存在のようである。これに続き「又、広東省窮民有入山搭寮、取香木・舂粉・砍柴・焼炭為業者謂之寮民」とある。棚民の仕事は先述のように、種麻・種菁、製鉄・造紙を主とするに対して、この寮民の場合は農業には関わらないようである。しかし彼らも矢張り保甲に編せられて、寮長と言う者が寮戸を纏める形態をとっている。江南・浙江・福建三省に棚民が多いのに対して、寮民は広東省に多く居るのが特徴である。『皇朝通志』八五に「雍正二年……上甚憫之、倶令削除其籍、与編民同列。而江西・浙江・福建、又有所謂棚民、広東有所謂寮民者、亦令照甲之法、案戸編査……寮民係近地窮民入山搭寮、炊薪・焼炭・舂粉、取香木為業者」とあるので、この寮民も始めは窮民というからもとは良民に属籍したと思われるが、棚民同様の形態のため、やがて賤視されるようになったのであろう。雍正帝の賤籍廃止令の中に、この寮民も含まれていたのである。

四　蛋戸

『粤閩巡視紀略』一に、蛋戸は広南・恵潮の地方にすべて存在する人々である。水の近くに居住するので、水色をみれば龍の居るのを知ると言っているから、又の名を龍戸とも謂われるのである。晋の陶璜に依ると、広州南岸に蛮蛋が雑居していたと述べている。唐代以来、丁口を計って官に税を入れさせたともある。従って、このころは平民扱いであったのである。『皇朝文献通考』一九に「蛋戸本属良民、且輸納漁課、与民相同」とあるのがその明証である。明初には河泊に付隷して歳に漁課を納めている。その人たちの姓は麦・濮・呉・蘇・河が多いようである。古い時代には中国では南蛮を蛇種とみなすが、蛋家の神もやはり蛇であり、彼らはこれを祭祀する。そして、廉州では採珠するために、多くこの戸を使役したそうである。『広西通志』九二に、蛋人は海に面して居住するが、多くは世世、舟を宅とし、貧者は竹を架して家とする。土着はしないし、耕織には従事せず、ただ捕魚してこれを食事に供する。また、水辺の植物を編んで布にする。この民の種類には三種あって、魚を捕る者は魚蛋と言い、蠔を捕る者を蠔蛋と言い、材を採る者を木蛋と言う。彼らは良く水色を見分け龍居を知るとされ、また神をまつる際に蛇を画いて祭祀するため龍戸とも謂うとあり、先述の「紀略」とほぼ同様の記載になっている。明代の史料『赤雅』巻一に、画蛇して祭ること、水辺に住まい捕魚して食らうことを述べて、その後に、「不与土人通婚……自称龍人」とあって、近辺の平人との通婚は無かったことが記されている。『説郛』二三・上に元代の記載として、「近聞広人云、有一種蘆渟人、在海岸石窟中、居止。初亦無定処、三・四口共一小舟、能没入水数丈、過半日。乃浮出形骸。飲食衣著非人也。能食生魚、兼取蜆蛤・海物、従船人易少米、及旧衣、以蔽体風浪、作即扛挽船置岸上、而身居水中、無風浪則居船中。只有三姓、曰杜、曰伍、曰陳。相為婚姻、意此乃龍戸之類」とあり、これでみると、蛋戸は平民扱いされず、彼ら同士で婚姻していたことが解る。

五　丐戸

『世宗憲皇帝硃批諭旨』一七〇に、紹興府に属する八邑にいる堕民について述べている部分がある。彼らは宋代に罪を犯した人の子孫に由来し、その故に世間の擯斥を受けたが、それから以後、汚染無頼の風に馴染んでいったので、四民の内では業務を見いだせなくなり、そのため民籍を失った。この記事と並んで丐戸が見えるのであるが、この戸の起こりは宋の将、焦光瓚の部落が宋朝に反逆したため、一般人から排除されて、「只許捕蛙売餳、逐鬼為業。婦則習媒、或伴良家新娶嫁、為人髻冠憂梳髪、或穿珠花、群走市巷、兼就所私、醜穢不堪辱、賤已極、実与楽籍無二、間有流入他方者、人皆賤之」（同巻）とあるように、正業に就けず、楽戸と同様の賤視を受けたのである。こうした人たちは雍正元年に「七月十一日、巡視・両浙塩課、臣噶爾泰、謹奏、為請除堕民・丐籍……」とあるよう賤籍を解除されるが、『皇朝文献通考』一九には「特諭開除、為良民。八年、以蘇州府之常熟・昭文二県丐戸与浙江堕民無異、准其削除丐籍」とあって彼らも堕民同様に、詔によって賤籍を削られた。しかし、勅令が出てすぐさまその籍が削除されたのではないようで、「乾隆三十六年、礼部会同戸部議、准陜西学政・劉墫奏、山陜等省楽戸・丐戸請定禁例、案内酌議、削籍之楽戸・丐戸、原係改業為良、報官存案……改業之人為始下逮四世、本族親支皆係清白自守、方准報捐応試……」とあるとおり、四世代の清白な生活が必要条件であった。勅令以後、約三〇年を経て賤籍を離れたのは『皇朝通典』に「三十六年、定削籍、楽戸、堕民、蛋戸、九姓漁戸、丐戸等、報捐応試……」とあり、賤籍削除の民の種類を掲げている。『皇朝通志』八五にも「時、山西省有曰、楽籍、浙江紹興府有曰、堕民、江南徽州府有曰、伴当、寧国府有曰、世僕、蘇州之常熟・昭文二県有曰、丐戸。広東省有曰、蛋戸者、該地方視為卑賤之流、不特与斉民同列甲戸。上甚憫之。倶令削除其籍与編民同列、而江西・浙江・福建、又有所謂棚民、広東有所謂寮民者、亦令照保甲之法、案戸編査」とあって従来、賤籍にあった諸戸を漸く民籍に復帰せしめた。

同書に「臣等謹案、楽籍因明・永楽時不附靖難兵、遂編為楽籍、世世不得為良。伴当・世僕本地呼為細民。堕民・丐籍形情相同、蛋戸捕魚為業、粵民軽蔑不許登岸居住。蛋民亦不敢与民抗衡。棚民乃民人搭棚・山曠居住、或種麻、種菁、開炉煽鉄・造紙作菇為業。寮民係近地、窮民入山搭寮炊薪・焼炭・舂粉、取香木為業者」と彼らが従事していた業務を記述しているのが注目される。

六　伴当

『明史』一六四に「売放之軍匠、名為伴当」とあり、伴当は軍隊に付属する人員であるようだ。『平定三逆方略』三九に「鎮将各官多以供兵丁、充伴当・書記・軍牢等役、至臨陣……」とあるから、軍隊中の役丁の一種であろう。また『平定両金川方略』四五に「賊酋見勢之危急、一面留兵拒敵、一面帯領小女人及頭人・伴当等……坐船過河……」とあるので、これも軍に付属する人丁とする。『関中奏議』一〇にある「是、錦同・周昂・丁広等佯言要出兵截殺、各帯家人・伴当……」も同様である。さらに『聖祖仁皇帝聖訓』四三には「科擾百出、擅将牲地草場、徴派子粒、占用伴当・御牢名目、過索……」とあり亦、『世宗憲皇帝硃批諭旨』一九三にも「臣聞、各営官弁跟随伴当、皆係兵丁、是無技之郷民、委以緝捕重任。以有用之兵丁、反居間散之地……州県捕快撥給、各営以跟随伴当……」とあって、何れの場合も兵丁に関係する。その中で、とりわけ伴当は有用な一般の兵丁よりも重要な役割を果たしている場合があったと言う。同書にまた「江西各営多用伴当。今聞江南亦間有濫設伴当者、亦在査革理合一併」とあり、江西・江南諸営に伴当が濫設されていた様子が解る。また『王端毅奏議』五を見ると鎮撫等の官は数を以て計りがたいが、ともども俸禄を求める皀隷・伴当たちが国用を消耗し、民力を損じる虞が多分にあると述べている。支給する給与が増えると、同時に徴税も増すため一般の民戸に負担をかけるので、これを危惧しているのである。『関中奏議』一二には、軍職においては将官より以下の官が、所属する家人・伴当を任命しないというケースは少ないが、上記の場合には、彼らは「通番之番人受其恐嚇、馬牛任其計、取変詐事漸萌」とあるように、馬牛の管理に当っていて、その中で、やがて不正の行為をする状況が生じて来たと述べている。以上、これらの史料から見るならば、伴当はおおむね家人・皀隷と同様の人丁として、史料に出てくる事がわかる。従って、伴当なる者はおおむね軍隊や民間豪族の下での労役に従事する者であって、範疇で云うと、家父長的家内奴隷に類する身分であるように思われる。

また『名臣経済録』七には「朝廷銭糧為重、人民艱難可憫。所在之処多帯家人・伴当勢如狼虎」とあって、徴税業務にも伴当が使役されるし、また同書巻四四に「或於豪彊勢要、官員軍民之家、作家人・伴当看荘種田等項、名色及冒給文引出外売買、併於郷境・別都妄作民戸、別立冊籍照依榜例」とあるので、豪彊や官・軍の荘田を管理・労役する者として、この伴当が使役されていた。そして亦、民間の雑役にもこれが用いられているのである。

具体的な扱いとして、『礼部志稿』六四に「北平……併直隷・徐州地寒、人民許穿牛皮直縫靴。出外不許。其庶民商賈・技芸・歩軍及軍下余丁、管歩軍・総小旗官、下家人火者、皀隷・伴当在外。医卜・陰陽人皆不許止。許穿皮扎翰鞋。違者罪之」とあり、徐州の地では寒い折、人民は牛皮の靴を履くが、伴当はそのまま外出は出来ないとの規制がある。商賈・技芸・歩軍等と並び皀隷・伴当は一般に屋外にある場合にのみ靴を履くことが許される。このように賤民に対する現実的な差別扱いが認められる。

七　堕民

『世宗憲皇帝硃批諭旨』に「奏為請除堕民・丐籍以広。……特旨巡視両浙訪聞紹興府属之、八邑有所謂堕民者、細問土人、併査紹興志書相伝、為宋罪俘之遺、故擯之、而名以堕民、其内外率習汚賤無頼、四民中居業不得占、四民中所籍不得籍、即四民中所常服。彼亦不得服。特別以辱之者也。又籍曰、丐戸。自言宋将、焦光瓉部落以叛宋、故被斥曰、堕民男子、只許捕蛙……」とある。『文選補遺』一六には「一畝率三十而税一、堕民不務田作、飢寒」とあって、田地を持たないから、当然、税も払わなくて良いと言うことである。そして『欽定大清会典則例』三三に「又覆準浙江紹興府属之堕民賤辱已極、実与楽籍無異、行令削除其籍、俾改業自新与編民同列」とあり、この地方の堕民は丐戸・楽戸と同様の扱いがなされ、民人から汚賤視される対象となっていたが、堕民のその来源としては宋代に罪俘であった者であると言う。彼らは田畑がないので、食用に蛙を捕って暮らしていたとも伝えられる。そして、楽戸等と同じ扱いであったので、雍正初に賤籍を離れて編民となる措置を受けた。

八　九姓漁戸

『江西通志』六四に「林寛、甫田人、正徳間為南康通判。当宸濠兵燹之後、招四邑人民帰耕、及勦九姓漁戸、都御史王守仁……薦其才」とあり、同書巻一四五に「……況査沿江湖巷等処、亦有漁戸、以打魚為由而劫殺人財、雖嘗緝捕禁約、而官吏因循、禁防廃弛……安義等県掌印捕盗等官拘集、楊子橋等九姓漁戸、到官従公査審、要見戸計若干、丁計若干、已報在官若干、未報在官若干、各駕大小漁船若干、原在某処地方打魚……」とある。前者は反乱した賊中に九姓漁戸がいることがわかる。引用文の後者に依れば、彼らは漁業を生業とするが、人殺し、人財略取にも関わっている。『皇朝文献通考』一九に「削除丐籍……且推及広東之蛋戸、浙江之九姓漁戸等一例弁理、凡此微賤編民抑何幸蒙聖朝之寛典也哉」とあって、彼らの削籍について言及しているが、そこに広東の蛋戸と並び九姓漁戸が同列に扱われているのを見る。そして『皇朝通典』九には「三十六年、定削籍、楽戸・堕民・蛋戸・九姓漁戸・丐戸等、報捐応試例、自改業之人始下逮四世、本族親支皆保清白自守者、准報捐応試。是年……」とあり、平民に編籍された嘗ての賤民はやがて応試が可能になったと記している。

九　世僕

『平定両金川方略』に「然是満州世僕、且在軍機、行走多年……」とあり、また『欽定剿摛臨清逆匪紀略』に「両営兵丁、皆朕満州世僕」というから、これは満州人の兵丁である。『世宗憲皇帝聖訓』六、雍正四年丙午の条には「近聞江南徽州府則有伴当、寧国府則有世僕。本地人呼為細民、幾与楽戸・堕民相同。……伴当・世僕凡彼姓有婚葬之事、此姓即往服役、稍有不合加以箠楚、及訊其僕役、起自何時」とある。伴当が兵丁であるのは先に見たが、この世僕は満州人の場合であろう。寧国府の世僕もそこに常駐している軍隊に属しているようである。また「雍正六年二月、一条争端不已、紛紛奸訟。臣査告争世僕之案、多有自故明以来、歴年一・二百歳、歴人一・二十世。其丁口毎至盈十十累百、祗因一・二人、受主豢養、或執、年遠無印旧契、遂致合族、子々孫々不能出頭、此等之人実属可憫。又査雍正三年二月内、……戸部議」(『世宗憲皇帝上諭内閣』雍正六年二月条)とあって、これによると、世僕は明末に成立したもので主人の使養する所でありそれ以来、出世は出来ない者とされている。更に『大清会典則令』三三に「雍正五年以前、白契所買、及投靠養育年久、或婢女招配、已生子者、男属世僕。永遠服役、其女婚配、悉由家主、乃造清冊呈明地方官存案」とあって、買い入れた子を養育して、これに婢女を配して男子が生じたら、これを世僕の籍に入れる措置が執られたと言う。世僕の起源の一つである。

『文献通考』一九には「浙江紹興之堕民与楽籍無異、……至五年以江南徽州府有伴当、寧国府有世僕。本地呼為細民、其籍業与楽戸・堕民同。甚有両姓丁戸、村荘相等、而此姓為彼姓、執役有如奴隷、究其僕役起自何時、則茫然無考。非実有上下之分。特諭開除為良民。八年以蘇州府之常熟・昭文二県丐戸与浙江堕民無異、准其削除丐籍」と、ここでも世僕は寧国府に存在したと記載する。現地の人は彼らを細民と呼び、楽戸・堕民と同様の扱いがなされたようだ。彼らの中には、同じ村で同一人が両姓を持つという者もあり、(二婿両当)その役務は奴隷的な労働を伴う内容である。この僕役については、何時始まったのかは資料がなく不明と言う外はない。雍正八年になってから蘇州の丐戸の削籍があり、この場合は他の被差別民等と少し解放の期日が後にずれている。そして同巻二〇四に「上諭此等満州・蒙古世僕」とあり、同巻二〇五に「諭曰、内務府漢軍皆係世僕、向無出旗為民之例、与八旗漢軍、又自有別、不応混行」と見える。先に述べたように、世僕は満州族の場合もあるけれども、これらの史料から見ると蒙古族にも、また漢民族にも同様、世僕と呼ばれる者は存在したようである。『欽定八旗通志』一九五に

「況、楊魁係漢軍世僕」とあるのは漢人の世僕の例である。

十　水戸

『元史』六五に「自秦漢至唐宋、年例八月、差使水戸、自涇陽県西仲山下、截河築洪堰、改涇水入白渠下、至涇陽県北白公斗門、分為三限……分水……漑田」とあるように、水戸は灌漑に関わる労働力を提供する戸である。宋代までは平民に課せられた賦役ということであったろうが、一般的に明代嘉靖の頃から以後、水利役が銭納に変化すると、役務でなく雇用労働に依存する事になる。水戸はそれ自体が固定して行きやがて専業の戸となる。『牆東類稿』一二に「築塘瑪家梢以障海潮風濤不能為患。撥水戸以守、自後、東洋万頃、悉為沃壌」と見えるのは平民の役か、水戸として固定したものかなお不明である。しかし、『芸林彙考』九に「隷於官者為楽戸、又為水戸。国初之制、緑其巾、以示辱。蓋古赭衣之意、而今無矣。然里閈尚以緑頭巾相戯也」とあって、水戸はこの段階で楽戸と同等に隷従民と化していることがわかる。この国初とは清朝のそれであるから、この時期に水戸は被差別の状況に置かれたものと思われる。

十一　畭民

管見の限りでは、この民の初見は『元史』一〇に「辛丑、建寧・政和県人黄華集塩夫、連絡建寧・括蒼、及畭民婦自称許夫人為乱」とあり、同書巻一五に「左丞使将兵、往討畭民丘大老、集衆千人、寇長泰県、福州達嚕噶斉托歓、同漳州路総管高桀討平之」とあって、反乱の塩夫と共にこの種の民が参加している。『皇清職工図』三に「羅源県畲民、以下福建省羅源県畲民婦、古田県畲民、古田県畲民婦。福州府属羅源等県畲民、即粤之猺人。福建通志云、汀猺人与处・漳・湖・潯接壌、以槃・藍・雷為姓。又建江志、畲民五渓槃瓠之後也。桂海虞衡志謂之猺。今居羅源者、祇、藍・雷三姓、相為婚姻。或云、海南民藍奇雷、声随王審知入閩、因居羅源村中、然不可考其習俗、誠樸与土著無異。無酋長統括。多在荒僻山巓結茅為屋。男女相助力、作采薪、捕魚以供食用。男椎髻短衣、荷笠攜鋤、婦挽髻蒙、以花布間有戴小冠者、貫緑石如数珠、垂両鬢間蔚圍裙著履其服、多以青藍布」とあるのが畲民の有様を良く描写しているものである。これでみると、彼らは福建省に居住しており、県でいうと羅源、古田両県が挙げられる。羅源県には藍・雷の二姓があり、その両姓の中でのみ通婚したと伝えられる。彼らは多く山地に居住し薪を取り、捕魚して食用に供する生活であった（同前）とあるところから見ると、往昔、彼らは華人と異なる少数民族に属していたのではないか。

以上、中国の被差別民の概要を古典籍から抽出してみると、凡そ一一種が挙例できる。先学の研究を見ると、まず木山英雄「浙東堕民考」（『アジアの差別問題』明石書店、一九八六年）が堕民について論究している。亦、同書中に「良賤制度下の蛋戸について」を可児弘明氏が論述している。前者では堕民の外、畬民・蛋民・九姓漁戸を浙江の各地にいる「特殊民族」と呼ばれていたと指摘する。只、堕民の「特殊」性はこれら三種と比較すると曖昧で、中国の固有性に基づくのではないかと木山氏は言う。彼らの扱う仕事には微賤な各種の仕事がある。それは屠殺・理髪・婚葬・芝居など多方面に亘っている。別に亦、丐戸についても論及し、この場合は戸政上の差別を示すものであり、明代から出現すると言う。

両氏の引用する史料から賤民がどの地域に居たかを整理すると次のようになる。

（1）山西……楽籍
（2）浙江……紹興……堕民
（3）江南……徽州……伴当
（4）寧国府……世僕
（5）蘇州……常熟・昭文二県……丐戸
（6）広東……丐戸（『皇朝通志』巻八五、一七二三年条）
（7）福建・広東……蛋戸
（8）浙江……堕民
（9）河南……丐戸（『臨時政府公報』第四一号、一九一二年）
（10）浙江……鄞県・慈谿・奉化・鎮海・定海・象山・余姚・上虞・温嶺・東陽・義烏・桐廬……堕民
（11）浙江……衢県・開化・桐廬……九姓漁戸
（12）浙江……桐廬・平陽・麗水・青田・松陽・遂昌・龍泉・宜平・景寧……畬民（『浙江民政年刊』一九二八年）
（13）浙江……杭州・金華……堕民（「浙江叢談」『地学雑誌』第五三号、一九一四年）
（14）浙江……蕭山・嵊・諸曁・新昌・紹興・寧波……堕民（『浙江新志』所載）

小結

本章で挙例した漢籍の中にある賤民の内容を上記と対比すると、（1）の楽戸は漢籍では開封・近畿・河東郡・山西・山陝・宝令・長呉で見られる。（2）についての住地は既に上述している。（3）については軍隊の各営に付属する伴当のその性格から見て、徽州にのみ固定されるものではない。江西・江南の営所にも多く置かれたとある。彼らは民間の豪彊の田畝にも耕作労働力として使役されるし、勿論、官田にも配置されて耕作に従事していた。（4）の世僕も伴当と同様、兵丁とみなされる者で、満・漢・蒙の各族の軍隊の下に属しているが、寧国府の場合では、ここに常駐する軍隊下にあった。その出自を漢籍の示すところから見ると、買い入れた男子に婢女をあてがって生まれた子を「世僕」に配するというのであって、在地人は彼らを別に細民、すなわち貧乏人とも呼んだそうであるが、必ずしも平民とは見なしがたい。（5）・（6）・（9）の丐戸については漢籍では山西・陝西に居住したとあり、その起源は宋朝に反逆した者の子孫であるとされている。しかし、（5）・（6）は山・陝と違って、蘇州・松江・浙江地方において見いだされると記述している。木山氏に依れば、この丐戸とは堕民の訛った者と同等の者であると、資料の『野獲編』を引いて述べ、丐戸とは明の太祖がこの名称で編籍した者を指すとしている。（7）の蛋戸については、漢籍に広州の南方の恵州・湖州及び廉州に居住したと言う。その性質上から見て、海浜に近い地方に居住していたであろう。（8）・（10）・（13）・（14）の堕民については先論に詳細に紹介されていて漢籍によってこれ以上、付加する点はない。（11）の九姓漁戸については漢籍には浙江以外に江西地方にも存在するとあるから、この場合、彼らは内陸の江湖沿岸に漁業をしていたのである。（12）畲民は浙江にあったのは既に記されているが、漢籍で見ると、これに福建が加わる。

賤籍の名字については、（11）が陳・銭・李・林・袁・葉・許・何の八姓。（8）の紹興に甄姓があり、（14）寧波の慈渓県に鄭姓がある。（7）は只、三姓で、杜・伍・陳。（『因話録』）又、西河・潮嘉では麦・濮・何・蘇・呉・顧・曽の七姓（『枌楡砕事』巻三）あり、陽春では林・阮・張の三姓（『粤屑』巻二）及び麦・呉・濮・蘇（『天下郡国利病書』広東八）の四姓等となっている。これらから総括すると、特殊に賤民固有の姓というのは見出し難い。あえていえば濮・麦が挙げられようか。

残された課題

刑罰に由来を持つ賤民は北魏の時代に成立した楽戸を始め、元明交代期、明の太祖と争った陳友諒が敗北して、その部下が九姓漁戸に転落した例や宋代の堕民が罪俘の後裔であるとする例なども見られる。転落して賤籍に入る起源がこのように刑罰に存するかどうかに拘わらず、多くの場合、賤籍にあった人たちはおおむね良民との通婚が禁じられていたのは中国でも一般的である。漢籍では出てこないが、近来の実態調査では山西・上党地区の楽戸は極く最近まで平民との通婚が困難であったことが確認されている。しかし、棚民では平民と通婚するケースもあったようである。只、彼らは籍を持たないので、平民籍のある者と簡単に婚姻が可能というわけではなかった。蛋戸の場合には史料に見られるように、明確には婚姻関係が成立してはいない。丐戸は「汚れ極まる」と表現されるから、これもおそらく他と同様に、平民からの蔑視は避けられないであろう。伴当については家父長的奴隷の性格を持つから、矢張り平民との通婚は困難であった。世僕は購入した男子に婢女を娶せて生じた子を伴当とするから、平民であっても、その賤視を受けるのは避けられなかった。水戸も服装の上で緑巾を強いられている事実から楽戸と同類の扱いである。畲民の場合は藍・雷両姓で婚姻するとあるので、それ以外との婚姻は成立していないと言うことであろう。

多少の相違はあるが、賤籍にあるもの、或いは無籍の者は平民との通婚がおおむね成立していない。この点が差別の具体相である。雍正初に勅令で賤籍の解放がなされたが、各種賤民でその実施された状況は異なる。それぞれの具体的解放過程については、楽戸では喬健氏による山西省の実態調査によって、それが明らかにされているが、その他、上記の一〇種の賤民についての場合には、その解放過程について未だ十分な考察が果たされているとは言えない。まさに我々にとって今後に残された課題である。

参考文献

『アジアの差別問題』（明石書店、一九八六年）所載、木山英雄「浙東堕民考」、可児弘明「良賤制度下の蛋戸について」。
木山英雄「紹興・三埭街の記」（『文学』季刊二―一、一九九一年）、裘士雄著・木山訳「魯迅の紹興」（岩波書店、一九九〇年）など。

4　山西省の碑刻に見える水利祭祀と灌漑

序

先年、山西省洪洞・介休両県に存在する水利に関わる碑文を収集し、注を付して発刊された黄竹三・馮俊傑等、編著『洪洞介休水利碑刻輯録』はこの分野の研究に重要な資料を提供する。これは中・仏両国の共同研究の成果であるとともに、地域に存する水利碑文を博捜した調査結果であることも亦、注目されるところである。本章はその一部を利用させて頂いて、この地域の水利に関わる祭祀や水配分等の分野を概略、検討しようと試みたものであるが、『輯録』に掲載された碑文史料の全面的な解明までには至らないことを、先ず始めにお断りしておきたい。

一　介休・洪洞県の水利祭祀

1　介休県の水利祭祀

元代、至正二年の碑文「河村新潤済侯廟記」[1]に拠ると、北魏の太武帝は、後に潤済侯と称した人物が戦いの中で勇気のあったことを愛で、平西侯の爵を授与し、兼ねて龍驤将軍に任じた上、源の氏姓を賜与した。そのため以来、この人物を源賀と称したと言う。彼ははじめ世祖に従い、西河の反徒白龍を撃ち、彪山の麓に来たところ乗馬が足を滑らせた。そして、その地点に泉水が湧出した。そこで後人はこの泉に馬跑泉の名を冠したと言うのである。そして湧出した留水を源公池と名付けて、後日その旁に廟を立て、源賀を祭祀したと伝承する。すなわち「流を疏し源を浚し、漑田数十頃、立廟を立て以て祠る」と見える。只、この時期、直ちに農田への灌漑が始まったかどうかは確定できない。思うに泉の発見の由来を記すなかで、この泉を農地に利用しているのは発見と同時期ではなくて、後の灌田の実情を見、それに追加したものではないか。「復西河水利記」(明・嘉靖二〇年)には「邑の勝水、狐岐山下に出ず……宋自り文潞公始めて三渠を作る」と述べ、灌漑用水としてこの泉を利用したのは宋代以降のことのようである。そして分水する為の三渠を作ったのは文潞公と言う人物であった。「介休県水利條規碑」(明・万暦一六年)でも「本県東南を査得するに、離城二十里、狐岐山源泉有り。宋の文潞公自り、開いて東西中三河となす」と同様の記述が見える。泉の由来を語る碑文は別に、「復鸑鷟泉水利記」(清・康熙二九年)があり、そこに「狐岐の鸑鷟泉、宋の文潞公自り三河を分浚す……」と記していて、亦、別に「重修三河水平記」(清・道光一〇年)にも「鄔城碑記に云う。狐岐勝水、宋の文潞公始めて三河を開く。東を龍眼洞河と曰い、中を天鑒明河と曰い、西を沿山虎尾河と曰う。水池は北に匯る」ともあって、もともと依拠するところのこれら資料は「鄔城碑」であると記している。『碑刻輯録』の注記にはこの碑は不詳とのみあって、「鄔城碑」の現物はこの度の採訪でも中・仏の調査員も、見い出すことが出来なかったらしい。しかし、上述の「重修三河水平記」には清の道光一〇年と記年のあることから、この時点においては、「鄔城碑」は確かに実在していたようである。ただ今日では既に失われてしまっている。『碑刻輯録』に記す注記によると、文潞公については「文彦博(一〇〇六―九七)字は寛夫。介休の人、仁宗の時、進士たり。慶歴年間自り開始し、前後将相に任ず、長達五十年、官たり清正。元祐五年、大師を以て致仕し、潞国公に封ぜらる。故に文潞公と称す」と記している。彼は介休県の出身者であったので、とりわけ郷里のために、この灌漑渠を設けることに熱意を傾けたものであろう。

ところで上記の馬跑泉の近くにあった鸑鷟泉(勝水)、または「源」と称する狐岐山の麓から湧く泉水の場合は、この水を東・中・西の三渠によって分流しており、近村の民田を灌漑した水系として成立しているが、これとは別に既出、「介休県水利條規碑」の「又、石屯村灰・柳二泉有り。洪山河利民泉、謝谷村謝谷泉、灰南二泉、胡村河西野悶津泉、龍雨泉、蒲池泉、各発源は同じからず、漑田不等なり……議に謂う、宋自り今迄、数百年……」と言う文章によれば、この地域一帯を灌水するのは単にこの両泉のみではなく、他の水源として、先の馬跑泉を含む数泉のあった事が解る。

さて、鸑鷟泉の近辺には廟が建てられているが、「介邑王侯均水碑記」（明・万暦一九年）の文中に「県の東を洪山と曰う……郷人、廟を立て之を祠る、従来すること遠し。往者に歳月考う可き無し」とあって、廟の建築は古い時代の事なので今では考証出来ないと云っているものの、引き続いて「旧碑を按ずるに、至道三年、始めて神堂を建つ。乃ち宋太宗の末年」と記しており、神堂の創建は宋の至道三年に充てている。そして、武宗の至大年間になってから、更に廟宇を建て増したようである。「重修源神廟碑記」（清・康熙二年）には「狐岐の山、勝水出ず。……山に源神廟有り、何代自り肇まるかを知らず。諸を徐贇撰の碑と合わせ考えて言う。重建の神堂、大中祥符七年なり。重修廟宇は至道三年にして、宋の太宗の末年なり。太中祥符なるは真宗改元の年なり。元の至大二年に至り重建す。八年に重修、趙瑨撰の碑文あり、考うるべし。則ち廟宇、水利のために建つるを知るなり。従来するところ尚し」と記しているのを見ると先の旧碑とは、この文章にみる趙瑨撰の碑文かと思われる。そして、この廟は水利に関わって建てられたものとあるので、かなり古い時代から存在したもののようである。神堂については重建と記すのであるが、碑文の注記によると「至道三年」建廟については疑点ありとするから、その建築に関しても「介邑王侯均水碑記」の記すところには些か問題があると言うことになる。

源神廟については「重修源神廟碑記」に「吾郷洪山村に旧く鸑鷟泉有り。上に源神廟を建て、堯舜禹三聖を内祠す。神霊を妥んずる所以なり。而して販享を隆にするなり。廟は北宋に創建す、累代の重修一ならず……」とあるのから見ると、泉のほとりに源神廟があって、そこに堯・舜・禹の三聖を内祠したと記す。これは天地の神霊を慰撫するためであったとも述べているのである。従って神堂とは三聖を内祠するための建築物であったと思われる。「鸑鷟泉水利記」（万暦一六年）に亦「該廟の正殿・楽楼・龍虎殿・牌坊等の明代建築は今も完好に保存さる。正殿は堯・舜・禹を供奉し、歴史上著名の水利専家・孫叔敖・西門豹・李冰・鄭国及び北宋の文彦博が配享された。王一魁も……後人によって神の中に配享される……」とあり、歴代の著名な水利専家を選び、本尊の三聖に加えて彼らをも配祠したらしい。万暦一九年の「新建源神廟記」の碑文では、「正殿五楹、塑三神像、其中に在り」とあるが、ここにある三神とはやはり堯・舜・禹である。清の康熙四九年の「重修源神廟記」に「正殿五間、中に三聖像あり。堯・舜・禹の相伝なり」とあるところからもその点は確認できる。また、清の光緒一八年の「公同義閤盈窑行公議規條碑記」には「源神廟太上老君神前に至り……」とあるので、このころ別に、太上神君（老子）を配祠することが新たに決められている。源神廟については、この碑文では元の至大二年（一三〇九）に創建されたとあるが、神堂については北宋の至道三年（九九七）と遥かに年代を遡った古い時代に起源があると述べる。そうとすれば、順序として先ず神堂に三聖が祭祀されて、後に、泉の発見者とされる伝説の源賀をこれに配祀するために源神廟が作られたのが順序と考えられよう。宋代の徽宗の崇寧（一一〇二—一〇六）年間にこの廟で祈雨した時、霊験を得、続いて宣和元年（一一一九）にも、同じ場所で祈雨して、またも降雨に成功したために、その功績により勅封されて、配神は潤済侯に補せられた。これは仔細に見ると、当地の鎮将許某が侯の廟前に祈って大雨を得たことを指すもので、彼が朝廷に乞うて、祭神の源賀を封じて潤済侯にしたと言うことにほかならない。清代の乾隆四二年「狐岐山祝詞併序」には泉の「上に建祠し、堯・舜・禹を祠り源神という」とあって、源神即三聖と記しているが、これは上述の文章とでは多少とも相違している。そして「万民感載碑」（清・乾隆八年）以後、もとの祭神の三聖は正殿の奥まった所に内祠されることになった。

2　介休県の聖母廟

調査で蒐集された水利碑文の多くは明清代に集中しているが、明代で言うと、はじめに嘉靖二〇年の「復西河水利記」が見える。この中には祭祀や廟については記載がない。万暦八年（一五八〇）になって「新城南上堡水神廟記」の文章があり、そこに「助国聖母廟」の名が見える。この廟の位置は県西四〇里の官路の傍にあったと言う。また、「元君聖母廟」というのは県城の臨津門外にあり、別に亦、「昭済聖母廟」というのは石屯村灰柳泉の旁にあったとされる。灰柳とは灰南・東柳の二泉のことを指し、上・中・下三堡の範囲の農田に灌漑することのできる泉水である。ここに見られる聖母について、この碑文では「向に主名なし、意うに水は天下の至柔なり、母徳あり。故に母道を以てこれに仕えるか」と解説している。

ここで参考の為に、同じ山西省に属する太原地方の晋水渠の祭祀で見ると[2]、泉の祭祀は聖母像の前で行われ、はじめに演劇が奉納される。ところで何故、水神が聖母なのかがここで問題になるが、『晋祠風光[3]』なる著作によると、「水母、即ち晋源水神なり」と解しており、晋源水神とは本来、水母であったと見なしている。そして、「晋水の源、昔、水神廟無し。人遂に聖母を目して水神となし、明代の嘉靖季年に至り、乃ち重楼を難老泉の上に創建す。中に水母を祠り、顕に以て人に示す」とあって、一方で聖母も亦、水神と理解されていた。では両者の関係はどうなっているのであろうか。同書には亦、「本地人、神話を伝う。水母の姓は柳」とあり、水神たる水母についての神話を伝えている。すなわち柳氏の女が某家に嫁して、井水を汲む重労働の苦難に耐えていた。それを賞でて玉皇が白衣仙に変身し、瓶に満水する作業に加わり柳氏の女を助けた。その後になって、彼女がこの仙人から貰った宝金糸馬鞭で瓶を叩くと水が溢れたという。柳氏の女はこうして泉水を容易に支配し、やがて彼女自身、神仙になったと伝えている。これが今日の晋祠・難老泉の滾々と湧く流水を生みだしているという伝承である。水母はここから見るならば、はじめは柳氏の嫁を指していて、かかる民衆的性質の説話伝承に依って、古くから民衆に尊信されていた水神であった。ところがこれとは別に「重修唐叔虞祠記」によると、北宋の仁宗、天聖年間に女郎祠というのが晋水水源の西にあり、「継いで晋源神祠と号し、今名は聖母廟」とあって、晋源神祠と言われたのが、やがて聖母廟と名付けられたと記述している。『一統志』では『通志』の文章を引用して、「娘子廟有り」と見えて、ここでは娘子廟と記しているので、双方で多少とも名は異なるものの、女郎廟とほぼ同一のものであると思われる。亦、「志」に「称す、宋の天聖間、女郎祠を水源の西に建つ。殆ど即ち所謂、娘子廟なる者か。叔虞は聖母に加封す」とあって、これが双方の混同される契機となったのではなかろうか。そして、『通志』に拠ると「熙寧中、守臣請号し顕霊昭済聖母という……明・洪武初、……請雨、応有り。広恵顕霊昭済聖母として加封す」と見え、同書に「祠典の譌、明洪武四年自り、詔して天下神祇の封号を革め止む。称して山水本名を以てす。是において聖母廟を改め、而して晋源神祠と為す」とあるよう、明代の洪武三年に「李原名……礼部尚書たり。……凡そ郊社、宗廟、社稷、嶽瀆諸制、先後、儒臣論定し、時に詳略あり、帝悉く原名をして之を改め正す」(『明会要』六、礼一)とあり、より詳細に「三年六月癸亥、詔して曰く、嶽鎮、海瀆の封は唐世より起こり崇名美号、歴代加うるあり。朕之を思うにしからざるあり。夫れ英霊の気は萃りて神たり。必ず皆上帝に受命す。豈、国家封号の加うべきところならんや。礼を瀆し、経ならず。これより甚だしきなし。今宜しく古の定制に依り、凡そ嶽鎮、海瀆並びに前代封ずる所の名号を去り、此処に山川の本名を以て其の神を称せよ」(『日知録』)とある。又、『明会典』によると「(洪武)三年、詔して封号を去り、止に某府・州・県、城隍の神は命じて山川壇に祠るに従う」とあり、『明会要』巻一一、礼六に「三年六月、諸神の封号を定む。凡そ、後世溢美の称、皆ともに革去せよ。天下の神祠、民に功なく、祠典に応ぜざる者は有司、祭を致すを得るなかれ」と言う。すなわちこの時、朝廷がかねてからの水神封号をすべて廃止し、山水の本名で呼ぶことを命じたために、聖母廟も亦、これに応じ改名して晋源神祠と号し、もとからの称号に戻ったと言われている。只、『邑志続編』には景泰二年(一四五一)に「祷雨を以て追応し、号を復す」とあって、この洪武年間から約八〇年の歳月を経た後、再び旧号に戻す措置が執られたのであるが。

亦『晋祠志』八に「凡そ水神を祭るに、必ず聖母を兼祭す」という文章があって、ここでは両神が併祭されることになっている。亦、沈巍皆の『晋祠聖母廟辦』には「晋侯を祠るは晋水の神を祠るに非ず……而して聖母廟最も尊為り……咸な知る聖母は水神に非ず……」「乃ち、人多く聖母を目して晋源水神となすは誤りなり」等と記していて、聖母は本来、水神ではなかったのだと述べている。『通志』によると「晋源、昔、水神廟無し。人恒に聖母を目して水神と為す。明嘉靖末……主楼を建つ……泉の上、中に水母を祠る。人に晋源水神たるを知らしめんと欲す。而して聖母は水神に非ざるなり」とあるのも同様の趣旨である。更に『邑志続編』には同治年間に「廟内正殿に聖母神像を供奉す。右殿は別に水母神像を塑す。暦来、祈雨は正殿に由る。祈祷後、必ず右殿に詣り拈香す」とあり、正殿を祭祀し、右殿をも祭祀する習わしになったと記している。

以上、述べてきた晋水渠の難老泉で見るならば、明の洪武四年（一三七二）に官側が唐叔虞の母を晋源の神とみなしたのは、聖母をば民衆的水神たる水母に対抗する関係にある神と措定し、前者を公的には水神であると決定したものであろう（拙稿「晋祠志よりみた晋水四渠の水利・灌漑」『史学研究』一七〇号、一九八六年参照）。こうして、本来は水母の方が泉の水神としての関係が深く、しかも民衆から起こった信仰に基づいているのに対して、聖母はこの地に封ぜられた唐叔虞の母を対象に、それを水神とみなしているのであって、これは官側からする政治的な設定であったと考えられる。従って本来、聖母は水神としては直接、関わりのない存在であったはずなのである。

さて振り返って介休県の場合、馬跑泉や鸑鷟泉、また源・勝水と呼ばれる狐岐山麓一帯の水は大凡、三渠に分流して近辺の村落の田を灌漑した。「介休県水利條規碑」の文章には「又、石屯村に灰柳二泉有り、洪山河利民泉、謝谷村謝谷泉、灰南二泉、胡村河西野悶津泉、龍雨泉、蒲池泉、各発源は不同、漑田も不等……」とあって、太原の晋祠の場合と異なり、既述のように数泉の水源があって、一泉にのみ依るものではなかった。「介休王侯均水碑記」には「県の東を洪山と曰う……郷人立廟し之を祠る。従来すること遠し」とあり、続いて「旧碑を按ずるに、至道三年、始めて神堂を建つ。乃ち宋の太宗末年……武宗の至大二年、廟宇三楹を創修す。我が明、洪武一八年重修す」とあって、北宋の至道三年（九九七）に、まず神堂を建築、そして大中祥符七年と元代の至大二年になって、それぞれの年に、廟の修築が施されている。神堂は広義の源神廟地内に存したであろうが、「吾郷の洪山村、旧に鸑鷟泉有り。上に源神廟を建て、内に堯・舜・禹三聖を祠る、神霊を妥んずる所以なり。而して服享を隆にするなり……」と言うから、泉の上手に源神廟があって、その廟内に三聖を内祠するが、これは神霊を安んずる事を目的としたものであった。明の万暦一六年になり「始めて廟をここに移し正殿五楹を構え、左右翼、廊蕪を以てす」（康熙二年「重修源神廟碑記」）とあって、「邑令王公は前人の制、狭小」（「重修源神廟碑記」）なるの故に、その移動を計り一層壮麗な建築物に改造したと言うのである。そして「規模弘敞、昔に較べ倍甚なり」と従来より規模が倍増した。続く万暦一九年の「新建源神廟記」では「該廟……正殿は三聖を供奉し……孫叔敖・西門豹・李冰・鄭国、及び北宋の文彦博を配祠し、介休県知の王一魁も洪山泉修築の功をもって後人が配享した」と記すように、この時に古来からの多くの水利専家の配祠が行われている。介休県の水利関係で最も古い碑文は北宋、大中祥符元年の記載のある「介休源神碑記」であり、次に元代の至正二年の「河村新潤済侯廟記」と続いている。後者は『介休県志』巻一二、芸文の条（山西省介休県志編委弁公室、一九八七年）にも同様の文章が記載されている。この碑文に拠ると、北魏王朝における重臣の源賀という人物の廟を重修するに当って、河村祠廟の由来を紹介する。これに依れば、河村は介休の南郷六一村に属している村であるが、北宋の宣和元年（一一一九）に、この河村廟に祈雨して効果があったために勅封されて、既述のように祭神が潤済侯に封ぜられたと言う。従って河村廟は宋の崇寧中に勅建されて、元の至元二年に重修されたという経緯がある。本碑文によれば、この廟のはじまりは崇寧年間よりなお古く遡るものと記す。そして、この泉は別の名を源公池だとも云っている。この廟に関わって、明の万暦八年

（一五八〇）の「新城南上堡水神廟記」には「余村は昔より建てて水母廟有り。蓋し灰南、東柳二泉、……顧みて神は向に主名無し。意うに水は天下の至柔為り。母徳有り、故に母道を以て之に事うるか」とあって、余村の二泉の旁に、水母廟が往昔からあったと述べている。そして、それは水が至柔であり母徳に対応しているために、水母なるものを廟祠したのだと解説する。亦『介休県志』の壇廟の条に「助国聖母廟有り、県西四十里に在って官路の旁なり。元君聖母廟は県城臨津門外に在り、昭済聖母廟は石屯村灰柳泉上に所在す。此の水母廟は却榜のほとりにあって無名なり、……」と見える所から、本来、水母廟であった灰柳二泉の傍の廟はやがて昭済聖母廟と名称を変更しているけれども、先述のように、これは王朝の意志を承けるものである。後になって、明代の洪武四年以来、封号の失われた聖母廟がこの時点において封侯の名称を冠して、従来通りに復活されていることがわかる。とりわけ注目されるのは灰柳泉の畔にある昭済聖母廟であって、これは既述の晋祠の聖母廟に、宋の熙寧年間、顕霊昭済の封号を賜い、洪武初年に広恵顕霊昭済の号を加封しているが、この「昭済」の文言が灰柳二泉の聖母廟に冠する号と一致している点が注目される。介休県の場合、水母として廟祠されてきたものが、明代中期以降、晋祠の場合と同様、行政的に聖母として名称変更がなされているのである。こうして民間信仰（水母）から官による祭祀（聖母）に統合されていく傾向を、太原の晋祠と介休県の昭済聖母廟はその地域の相違に拘わらず、全く同様に見ることができるのである

3　洪洞県の水利祭祀

「重修明応王廟碑」（元・至元二〇年）の文章に「其泉は霍太山西南之麓に出ず」とあり、「寰宇記を按ずるに、唐より以来、其神を目して大郎と曰う。然らば明応王号、之を伝うる亦久し……」とある。ここに付せられた注釈によれば、明応王とは「本と霍山山神の子の封号」であり、同碑文に亦「徽宗…崇寧五年十二月、廟額明応を賜

う。因って霍山山下に霍泉有り。神廟又、霍泉海場の旁に在り。是に於いて山神の子、便ち衍して水神たり。後、明応王遂に水神の封号と成る」とある。すなわち唐代以来、この神は大郎神と言い慣わされていたが、やがて朝廷から称号を拝受して、明応王と名付けられたのだと解釈している。そして、この山神が敷衍されて水神となったと解する。この賜号は「之を伝うる亦、久し」とは言え、大郎神と同時に併存していたのではなく、明応王称号の出現したのは後の宋代にまで下るように思われる。『宋会要輯稿』の霍山神祠の条にも「霍山神陽侯の長子、趙城県に在り。徽宗崇寧五年十二月、廟額明応を賜う」と見え、この注記に「霍山山下に霍泉有るに因って、神廟又、霍泉海場の旁に在り。是に於いて山神の子、便ち衍して水神と為る。後、明応王遂に成って水神の封号と為す」とあり、この神は霍山神の子と伝えられている。そして、その山麓に泉があったため、これに関連して、やがてこの山神が同時に泉の水神とも見なされるようになったと言うのである。只、当該、碑文の注記によれば、「歴代官府祭祀の章中に納入す」とあるので、賜号時から官府が関わるようになったのであるから、民衆的色彩の濃厚であったのは唐代のみであり、宋代になると、すでに官が水利祭祀に関与し、祭神の民衆性は大凡、失われていたらしい。そのために「重修明応王殿之碑」(元・延祐六年)の文には「皇帝遣使、歳時に祭を致す」とあるよう、元代以降では明らかに、皇帝遣使の祭祀が行われる慣習となっている。「祭霍山広勝寺明応王殿祈雨文」(元・至正二七年)との名称のある碑文の解題を見ると「当時官府致祭霍山水神祈雨文詞」とあって、この神は雨をもたらす機能も持つものとされており、降水の祭事に関わっていた。その注記に「霍山水神廟は水神の本宮為り。其余、趙城各処の水神廟は則ち水神の行宮為り。この中の在城行官は城内の水神廟を指す」とあり、霍山を水神の本宮として、その他、趙城県にある別の水神廟はその行宮だと見なされている。「陳公善行記」では「霍山巽地出泉す、明応王神実に之を司る」とあり、霍山泉は明応王神の支配するところであり、「水神廟清明節祭典文碑」文には「古に明応王神社有り。各村溝頭は清明等節に遇い祭を致す……」とあり、亦「重修三門碑記」には「……神水一泉有り、灌漑万頃。爰に水神廟一座を立つ……伝来久し」とある。この水神廟とは何者を祀っているのであろうか。その解明の一つの手がかりとして、明応王神社と水神廟の配置を見ると、碑記の注釈に「水神廟三門、二層為り……明応王殿に面対す……」とある所からみて、水神廟は明応王殿と向かい合って建てられていたことがわかる。然らば、水神とは水母を指すように見える。ところで『趙城県志』二七、壇廟の条に「水神廟を戴す。一に曰く明応王廟。二有り。一は県東南四十里、霍山の麓に在り、廟前即ち霍水の出ずる所。一は儒学の東に在り」とあって、上記の水神廟は此処だけでなく、この県に少なくとも二か所、存在していたことが解る。すなわち「祭霍山広勝寺明応王殿祈雨文」（元・至正二七年）の碑文を見ると、霍山の広勝寺がこの明応王殿と関係があり、水神を差配する明応王の祠殿は広勝寺の管轄下に置かれていたのである。明応王廟は「廟、初め水辺に瞰る。前の金時に已に頽毀を経たり。泰和間に補修す、……金季、兵戈相尋ぎ、是廟も煨燼す……奚ぞ水神の祠に暇あらんや。……時、厥後自り、広勝寺戒師……修復の志有り……責は有司に在りと雖も、亦、我寺の福田なり。久しくして湮廃を忍びんや。乃ち鳩材し工に命じ……正殿を創為す」（「重修明応王廟碑」）とあって、廟は金代以前から存続しており、祭神は水神としても祀られていた。しかし、廟が毀れて後、明応王廟に関わりのある広勝寺の僧が自力で修築を計ったと伝えられるから、以後この寺がこの廟を管理するようになったのであろう。やがて、この廟が水神を併祭していたために、北霍渠長たる陳忠らも亦、協力をして「創正殿、十有八楹」とあるように正殿の建築に着手した。そして、この工事が総て終わったのは元代の中統元年（一二六〇）であったと言う。抑も広勝寺はこの碑文の注釈に「始め東漢建和元年に建つ、原名は阿育王塔院。亦た倶盧舎寺と称す。上下の寺に分れ、上寺は霍山上に在りて、下寺は霍山脚下に在り。水神廟に緊靠す。水神廟は宋より以来一直、下寺の管理に帰す」とあるように、建寺の記録はきわめて古く、遥か後漢時代にまで遡る。このうち広勝下寺が水神廟を管理するようになったのは宋代になってからであった。「祠典」の記載するところによると、「水神を指すは、宋徽宗崇寧五年に在り。封ぜられ明応王と為る。其の正殿に賜額して、明応王殿たり。歴代官府祭祀の典章中に納入す」とあって、宋の崇寧五年に初めて封号されるに伴い、寺社を介して官府管轄の祭祀が行われることとなったようである。すなわち、金・元代の水神祠は民間の祭祀であり、更に寺院が私的に差配する時期を経て、やがて宋代になり明応王廟として封号され、広勝寺下寺による管理が公的に認められるようになった。この経緯から見ると、唐代、民間の大郎神が水神として崇められている段階が先行しているのが解る。一体この大郎神は霍山神の長子とみなされていて、それがやがて封号を王朝から得るようになって官制化した。こうして見ると洪洞県での水神は男子の系譜であり、晋祠及び介休県における神は女系の水母・聖母であって双方は異なっていることがわかる。

『華陽国志』の蜀志によると、「江南・安触山脇の溷崖、水脈漂疾し、舟船を破害す。歴代之を患う。氷、卒を発し溷崖を鑿平し、水道を通正す。或いは曰く、氷、崖を鑿つ。時に水神怒れり。氷乃ち刀を操り水中に入り神と闘う。今に至り福を蒙る」とあって、李冰の闘った水神はおそらく男性であろう。『灌県都江堰水利志』が『風俗通』を引いて、岷江に水妖がおり、人はこれを江神とあがめた。毎年六月二三日に童女を江神に捧げその怒りを治めた。李冰が蜀郡太守になって、この日に冰は宝剣を以て江神を刺し勝利を得た。その為、李公祠として祭祀されるようになったと言う。同書に別の伝説を記している。すなわち「灌江の孽龍が洪水を起こしたので、玉皇大帝が李氷父子を派遣してこれを伐たしめた。激闘の末、二郎はこれを離堆の崖壁の下にある深潭に閉じこめた」とある。この二郎とは李冰の子とされている。「洪洞三勝」[4]の「光輝万古広勝寺」の章に「水神廟は霍泉の神を祀る。この廟には戯台と明応王殿がある。後者の御殿は当地では二郎廟と呼ばれた」と見える。そして続いて「説によれば、彼は戦国時に建設された四川の都江堰の治水の神の李氷の子である。氷に子はなかったが、後に子を賜ったのである。その名を李二郎と呼ぶ……これが尊ばれて水神となった」と記す。こうしてみると、霍泉の水神は李二郎であり、四川から長江経由で洪洞県に伝達された事情があるようである。

一方、『堯山聖母祠与神社』(5)によると、陝西蒲城県の堯山には古い廟があり、これを霊応夫人祠という。この廟祠により求雨と求子の霊験があったとされる。古書ではこれを堯山神祠と記している。亦、これは堯山聖母とも言われて民衆に尊崇された。上記著作の付録一の「堯山民間伝説故事選」第三則の「山西堯山廟的伝説」によると、「堯山聖母は唐時、封印された金牌、金書聖旨を持っていた。堯山に本籍が山西の道士がおり廟事を扱っていた。この山西人は勝手に行動したため、秦人とは不和であった。彼は金牌を持って盗走し、山西に帰った。そこで彼が死んだため、弟子はこれを地中に埋めたが三日経って浮かびあがってきた。弟子は師の夢に、「金牌は浮山の一宝」であって地下に埋めることは出来ないし、堯山聖母は蒲城に帰らなくてはならない。宝も本来、同伴である。そのため弟子は聖母にお願いして、此処にあなたの廟をたてるので、金牌をここに留めて欲しい。これを聖母は承諾したが、本人は陝西の堯山に帰還した……」と言う。すなわち金牌は山西に移されここに保留されたとあって、晋祠における祭神がこの因縁によって聖母と名付けられたと言い伝えている。

一方、『華陽国志』の南中志には「(竹)王、従人と嘗て大石上に止まり命じて羹を作らしむ。従者曰く、水無し。王、剣を以て石を撃ち水出ず。今の王水是れなり」とあって、竹王は水を自由に支配しているが、これは男性に違いない。ここから見ると、巴蜀の地での竹王・李冰らの水神は男性であり、陝西では上記のように、水神は女性であった。すなわち山西で言うと、洪洞県と介休県の間が男・女の水神の境界になっているように見える。猶、『山西泥塑探法』六、介休后土廟の章に、初め水神は男神であったが、唐の頃に女神に変わって来るが、これは陰陽思想との関わりがあるのではないかと述べている点についてはなお検討すべき課題である。

4　介休・洪洞県の泉の祭祀状況

「介邑王侯均水記」(明・万暦一九年)に、毎歳三月上巳に県尹が在地人を引率して廟に至り一羊一豚を具え、神に開渠を祭告するとあって、水利用の開始日に源神廟において祭を行うのを例年の行事としていた。「源神廟置地碑記」（清・康熙八年）にも「三月初において躬ら祭祀を承け……」というから同様である。「重修源神廟記」（清・康熙四九年）にも「毎年三月三日、官長、衆を率いて祭祀し、祭品を池に抛つ。祷神祈年の佳挙なり」とやはり同じである。「施地功徳碑」（清・光緒二〇年）には「本年三月初三、源神廟点牌の日に、東河水老人郝子組を差委、相随い親臨し、河道の情形を臨察……」とある。「公同義閤盌窰行公議規条碑記」（清・光緒一八年）の老君神前の祭祀の項に「期を按ずるに正月十五、六月念一、八月十五。値年の行頭同閤行人らが恭しく源神廟太上老君神前に詣り、拈香設祭して酬報し共に神福を用う。値年の行頭を輪定し、毎年六家、三年一換、週りて復た始まる」というのは、太上老君神の祭祀である。従って源神廟祭祀とは祭日が違う。洪洞県霍山泉の場合では「重修明応王廟碑」（元・至元二〇年）に「毎歳、季春の中旬八日、神降日と言う。簫鼓香楮、駢闐来享者は甚だ多し」とあって、三月一八日が神降日とされ、この日に民衆が多く集まり音楽を奏し香を焚いて、お祝いをする。同碑文に「水神誕日、民衆前に神廟に往きて祭り、娯楽を致し以て元代の大徳七年に及ぶ。地震あって水神廟塌毀……」ともあって、水神の誕生日に明応王廟に行き祭祀・娯楽を行なったようである。「水神廟祭典文碑」（明・万暦四八年）に水神廟を神誕日において祭祀し、別に元旦・清明・端午・八月一五と開溝祭を行なったと記す。この碑にはその規定が刻まれていて、まことに詳細である。それによると、毎月初一日一祭、清明・端午・六月・九月の四節令と八月一五日に祭祀がおこなわれる。開溝祭は二月初一日、聖誕日は三月一八日である。別に四月一五日に辛霍嵎竜王を竜王廟で祭るようである。清明節では南霍渠長や生員が祭祀を行なった。この南渠は古くから明応王神社を祀っていたとも記している。このように後代になって祭祀が多くなり祭神も数が増える。

二　介休・洪洞県の水利

1　介休県の水利

「復西河水利記」（明・嘉靖二〇年）に「宋の文潞公、始めて三渠を作るより、引水分灌す。其の東渠・中渠は則ち東北由り北張、宋安等の村の田を灌し、西渠は則ち石河由り而して邑城泮池を経て、韓板等村の田を灌す。百姓深く其利を享く、之を徳とせざる無し。乃ち石河壅淤に自り、西渠の水、遠達する能うなし。蓋し百年、能く復するなし」とあり、西渠に水が到達することに困難が生じた。河流の状況を「介休県河道図」（『介休県志』付載）で見ると、狐岐山下の鸑鷟泉から東河が二流（龍眼洞河）あり、西河もここから直接流出している。中河はその図で見ると、灰柳泉と普済泉の二泉から水流が西北に出て、やがて汾河に達するものであった。この両流は天鑒明河と呼ばれていたらしい。西河も正式には沿山虎尾河の名がある。西河は附載の「図」によると、その水流の途中で石河の水が流入しており、上記、石河雍塞で西渠の水が不足したというのは、沿山虎尾河が途中で受水していた石河からの水が入らなくなったと言うことであろう。そこで参政の于公が民のこの困苦を聞き「遂に西渠廃興の由る所を得」とあり、水の不到達の理由を渠の淤塞によるとみなした。そして、知県の董宗魯を以て父老を招集せしめ、石河に原因のある西渠の泥土による壅淤を疏濬する工事を決定した。そして「石河故道、深七尺を濬す。隧道二百余歩を構し、泮池に達す。高三尺、広二尺有奇、凡十日で工竣す。是に於いて西渠の水、復た韓板に通ずること故の如し、士民欣然……」とあり、西河については「石河故道、濬して深七尺、隧道二百余歩、泮池に達す。高三尺、広二尺余、凡そ十日で工竣す。西渠の水、復、韓板に通ずる事、故の如し」とあって、とりあえず渠内の泥土浚渫だけを行い、水の疎通を可能にした後に終了した。『介休市志』上、第二章の「泉水灌漑」の項（介休市志編委弁公室編、一九八二年）に「狐岐勝水、歴来、介休水利の在る所」とあり、「清康熙・介休県志に載す。宋文潞公始めて三河を開き、引水灌田……東西河地の額、六十頃、水程六十日。中河地四十頃、水程四十日。其泉の源処、上流に据する者は洪山河為り。狐村自り下者、又、狐村河と名付く……其次に灰柳・灰南・謝谷諸泉有り。澆地六・七十頃なる可し……古来、計地立程し、挨次輪転す。更に水老人、渠長に印信を給与し簿籍を設く。開渠は三月三日に始り、八月一日に終る」とあるとおり、狐岐山下にある泉からの水は上記『市志』の記載する「洪山水利博館」の項に「洪山泉水は晋中地区最大の地下泉水」とあるように、この地域での最大の水量を湧出していた。それが上記のように東渠・西渠と分流し、中河を併せて凡そ百頃の農田に灌水していたのである。

明代、万暦一六年の「介休県水利条規碑」によると、この頃、「奸偽が日に滋く豪強が侵奪し、弊孔が百出」したので、嘉靖二五年、知県・呉紹鼇が前法を正したにもかかわらず、売買水の弊害が横行したため、隆慶元年になって知県の劉旁が「現行の水程を立て、毎村造冊して査報す」と地水一致の実を挙げようとした。それで「訟端少しく息む」との効果はあったが、弊害の根本原因は水と地の分別売買にあるので、これが「有地無水、有水無地」の現象が生ずる所以であって簡単なものではなかった。そこで万暦一五年、知県の王一魁が「水を以て地に随い、糧を以て水に随う」の法を立て、全県の水地・旱地を新たに清丈した上で、水糧・旱糧の数額を確定する。これが当地の水規約の重要な改革となったのである。王一魁はこの検地により「有地無水」を査出し、もとは水地であって以来使水出来ない者に対しては、ことごとく均しく水程を与える方法を採り、「水有って地がない、或いはもと平坡碱地に係り、水程を竄改。或は無地売水者については、改正鼇革する。平地の場合は旱糧を徴し、旧時に有水とは言え、今は皆革去す。以後、併せて使水するを得ず。水契の有無を論ぜず、惟だ其の地糧の多寡をみて、水程を均定し限に照らして輪澆する。今日以後、なお水地を売る者あれば、その水は即ち地内にあって以て売地を絶ち、売水せず。……有水の郷村は石を鑿して碣を建てて、これを明示する。そこに郷民の姓名を載せ、水程の日時を決める」と云う抜本的方策をとった。『介休市志』には以後の「万暦二十六年、大に旱す。西河の民、分水不均に因って起訴す。知県史記の実地調査を経て、地を以て水を定め、中河水四分を、西河水六分を断ち、併せ夾口に築石し、水平を鋳鉄し、上蓋は磚窑とし、下に立石窑を立つ。一孔四尺は中河に帰し、一孔六尺は西河に帰す。門鎖は水老人の掌握に帰す」と二六年までの分水について記録している。

　この碑陰に「狐岐山源泉、洪山と胡村、同じく一河を用う。南北、右に石堰一条有り。以て通流を致し、洪山の村心で分れて両河となり、肆あって陸水、平なり。洪山本村は発源の近地に係る。分水六分、胡村分水四分、各輪澆の後に漑す。洪山河、水地共に十六頃四十畝三分五厘二毫、水糧共に百三十六石八斗六升八合五勺一抄二撮。洪山共水程、十四程一時」と刻されているが、なお同年の「鸑鷟泉水利記」に「地有りて水無き者、自来水券を買うなし。引水灌地する能わず。水有り地無き者自来、水券を買うあり。澆すべき地なしと雖も、市利を以てするを得たり。是において訟者、日に起る。……因って民と約して曰く、自今、水券の有無を論ぜず、惟だ既水地の糧を輸し、即ち当に程を按じて分灌せよ。後、凡そ水地を売る者は水、即ち之に随う。売地して不売水は不可。売水不売地も同様なり。……乃ち主簿浦君に命じ、水地図籍を取り、民と朱券を校対し計畝分水し、乃ち諸冊に注す。紊乱する能わず……巡按御史・文公謂う。水地と平坡、糧の軽重は甚だ遠く、冊、尚未だ悉くは昭ならず。且つ買水買地の百姓、各世業をなす。今日、驟りて更張を為す。民情果して怗然と服するや。輪澆の法は……下より上にす。今は乃ち旧の如き哉。事、更始に属し、詳審を厭わず」と続いて詳細に対応策を講じ、洪山・胡村の水利・灌漑の問題点と対策を明らかにしている。すなわち明代・万暦期に、水と地が豪強による売買によって分離してくるが、その結果、有地無水者が生じ、ために訴訟が頻発した。こうした状況に対応して、知県の王一魁は水券の有無を論ぜず、水地の賦税を納めさせ、それを基礎にして水程を与えるように改革する。これは公権力によって地・水一体化を強制し、これを厳重に実施した訳である。この果断な措置によって従来に増して「平坡・沙碱地を更正して水地となす。十一頃二十九畝余、水糧二十九石余を加う」（同前）と言う成果を挙げる事となった。亦これと同様の碑文が「介邑王侯均水碑記」であるが、そこには「売地不売水あり、売水不売地の弊あり。故に富者は水程を買い平地の糧を納めるにとどまり、貧者は荒壟を耕し、なお水地の賦を供せり、……民すでに堪えず」と万暦初め頃に、この水系流域には既に農民が困窮する状況が生じていて、やがて止めようがなくなった。王一魁はそれに対処したわけである。万暦二一年の「新濬洪山泉源記」では、汾州の知州である劉衍疇が王一魁の措置を補完しようとした事情を碑記したものと思われるが、そこには「即ち往きて源頭を尋ね……源の浚うべく広めるあらん。乃ち遍く地理を相し……因って俸金を捐し、里人に命じて河を挑し池を浚う……日ならず小泉七孔・大泉一孔開出せり」とあって、劉知州の行った事業は泉量を増加させる事と水道を埋める泥土浚渫に主目標があったのであって、王一魁施策の補充をおこなったに止まる。

清代に入り康熙二九年の「復鸑鷟泉水利記」には、順治年間に至って訴訟が再々起り、これを止めることが困難になってきたことを述べる。すなわち、中・西河は前者が石屯村に属し、後者は西河村に属する。そして「中が西を覇するあり、西が中を覇する」と言う弊害があったと記す。すなわち中河・西河の間の水争である。石屯人は西河人が五分を以て一刻と見なすのは私利を図るものであって、旧規を紊乱していると非難した。水老人に尋ねると、石屯は西河の水の六分を使用出来るので、大凡七〇日の内、九程・一一時の利用が可能であった。そして中河の水の四分も得られる。これで大凡、四五日の内、四程五時二刻二分五厘の使用が可能となるはずである。そして中・西河の水を併せると、合計一四程四時一刻三分となると言い、石屯中河水は四五日の内、水五三時二刻三分五厘であり、西河七〇日の内、水七九時七刻五分二厘五毫が使用可能である。中河水は七九時七刻五分二厘五毫を用いる。それを補填する場合、三・七折半が原則で中河の水、二三時三刻四分八厘五毫を借りる事ができる。中河人については、石屯が放水した七刻四分以上を貼（借）し、石屯人は各河共に一〇四時四刻一厘を用いることになる。これが両河並行の法なのである。このように操作をしても、石屯西河九程一一時、中河四程五時二刻三分五厘という原額については、いささかの減額もない。西河の方が中河を借りる時にも三・七折算法を用い、中河六分の水は一四時四刻五分九厘になる。こうして原額が不変であるために、下流の水利用に不満は生じないし、中・西の紛糾も無くなると言っている。このように配水はきわめて厳重で、分秒を争うものであった。

この分水法について、先掲「洪洞三勝」の「源遠流長霍泉水」の章に「三七分水」が何時始まったかは充分な証拠はないが、「油鍋里撈銭」の弁法の分水を用いたのではないか。以来これを確守して異議を持たなかったようだと言っている。その説話によれば、当時、南北二渠は水を争い、大池（海池）両辺に数千人が集まり、銑や钁を執って互いに譲らなかった。参加の人は総て頭を剃り酒をのんで新しい衣服に替え、出かけたからには只では帰らないつもりであった。あわや大規模な死闘が始まりそうな状況になった。そのとき或人がこの械闘を避ける便宜の計を案出した。大池の辺に大きな鉄鍋を配置し油を満たした。これを火に掛け沸騰させる。ところで、この鍋の中に十枚の銅銭を投入し、双方、各一人の代表を出し、素手でいくらの銅銭を取るかで分水を決めることにした。そのとき北霍渠の群衆の中から一人の好漢が出てきて、何の猶予もせず腕を伸ばして沸騰した油鍋から、七枚の銅銭を掴みだした。彼の手は肉が焦げ骨が露出していたという。そこで北霍渠の人は七分の水を得ることになり、大いに喜んだ。そして鍋には三枚の銅銭が残った。こうして三分の水は南霍渠のものになった。洪三・趙七の規準の成立はこのためと言う。この話の内容は中国では古くから伝承されているものであるが、日本古代にもあったと言う「くがだち」（盟神探湯）の行事の源流かと思われるが如何であろうか。

2　介休県の産業と水利

清代の乾隆八年の「皇清誥授中憲大夫今管汾州府清軍分憲事加三級魏公諱乾号玉菴万民感戴碑」に、源神池より下流、両河水平より上流において、水磨を勝手に使用する者があり、そのため灌漑を妨げる結果を生じた。そのため知県が単騎そこに赴いて、これを強制撤去したため、民衆は碑を建てて、その功績を頌えたと言う。この水磨に関しては、『介休市志』第八編第二章第四節「水力水域利用」によると、「水磨は五十年代前に在って、是れに洪山一帯の村民が従事し、香面と粮食加工の主要器具となす。洪山・石屯・磨溝等地区に分布せり」とあって、水磨は香料や穀物を粉にするための器具として普遍化していた。同書に「洪山源神廟由り石屯沿河に至り、磨房・計有り」とあって「武家磨、桑樹底磨、宋家磨、玉皇橋磨、上南賀崖底磨、喬家磨、三和磨、水碾磨、老磨、桃溝磨、梨園磨、塊洞磨、下南崖底磨、賈磨、下新磨、劉家磨、棗家磨、王大磨、小磨、花椒樹底磨、華寺磨、共二十一盅。架岭河より東狐村に至り、計るに龍頭磨、龍家埠磨、水平磨、上水碾磨、下水碾磨、羅家磨、侯家磨、梨樹園磨、頭磐磨、二磐磨、窑窑磨、十二磐、十一磐、十磐、九磐、八磐、七磐、六磐、五磐共、十九磐有り。東河橋より磨溝に往き洞児磨に至る共に計十三磐」とあるように、水磨の名称をここに網羅している。「六十年代後、たまたま電磨の使用が開始され、水磨は逐歩、歴史舞台より退出していき、九十年代には、僅に五磐だけを保留し、神香を加工する方面で用いられた」とあるように、一九六〇年代から電力による水磨が普及してきている。そして九〇年代には、水磨は僅か五磐があるだけで、神香を加工するためだけのものになったと記している。また別に嘉慶九年の「中河碑記」の文章に「石屯村の漁利の家、中河上流に虎踞し、草紙を掩造し、下流に放毒し、八村害を受く」「乾隆年間すでに八村民人、掩造物具を撤去し、永く禁止を行う」等とあって、すでに、乾隆年間に草紙製造具の撤去処分が行われている。それ以来、日時の経つのが久しきに亘ったので、この効力が薄れ再び、姦人羅国標らが中河において密かに草紙製造を計画し始めた。そのための流毒は未だなかったものの、その使水のために中河の時辰水の方に少なからぬ影響が生じてきた。そこで八村が集まり、これを公議にかけ、嘉慶九年六月一三日、草紙製造禁止の布告を公所に貼り出したと言う。この羅国標の他にも「任逢泰、真武廟住持ら」も紙製造に共謀して関わっており、「昼夜、草紙及び黒蒲紙を掩造し、石灰を用いて遂に満河流毒を致す。……八村、連年実らず吃水に妨げあり。……任逢泰は停止に応ずるも、口で了承すれど心は非なり。昼は暫停、夜は乃ち任意に為す所、法禁をくぐるあり……唐朝末より宋代の初に盌窰が開設され……上は国税に関わり、下は民生に係る、介の管する各処は……倶に公議を案じ上輪・下輪の日期は一に規条に応じ、一は洪山弁事に随い、規条を紊乱するを得ず。……乾隆二十八年、闔盌窑行は神轎を修理し、老君出駕執事を修理す、……老君の殿久しく未だ修理せず。神像塌露す。闔行経理して光緒十一年に修補す……十八年に至り盌窰行、生意漸漸疲滞し、又荒年に逢い碗貨、概して銷售するあたわず……」とあって、この地域では古い時代から磁器が生産されていて、そのための水を多量に使用するため、洪山の源泉から湧出する農業水に関係が生じたと言うのであろう。『介休市志』第五編七章、陶瓷に「洪山之碗・磨溝之瓷・板峪之沙鍋」とあり、地域によって産品が異なった。そして纏められた一八条の規約が石碑に刻まれているのを参照すれば、正月と八月の一五日に「値年の行頭・同閤行人ら……源神廟太上老君神前に詣り、拈香設祭して酬報し、共に神福を用う。値年の行頭を輪定し、毎年六家、三年一換、週りて復、始る。派銭の大小、磁窰一様」とあって、磁窰に関わる者にたいしても、源神廟祭祠の費用が義務付けられた。その第一条がこの文である。第三条には「毎家の窰上には只、四人だけが労働を許可される。水輪上には只、一人が作業する」とあるが、この水輪とは注釈によると、碗窖は過去に水を以て動力とする器械があったと言うから、洪山の泉水を使用し、轆轤を動かして磁器を製造していたもののようである。盌窰行（ギルド）が水利碑刻に論及されてくるのはその為である。

以上、農田水利でなく、しかも水に関わる仕事として、脱穀・製粉の水磨、草紙の生産があり、それに加うるに磁器の生産もあって、それぞれの業種の使水が既存の水利と深く連接していたことが解る。

3 洪洞県の水利

『山西通志』三〇、水利の項に「霍泉渠」があり、「北霍渠水は東南四十里、広勝里霍山南麓に出で東南四十里を漑す。柴村等二四村田より、城北高崖村に至りて止む」とあり、「南霍渠と北霍渠同じく霍山に出で東南四十里を漑し、道覚等四村田より、洪洞県に至りて止む」とあるように、両渠はいずれも霍山南麓にある泉を水源としている。なお、清水渠は北渠遺漏の水を利用し、七村を灌漑していた。霍泉渠の始まりは「唐の貞観間、引水し二渠に分れ……十分を以て率と為し、趙城は得水七分、洪洞は得水三分。宋金間、水利を定め胥に碑有り。北渠は三節に分れ、漑趙城永楽等四十六村田、五百九十二頃有奇を漑す。南渠は五道に分れる。一は即ち南霍、一に九成と曰う。南霍と実は一道。上下流を以て二に分れ、名づけて一に曰く、小霍と。道覚等四村を漑す。洪洞曹生等十三村共田百六十余頃なり。一に曰く、人霍と。乃ち澗槽を止め水磨を動かす。一に曰く、清水と。亦、北霍諸斗門合す。及び大虫堰、郭北澗の諸水を截り、渠を成し営田等八村を漑す。洪洞苗村等六村共、田百三十五頃有奇」とあるように、この泉渠は唐代の貞観年間に成り、両県で水を七分・三分に分けて農田の灌漑を行なったとある。北渠は三分流し、四六村の農田を潤し、五九二頃余の田畝に灌漑した。他方、南渠は五分流して、趙城県に属する道覚を始めとする四村と、洪洞県に属する曹生等の一三村の田畝を灌漑した。総計一六〇頃である。

元代、延祐六年の「重修明応王殿之碑」の文章に、古くから「南北二渠、七之而三、土人相伝、比例比定」という規則によって、泉源から下る所に位置する南北渠に分水していた。しかし明代になり、隆慶二年の「察院定北霍渠水利碑記」では「唐・宋を歴て成規し、古碑を案さず。近きに照らすに、趙城の王廷琅、壁水等石を将て尽く撤去を行い、将渠をして淘深す。水流、趙八分有余、洪二分足らずして、田苗に旱を致す……」という不公平が生じていた。そのため同碑文に続けて「考験す。金の天眷二年[6]、復碑文を立て内戴す。両県原と定水古碑に、趙城県陡門内水は南北闊さ一丈六尺一寸、深さ一尺七寸。洪洞県陡門内の水、東西闊さ六尺九寸、深さ一尺六寸。後、年遠に因って……西壁原攔水石二尺を立つ、其大半を去る。南霍渠分数におよばざるを致す。両県渠長人等を拘集し、丈量して北霍渠、南北闊一丈六尺八分を得たり。碑文内戴に比し闊さ五寸八分多し、石を用い補砌改正、碑文に照し原定の闊一丈六尺一寸に止む。洪洞県前に闊一尺五寸少なし、増砌補足す。又碑文に照す。原の闊六尺九寸に定む、併せて攔水石を立つ。旧闊二尺に照し、仍ち洪洞県を将て深三寸多くす。墊砌、深一尺七寸に止むる等に因る、具呈照詳……」とあるように、趙城県北霍渠の幅が五寸八分だけ余分になっていたので、水底に石を置いて「補砌改正」を行った。すなわち元来の七対三配分の比率に戻す措置が、水石を置き、水流を抑制することによって行われた。こう措置しても猶、問題は「洪洞の争うは惟、新増の門限一石のみ。然して、この石の立つるは蓋し古碑に照依せり。南霍渠の地勢は三寸低下するを以て、必ずこの石を増して後、均平す。即ち陡門の中に水平を定立し、南霍渠果たして二寸低なるを得たり」とあるように、門限石の使用自体に問題があった。南霍渠が三寸低まったため、この石で一寸だけ水位を高めて規定の比率の通りにしたと言うのであるが。

一体、分水問題について見るに「建霍泉分水鉄柵記」（清・雍正四年）によれば「霍麓に出泉す、灌漑千頃。唐の貞観間、南北二渠に分る、趙城十の七、洪洞十の三。分水不均に因り、屡争い屡訟す。雍正三年乙巳の夏、……鉄柵を創製し、分けて十洞と為し、界するに石牆を以てす。南三北七。秋九月起工し、四年丙午春、竣を告ぐ。水均しく民悦ぶ」とあって、従来の石板を用いる分水でなく、ここで新たに鉄柵を設置して石板の磨耗に対処すると共に、鉄柵を利用して分水の正確を期したと言うのである。清・雍正四年の碑文「建霍渠分水鉄柵詳」には「今俗伝うる門限石は是なり。長六尺九寸、寛三尺、厚三寸、南霍渠口を安んず。水流程有り、急瀉を致さず。又、北渠直注を慮る、水性順流、南渠折注、水激、流緩、北渠内に於いてす。南岸、南渠口の西、攔水柱一根を立つ。亦曰く、逼水石。高二尺、寛一尺、障水西柱、人を令て南渠、緩急不均の弊無からしむ。此れ古設一石の意なり」とあるように、古くから利用してきた門限石の効果としては、水が急に下らず、緩やかに流れる様に計っていた処にあったのであるが、隆慶二年になって、「両渠の広狭浅深、淆乱し準無し、両石廃壊、民争復た起る。官は修置を為す」と、この石の廃壊に依って、民争と言うべき混乱を生じたので、官が乗り出して渠道に修理を施した。しかし、雍正二年の碑文には「民復争闘す……立石久壊に因り、釁端を起すを致す。遂に古制に遵い復た立二石を立て、在案……洪民将に門限一石を撃砕す。趙城令の江承誠、連夜復置し、随置随撃せり。趙民またも逼水石をして抜去し、以て両邑彼此紛紛を致す。呈詳、……卑職……形勢を相度り、両邑悍民、彼此懐私、逞強と雖も而して古制二石を立て以て分水し、恐らくは未だ善を尽さざるなり。蓋し広狭尺寸有りと雖も、而して両渠界限分かれず、則ち分数、乃ち定準無し。南渠限石を渠底に立つと雖も、而して北渠は乃ち無し。則ち浅深相等なる能わず。攔石を立て以て水の湍流の勢を障ぐ。潤下の性、未だ必しも涓滴淆らず。且六尺、二尺石、既小にして棄置し易し、砕爛毀敗、垂久なる能わず。民の争訟、終に已む時無し」とあるように、永い時間が経過すると配置した石板が摩滅・毀敗してしまうので、民の争いは止むことがなかったわけである。そのため「卑職管見するに、竊に泉眼下流となすに如くなし。即ち今、渠口上流は丈許り、都門水柵の制に法り、鉄柱・十一根を鋳し、分けて十洞と為す。洪三・趙七、則ち広狭準有り。鉄柱上下、鉄梁を横貫し、十一柱を使て相連ねて一と為す。則ち水底、昼の如くして平衡、爽ならず。柵の西面、至南至北、第四根鉄柱、界するに石牆を以てす。長数丈を以て、迤邐斜下、南渠の口を使て水勢陡折を致さず。両渠、彼此順流、且つ升柵使高、水下を令て建瓴の如し、則ち緩急疾徐、亦た相同じからざる無し。此の如くんば則ち門限、逼水の二石、以て用うるなかるべし。庶くは三・七の分水、永く不均の患無かるべし。一労永逸、民争う無かるべし」とあるように、石板に変わる鉄柵を製作・配置して、石板磨滅の弊害を除去したのである。

4　洪洞県の産業と水利

この県では介休地域にあった窯業・製紙業が水利に障害を来すというような同類の記事は碑文中に見えない。『山西省分県地図冊』の「洪洞県」の解説に、産業として醸酒・造紙などが見えて、介休県と同様に造紙の産業があるものの、この解説は現在のものであるから、何時から当地でこの造紙業が始まったかについては、史料が欠けているため解らない。明清期では、当地においては農業専家が大多数であったのでもあろうか。県志附載の「洪洞県古蹟名人図・物産附」によると、この地方は「麦・棉・煤・玉粱・高粱・蔬菜・菸葉」の産地であることが解かり、問題の造紙・醸酒等の記載はこの図の中には全く見られない。ところで『洪洞県水利志補』上巻の「潤源渠」の条に「此の如く三渠水戸の子孫相継ぎ、今、数百年久しからずと為さず。五穀百草転磨、獲るところの利、多からずと為さず」とあり、穀物の処理を水磨によって行なったことが記されている。同書の「副霍渠」の条規に「一、地戸・磨戸分水の日、堰を修むるに合同す。原、四・六興工に係り、四・六水分に照依す。地戸六分、磨戸四分。地戸用水の日、二月初一日より起り、十月初十日に至り止む。澆地の日は転磨を許さず。如し強梁の磨戸有れば、私拆灰邱、擅に自ら転磨する者は該管渠長の指名により、県に責懲を呈す。外、罰すること白米十石、官に入れ備賑す。倘お天雨連綿に遇えば、地内は用水せず。磨戸禀明して、渠長転磨を許す」とあり、地戸が六分、磨戸が四分の水を使用する取り決めになっていたようである。そして地戸の方は二月初一日から使水をはじめ、十月初十日まで継続して終わる。そして土地に使水する日には上記、転磨の作業は許可されない。もし強引な磨戸が勝手に水門を開き転磨するようなことがあれば、管理役の渠長が県に指名して、その戸を懲罰し、罰として白米十石を入官させ、それを賑貸の為に備えたと言う。猶、雨が続く際には、地戸に対して用水を許可せず。渠長に伺いを立てた上で、磨戸に転磨することを許可されると規定している。同県の「清水渠」では乾隆五年印冊の規約に「一、本渠水磨、母渠に在るを除き、蓋水の必ず過ぐるの処を建て、其の溝澗の磨を随便に動転するを許す。挨秋の後、余水を使用す。如し需水に遇うの時、転磨を図り利をなすに売水する者、本渠長・溝頭をして呈官究治す」とあり、この渠での転磨の条件を規定している。やはり磨戸の場合は、余水の使用が原則であって、水戸が水を使用する時期には他と同じく転磨できないと規定する。これは副霍渠の場合と同様である。また同書の「長潤渠」の条規に「本渠上下村の分、使水日期、時辰巳に定例有り。今、衆議を得て寅戌の二時を除くの外、一日一十時を以て率と為す。各自、夫数に照依し、水をして輪転す」とある。そして、これらの村の概要が「一、本渠上下村分、総計元供地、夫一百六十七夫。今、各村元供の夫数をして、使水日期を併せ、時辰、後に開く。董寺村三十夫、使水四十時を合す。古県村六十夫。使水八十時を合す。外に磨一輪有り。蜀村三十一夫、合使水四十一時を合す。外、磨一輪、東西師二十二夫、使水二十八時を合す。外に磨あり。窩蘇堡村九夫半、一十一時を合使す。外、磨一輪。下魯村八夫半、合一十時を合す。磨三輪、外、小磨、窩一所」と記述され、この渠における水磨は小磨を含めて八か所にあったことを知ることが出来る。

結び

冒頭述べたように、二〇〇三年において中華書局から『洪洞介休水利碑刻輯録』が出版された。その総序を見ると、この書は中・仏国際合作の「華北水資源与社会組織」の初の成果であるとされ、フランスの遠東学院と北京師範大学民俗典籍文字研究科が協同し、各分野の専門家一五人が協力して田野調査を行った結果であると言う。中国では八〇年代中頃から、「新編地方志」を編纂する作業が一方で進められていて、これが彼らの調査・研究にとって非常に有利な条件であったと記されている。本著に関わる水利関係の資料としては、村荘で発見した水利碑刻・水冊水規・公私の手抄本などが、この『輯録』に纏めて掲載されているので、この水利に関わる本書はまさに貴重な収穫の綜集であると評価できよう。二〇〇四年七月の『東方』二八一号に森田明氏がこの著作の要点を紹介されており、水利史に関わる問題点を明示されているので参照されたい。拙論はこの『輯録』を用いて、森田氏の紹介の内、おおよそ水神廟の祭祀、民衆の用水訴訟の部分を検討したものにすぎないが、なお残された問題は多いので、諸分野の研究者がこの『輯録』をとりあげ、更に分析を深められることを期待したい。

拙論を要約すると、水神廟の祭祀について、始めは民衆的な信仰の対象として、古く唐代以前から尊崇されてきた女郎祠・娘子廟等が水神としての位置を占めていたが、やがて祠廟が寺社の管理に移行した後、国家的管理の性格を持つ聖母廟に統合されるに至る経緯を考察した。洪洞県では男性が水神で介休県の場合の女神と異なる。前者は四川に淵源があり、後者は陝西にあった。次に用水に関わる訴訟については、水源が一つの場合、それを例えば南北渠に分流して農田灌漑する時には水量を農田の広狭により、七・三の率で配分すると言うように、流域の村落で相互に合意した上での水利規則が多くの地域で採用されている。これは大凡、農地の面積に根拠を持つと推測できる。ところで、この水の配分率が変わった場合、当然のこととして、村落間の紛争が起こるのであるが、変動の理由としては、渠道の泥土が淤塞して、水が規定通り行き渡らない、或いは平水石（板石）が磨耗して規定の水量が保証されなくなる、または人為的に渠の幅、深浅を非合法に変更するなどが、多くの紛糾の契機になっている。そのほか、明清代になって豪強地主が勝手に新渠を作り、水を私占するというケース、或いは草紙製造・磁器製造・石磨運転等の産業展開に関わって、規定外の水使用を行う等が史料に多出してくる。そして、これらの事態に対処する原則はあくまで農業を主体とする古来からの規約であり、泉源或いは渠旁に立てられた碑の刻文を官民共同で確認した上、新しく生じた事態に対処・復元する措置をとったのである。しかし、明清代以来、農業外の産業発展は止めようがなく、そのため、水の利用に便宜を図りつつ、農業用水をも亦、保証するという妥協的な分水方法を以て調整するしかないようになって来ると言うのが、この時代における農田水利の実相であった。

註

（1）本文引用の各「碑記」は特に註記しない場合は、上述の『洪洞介休水利碑刻輯録』（陝山地区水資源与民間社会調査資料集第三集、中華書局二〇〇三年）に掲載されたものである。

（2）拙著『中国水利史論考』岡山大学文学部叢書九、一九九三年。

（3）劉永徳著、山西人民出版社、一九五七年。

（4）『堯山聖母廟与神社』、（1）の「輯録」第二集。

（5）『洪洞三勝』陝西旅遊出版社、二〇〇四年。

（補註）本稿作成中、井黒忍氏による論文「山西洪洞県水利碑考」（『史林』第八七巻第一号、二〇〇四年）が発表された。追記によると当該『洪洞介休水利碑刻輯録』は参照できなかったとのことである。金代の天眷二年の碑については詳細に検討されており、『輯録』に載るこの碑文部分の解読が充分でないと指摘されている。なお、井黒論文には参照さるべき論点のあることを記しておく。

あとがき

誤用を敢えてするなら、「晴天の霹靂」だった。父から送られてきた二〇〇九年六月二五日付のメールにはこう書かれている。「CT検査終了。胃の入口に癌があって、深くはないので、切除可能だそうです。（略）半年放置すれば死去の可能性が大きいそうです」。翌月二日に入院、七日に手術の予定、と同メールには記されている。訊けば、父隆司が精密検査を受ける気になったのはその頃出入りしていた鬼木のぞみ事務所の方から、「最近痩せたのでは」と指摘されたから、とのことだ。私は直ぐに、二〇〇四年五月に父が吐血して緊急に受けた肺摘出手術を思い出した。あの時は見事な恢復力を見せたが、前回の手術から五年経った父は齢八十を数えていた。今回は楽観視できない。

が、当人は同メールをこう閉じていた。「新しい論文初稿が来ました。では亦」。

本著の「前文」で佐川英治氏が語られているように、父隆司は楽観主義者であった。癌に身体を蝕まれながらも、書いた文章の初稿を愉しみにしていた。「生涯現役」の歴史学者と自認し、本著に収められた論考を年に二、三篇のペースで書いていた。幸い胃の幽門に巣食った初期癌は切除に成功したが、父が文章書きと同等に好きであった旺盛なる飲み食いが出来なくなった。これに老化が重なり、父の身体は忽ち弱っていった。当然、新しい論稿をものする知力を望むべくもなかった。その情報を訊き、私は『前漢政治史研究』以降、父が書き散らしていた論稿を集めて本にすることに決めた。二人の姉からは「何の意味があるのか」と一蹴されたが、まさに大らかに飲み食いし、大いに身体を動かし、嬉々としてもの書きをしていた父に、一応大学教員の末席に居る私が出来ることは「親父は生涯もの書きだった」と証明してやるくらいであった。間に合うならば父が生前のうちに書籍化を果たし、まだ意識が明晰なうちに現物を手渡してやりたい、急ぎ父隆司を知悉する若き東洋史研究者に協力を乞うた。

その頃から、私の企画には慎重論が呈されていた。これは私が楽天的に構え過ぎていた所為もあるが、本著所収の各章が示す通り、父の論考は老齢と共にかなり不安定なものになっていた。そのまま出した場合、読者は好並隆司という研究者を誤解しかねない——その懸念を聞きながらも、私は父が生前のうちに本を出すことに躍起になっていた。

二〇一〇年八月に岡山に見舞に行った私は、出版社である溪水社と交わした契約書を父に見せ、書名と本の体裁を決めて貰った。ところが父は、そんな事より「豚天を食いに行こう」と言って聞かない。豚天が父の大好物であり、今すぐ口にしたい、というのはよく判る。しかし誤嚥すれば即重体という身、外気温は摂氏三六度を優に超える。私はその場をとりなし、「もう少し涼しくなったら一緒に行こう」と父を宥めた。そういう日が来ればと、半ば願掛けのように。

涼しくなる前に、父は逝った。父が息を引き取っただろう夜中の時間、西日本から近畿一帯が激しい雷を伴う豪雨に見舞われた。夜中の二時頃、付き添っていた長女・泉からの父死去の報せと同時に、地響きに似た落雷と窓を叩く暴風雨の音を聞いて思った、「青天の霹靂」だと。病床に在った南宋詩人、陸游が未明に突如起き上がり、走らせた絶筆の勢いが紺碧の天空に走る雷に譬えられた。親父よ、あなたも最期の筆を執ったのだ。遣り残した仕事を思い、往年のように息を止め、僅かに残る気力だけで雷の如き筆を疾らせたのだ。

こんな想像を、濃厚なリアリティをもって私に抱かせたのは、父は「もの書き」であるという強烈な印象が染み付いていたからに他ならない。今でも思い出されるのは、夜になると父の書斎——父のベッドの横に設置された本棚を隔てて奥が父の仕事場だった——に電気スタンドが灯り、父が作業卓の横に漢籍を平積みにし、上半身を屈めながら愛用の万年筆で原稿用紙の桝目を埋めるさまである。生前の母が言っていたが、父が若い頃は原稿を書く時、息を止めながら一気に書き込み、手を止めた時に大きく呼吸する。そして潜水をするように再び息を詰めて原稿に没入するのだ。みるみる痩せていく父を、随分と心配したものだと、母は懐かしくも、やや誇らしげに語っていた。私が知る父は穏やかに原稿に向かう姿であったので、書斎の隣の部屋に布団を敷く幼い私は、父の電気スタンドの灯りに護られているかのように安堵して眠った。

その父を手伝ってやろうと、書斎に忍び込むことがいつしか趣味になっていた小学生の私は、父の作業卓の上に置かれた漢籍の、間に散り散りに挟まった紙を目障りに思った。その書物が余りにも端正に置かれているのに対し、その紙は手で千切った、大きさも形もバラバラなものだったからだ。私は一枚一枚、それを抜き取ってその漢籍の右側に重ねていった。途中までは父に褒めて貰えると期待してやっていたが、ふと机上に置かれた肖像写真に気付き手が止まった。その人――父の恩師たる板野長八先生は、縁の太い眼鏡の奥で悪戯坊主の私を冷静に見ている。やってはならないことをしてしまった、と子供心に悟った私は、しかしその紙――「付箋」を元の場所に戻すこともできず、怖くなって逃げ出した。帰宅後の父は当然怒りを露わにしたが、その怒りは母がとりなしてくれた。いつものように隣部屋で床に就く私は、こみ上げる怒りを懸命に呑み込み、「付箋」の復原作業を行なう父の乱れた呼吸が響く書斎が気になって、その晩眠ることができなかった。この一件が主たる理由であるかは判然としないが、父は程なくして書斎を施錠のできる離れの部屋へと「引越し」させた。

末っ子の一人息子だったからか、父は私に甘かったように思う。出来の悪い私が大学浪人をしても何も言わず、大学在学中に突如北京に私費留学したいと言い出しても、「おぉ、行ってこい」と費用をまかなってくれた。その留学中に史料収集で父が北京に来た時、私は中国水利水電科学研究院水利史研究室（北京市車公庄）に共に赴き、父の通訳を務めた。その通訳は大した出来でもなかったが、父は帰国後「アイツは使えるようになった」と大層喜んでいたと訊く。大学院に進学したいなどと言い出した時はさすがに、学業成績が極めて佳かった姉二人を引き合いに出して「何を考えとるんならぁ」と呆れ顔だったが、院生浪人・公費留学・再入学を経て博士学位を取得するまで静かに見守ってくれた。私が就職難で喘いでいる時も、「今は非常勤の時代です、焦らずのんどりやって下さい。では亦」と悠長なメールを寄越していた。が、実のところ父は相当に気を揉んでいたらしく、当時出張や別府大学出講の際、新幹線の窓から見える数多の大学の看板を見ては、「息子を取ってやってくれんかな」とばかり思っていたらしい。恐らく、私のほかの動向でも色々と気を揉ませたことだろう、が、父一流のオプティミスト振りには幾度となく助けられた。一緒に食事をした時、もう時効だと思い、例の「付箋」の話をしたことがある。父は「はぁ」と言って遠い目をしたが、「…覚えとらんなァ」と笑って啤酒を飲んでいた。

私にとり、父と酒を酌み交わしながら話が出来るのは嬉しいことだった。父は古代帝国史、息子は現代映画芸術、と携わる時代や分野こそ違え、同じ中国を語り合えるのはとりわけ愉しく感じた。多く斯界人がそうであるように、父も自分の研究を語るのが好きで、聞いた話の中では、「伝国璽」と「浮華」が記憶に鮮やかだ。新奇な発見であったのだろう、父は頬を紅潮させながら話していた。残念ながら今は店を畳んでしまったが、新大阪構内のおでん屋「多幸梅」で父と酌み交わした時間は、今となれば至福のものである。

二〇一二年夏、父の三回忌として父の弟英司と長女の泉夫妻と共に食事会を開いた時、私は少し早めに岡山入りして、我々が暮らしていた岡山城下の家の敷地を訪ねた。その家は元々母方の家で、愈々の老朽化に取り壊され、更地にされた。が、何故か石造りの蔵と、離れの建屋だけが遺されている。離れの最も手前側が、父の書斎の「引越し」先だ。懐かしくて中を覗き込もうとして立ち止まった。かくも、私は何かにつれ父の面影を捜そうとしていた。父の言葉を借りれば、本著は元々父の「冥界」へ赴くための記念、もっと言えば「花道」を作ってやろうと、私が勝手に思い立ったものだ。その当初の企画は前述した通り叶わなかったが、そのため父隆司の血族の一人である私の感情が取り遺されてしまった。父の死去を現実のものとして理解できるが、その死去の事象を私の胸中に気持良く収め込むことが出来ない。収納用の箱の上蓋が、中身を雑に投げ込んだため閉まりきらない、譬えるならそんな気持だ。父の死後、本書を『遺稿集』と呼ぶことに是としなかったのは、現実に感情が追い付かなかった所為だろう。

いま、本著が公刊されるにあたり、佐川氏が記された『遺稿集』としての位置付けを納得したうえで、収納箱の上蓋を閉め切ろうと思う。本著編集企画の段階から全面協力を頂いた津坂貢政氏は、嘗て私へのメールにて、「隆司先生はいつも明朗快濶で、人を朗にするご性格でした」と話された。それは佐川氏が、前進を厭わない「タフなオプティミスト」と好並隆司を評されたこととも重なるであろう。本著は「前文」に触れられているように問題を抱えた論考が多いが、それならば充分に叩かれてこそ価値が出よう、と私は考える。私の脳裡には、「そうかぁ、しもうたなぁ」と暢気に語る父の姿が浮かぶ。それが正方向であれ、或いは反面教師であれ、父隆司が晩年に遺した足跡たる文字群が何某かの学術的価値を持って後進に寄与するのであれば、本著存在の意義は果たせたと思いたい。そして私はこの本を改めて父への「手向け」とし、父の面影を捜す癖に別れを告げよう。ここは父の詞を真似ながら、「では亦」と。

最後に、長きに渉る本著編纂にあたり御尽力、御協力頂いた方々に衷心から謝意を表したい。

東京大学文学部東洋史学研究室准教授の佐川英治氏は、私が本企画を立ち上げた際、最も冷静沈着に状況を把握された、言うなればこの計画に欠くべからざる陪席者であった。そして氏独自の見地から、本著の存在価値を再定義する「前文」の執筆に精力を注ぎ込まれた。佐川氏の手による「前文」があってこそ、この書物が一つのものとなり得たとしても過言ではない。

父の勧めを受け、別府大学から広島大学大学院に進み、現在広島修道大学非常勤講師を務める津坂貢政氏は本著の編纂企画立ち上げ当初からの心強い協力者であった。父隆司の論文データの捜索から東洋史関係者への打診、第一校正稿から索引項目の収集、念稿までの辛抱強いチェック作業、ひいてはスタッフワークにおける細やかな心配りまで、八面六臂の御活躍をされた。晩年の父隆司を最もよく知る津坂氏の存在なくして、本著の完成はなかったであろう。

津坂氏の呼び掛けに、広島大学大学院文学研究科博士課程後期の美馬芳江氏、広島大学大学院文学研究科博士課程前期の面迫祥子・山田信兵衛両氏が、学会開催の多忙な時期や記録的猛暑の日に校正作業と索引作成に参集して下さった。ほか数名の士が加わって忍耐力を要する実作業を地道に、しかも機動力を活かしてこなして下さった。若々しき力量に頼もしさを感じるばかりであった。

別府方面では、別府大学アジア歴史文化研究所専門研究員の川井貴雄氏、別府大学文学部非常勤講師の中川祐志氏が、多忙のなか初期校正作業に御協力下さった。父隆司葬儀当日の早朝、中川氏は遠く別府から逸早く葬儀場に駆けつけられ、父の亡骸を前に崩れ伏して男泣きをされた。それは「号泣」と呼ぶに相応しく、喪主である私の心を力一杯に揺さ振った。中川氏の父隆司を慕う御気持をここに特記し、併せ感謝申し上げたい。

今回の出版を引き受けて下さったのは、父隆司と旧交のある溪水社社長、木村逸司氏であった。父の容態悪化を告げるや、「好並先生のお力になれるのなら」と本著初稿を電撃的な速さで仕上げて下さった。以降、企画が遅々として進まぬ状況に気を揉まれたことと思うが、最終編纂作業段階で当方が提示するタイトなスケジュールに一つひとつ素早く対応して下さった。『商君書研究』に続き、本著を溪水社より出版できたのは父にとり幸いであったろう。ここに謝辞を述べたい。

二〇一二年八月二三日　生駒山麓の自宅書斎にて

近畿大学総合社会学部准教授
好並隆司長男　好並　晶

た

さ

事項索引

あ

か

わ

た

さ

人 名 索 引

著　者　好並隆司（よしなみ　たかし）

1929年　京都市に生まれる
1955年　岡山大学法文学部卒業
1961年　広島大学文学研究科博士課程修了、岡山大学法文学部講師
1980年　岡山大学文学部教授
1990年　岡山大学文学部長
1995年　岡山大学退官、放送大学岡山地域学習センター長、岡山女子短期大学特別専任教授
1998年　別府大学文学部教授
2002年　別府大学客員教授
2010年９月　没

著　書　『秦漢帝国史研究』（未来社）
『商君書研究』（溪水社）
『中国水利史研究論攷』（岡山大学文学研究叢書）
『前漢政治史研究』（研文出版）
編　著　『中国の国家行動』（民主主義研究会）
『明治初年解放令反対一揆の研究』（明石書店）

後漢魏晋史論攷―好並隆司遺稿集

2014年２月10日　発行

著　者　好　並　隆　司
発行者　好　並　　晶
発行所　㈱　溪　水　社
広島市中区小町１－４（〒730-0041）
電　話（082）246-7909
ＦＡＸ（082）246-7876
E-mail: info@keisui.co.jp

ISBN978-4-86327-230-9 C3022